智·库·丛·书
（2021年）

建设重庆国际消费中心城市研究

JIANSHE CHONGQING GUOJI XIAOFEI
ZHONGXIN CHENGSHI YANJIU

丁 瑶 苟文峰 马明媛 等 著
华 珊 张 巍 陈 雨

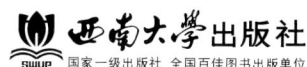

国家一级出版社 全国百佳图书出版单位

图书在版编目(CIP)数据

建设重庆国际消费中心城市研究 / 丁瑶等著. —重庆：西南大学出版社, 2021.11
（智库丛书. 2021年）
ISBN 978-7-5697-1160-8

Ⅰ.①建… Ⅱ.①丁… Ⅲ.①国际性城市—城市建设—研究—重庆 Ⅳ.①F299.277.19

中国版本图书馆CIP数据核字(2021)第219937号

建设重庆国际消费中心城市研究

丁瑶　苟文峰　马明媛　华珊　张巍　陈雨　等　著

责任编辑：黄丽玉
责任校对：杜珍辉
封面设计：岚品CASTALY
排　　版：吴秀琴
出版发行：西南大学出版社（原西南师范大学出版社）
　　　　　地址：重庆市北碚区天生路2号
　　　　　邮编：400715
印　　刷：重庆紫石东南印务有限公司
幅面尺寸：170 mm×240 mm
印　　张：24
插　　页：2
字　　数：346千字
版　　次：2021年11月　第1版
印　　次：2021年11月　第1次
书　　号：ISBN 978-7-5697-1160-8
定　　价：95.00元

2021年智库丛书编审组成员

编审组组长：童小平

主　编　审：吴家农

编审组副组长：严晓光　刘嗣方　米本家　易小光

编审委员：黄朝永　马明媛　王明瑛　欧阳林
　　　　　张　波　蔡　焘　李　敬　丁　瑶
　　　　　周林军　童昌蓉　江成山　孙凌宇
　　　　　何靖波

目 录
CONTENTS

重庆市国际消费中心城市培育建设方案研究

一、重庆城市综合实力突出 ……………………4

二、重庆城市优势特色明显 ……………………27

三、重庆建设国际消费中心城市的思路及目标 ……47

四、重庆建设国际消费中心城市的重点工作 ……56

五、保障措施 ……………………86

重庆时尚产业发展研究

一、《重庆时尚产业发展路径研究》总报告 ……93

二、重庆发展时尚产业的内涵和战略意义 ……150

三、重庆时尚消费市场研究 ……………………167

四、我国与国际时尚消费趋势 …………………198

五、国际时尚产业发展案例 ……………………204

六、我国时尚产业发展案例研究 ………………217

七、国内主要时装周发展概况 …………………232

八、重庆服饰时尚风格调查报告 ………………242

九、时尚消费调查报告 ·· 250

打造重庆国际社区问题研究

一、国际社区研究 ·· 259

二、重庆打造国际社区的必要性 ·································· 274

三、重庆国际社区需求调研 ·· 295

四、主要城市国际社区建设经验 ·································· 327

五、重庆国际社区建设方案 ·· 350

参考文献 ··· 377

重庆市国际消费中心城市培育建设方案研究

CHONGQINGSHI GUOJI XIAOFEI ZHONGXIN CHENGSHI PEIYU
JIANSHE FANG'AN YANJIU

重庆市国际消费中心城市培育建设方案研究[①]

（2020年7月）

建设国际消费中心城市，是国家实施消费升级行动计划的重要内容，也是吸引境外消费回流、满足中高端消费需求和形成强大国内消费市场的重要举措。2019年10月，经国务院批准，商务部等14部门联合印发了《关于培育建设国际消费中心城市的指导意见》（商运发〔2019〕309号），对培育建设国际消费中心城市进行全面部署。重庆是我国中西部唯一的直辖市和重要的国家中心城市，在国家区域发展和对外开放格局中具有独特而重要的作用。习近平总书记视察重庆先后指出，重庆是西部大开发重要战略支点，处在"一带一路"和长江经济带联结点上，要求重庆建设内陆开放高地，成为山清水秀美丽之地，努力推动高质量发展、创造高品质生活，在推进新时代西部大开发中发挥支撑作用、在推进共建"一带一路"中发挥带动作用、在推进长江经济带绿色发展中发挥示范作用。充分挖掘和利用重庆优势资源，培育建设国际消费中心城市，是新时代背景下深化落实党中

[①] 课题组组长：丁瑶；课题组副组长：苟文峰；课题组成员：余晓玲、赵祎科、邹於娟、张超、王利、汪婧、陈可、邓吉敏、郑秋霞。

央对重庆战略部署的重要举措,也是推动成渝地区双城经济圈建设、带动西部地区深化内陆开放、融入共建"一带一路"和长江经济带发展的重要抓手,有利于推动重庆加快国际对标优化营商环境,培育国际化城市功能和经济发展新动能,进一步提升国际竞争力和影响力。

一、重庆城市综合实力突出

重庆位于我国内陆西南部、长江上游地区,全域面积8.24万平方公里,辖38个区县。随着重庆国家战略地位不断提高,全市经济增长、人口集聚、城市建设和社会发展纷纷迈上新台阶,综合实力显著增强(表1-1)。近年来,重庆国际知名度不断提高,城市繁荣度加快增长,商业活跃度明显增强、到达便利度大幅提升,消费舒适度总体较高,在2020年4月仲量联行发布的《中国城市经济竞争力与发展综合评估报告》中,重庆正式跻身中国一线城市[1]。

表1-1 重庆创建国际消费中心城市主要指标数据(2019年)

国际知名度	全球城市竞争力排名第81位;世界文化遗产1个,4A级景区106个、5A级景区8个;世界500强企业293个;国际重大活动与赛事20个。

[1] 2020年4月6日,世界五大房地产咨询机构之一的仲量联行发布《中国城市经济竞争力与发展综合评估报告》。

续表

城市繁荣度	《2019年中国城市繁荣指数调查报告》显示,重庆城市繁荣度位列全国十大城市第二位,仅次于北京;全市GDP达到2.36万亿元,人均GDP达到75828元,人口数量3124.32万人;入境游客接待量411万人次,接待国内旅游量6.5亿人次;城乡居民人均收入支出分别为28920元、20774元。
商业活跃度	社会消费品零售总额8667亿元、同比增长8.7%;服务业增加值12557.51亿元、同比增长6.4%;进出口总额5792.8亿元;商业步行街10条、网络零售额1082.1亿元、实物网络零售额占社零比重12.5%;免退税网点23个;城市营商环境指数0.478;国际知名品牌84个、国内知名品牌100个、中华老字号19个;文化产业增加值占GDP比重4.0%;跨境电商结算及交易额245亿元。
到达便利度	国际国内航班线路403条、起落架次33.3万。高速公路通车里程3200千米;高铁、动车到达次数7.6万班;地铁和轻轨通车里程329千米;合规网约车56357辆;全年中欧班列(渝新欧)始发累计开行超过1500班。
消费舒适度	消费者满意度74.15;商业信用环境评估78.636;三星及以上宾馆173家(其中五星级27家、四星级51家),总量全国排名第三;城市空气质量全国排名第55位,森林覆盖率40.42%。
政策引领度	已成立市政府主要领导任组长的领导小组,出台了国际消费中心城市建设实施意见,明确了扶持政策措施,强化资金保障重点项目建设。

(一)自然人文资源积淀深厚,城市国际知名度高

从重庆发展历史和人文自然资源禀赋来看,重庆在国际上具有较高的知名度。特别是随着近年来内陆开放高地建设的持续深入,重庆的全球影响力进一步提升。

5

1. 城市历史世界闻名

重庆是一座悠久的历史文化名城,历史上曾"三次建都"(巴国首都、夏国国都、抗战陪都)、"三次中央直辖",历来都是长江上游地区重要的商贸中心。早在宋代,重庆合川钓鱼城军民抗击蒙古大军入侵,改变了世界历史进程和世界格局,被欧洲人誉为"东方麦加城""上帝折鞭处"。近代以来重庆在全球的影响力和知名度不断提升,1891年重庆在我国长江上游地区率先开埠,加强了与外部世界的联系。抗日战争爆发后,重庆长期作为国民政府"陪都",成为世界反法西斯战争的远东地区指挥中心和国际知名城市。悬挂在联合国大厅的世界地图上,仅仅标注出了中国的北京、上海、南京和重庆四大城市。

2. 自然文化全球知名

重庆作为巴国和巴文化发源地,巴渝文化、红岩文化、三峡文化、移民文化、抗战文化等文化资源丰富、厚重。拥有作为世界八大石窟之一的大足石刻世界文化遗产、武隆喀斯特和南川金佛山两大世界自然遗产,长江三峡国际黄金旅游带享誉世界。目前,全市拥有国家4A级以上景区114个、5A级景区8个,其中4A级景区比北京、上海、成都分别多15个、26个、40个。重庆还被誉为"世界温泉之都""世界桥都""中国火锅之都",在全球具有广泛的影响力、较高的知名度。重庆以其独特的现代山水都市风貌和绚丽的山城夜景,2018年、2019年连续被评为全球"网红城市",已经成为国内外游客向往的旅游目的地。

3.国际交流日益深化

围绕内陆开放高地建设,重庆积极融入国家"一带一路"倡议,全市国际吸引力、影响力显著增强。2019年,落户重庆的世界500强企业达293家,国际会展赛事蓬勃发展,成为世界了解重庆的重要窗口,全市各类展会赛事活动513场次。重庆被定为中国国际智能产业博览会永久会址,中国西部国际投资贸易洽谈会每年在渝举行,已成功举办亚太城市市长峰会、中新(重庆)战略性互联互通示范项目金融国际峰会、亚太零售商大会等重大国际会议;多次举办重庆国际马拉松赛、重庆国际羽毛球公开赛、重庆国际山地自行车赛等国际性赛事。外国驻渝领事馆11个,国际友好城市达到48个,国际交流合作进一步加深。

(二)高质量发展的动力强劲,城市经济社会繁荣

重庆深入实施以大数据、智能化为引领的创新驱动发展战略,加快构建现代化产业体系,全市综合经济实力不断增强,人口集聚能力进一步提升。《2019中国城市繁荣指数调查报告》[①]显示,重庆城市繁荣度排在全国十大城市第二位,仅次于北京。

1.综合经济实力显著增强

重庆作为国家中心城市和西部唯一直辖市,近年来深入落

[①]《2019中国城市繁荣指数调查报告》由中国社会科学院中国舆情调查实验室、中国人民大学文化产业研究院、新时代中国城市繁荣指数调查评价委员会等有关部门联合评选撰写,评选活动通过公共调查、抽样调查、大数据采集以及材料申报等方式开展,调查评价体系涵盖经济、营商环境、民生质量和美好生活4项一级指标,22项二级指标,69项基础指标。

实国家战略,加快推进内陆开放高地建设,全市综合经济实力显著提升。2010年、2018年,重庆GDP相继突破1万亿元、2万亿元大关,2019年实现GDP2.36万亿元,在国内城市中排第5位(图1-1),GDP占西部地区比重达到11.5%。2019年,全市人均GDP达到75828元,超过1万美元大关,位居西部地区第1位;居民人均可支配收入约为2.9万元,城镇居民、农村居民人均可支配收入分别较2010年增长1.4倍、1.8倍,居民收入实现较快增长。

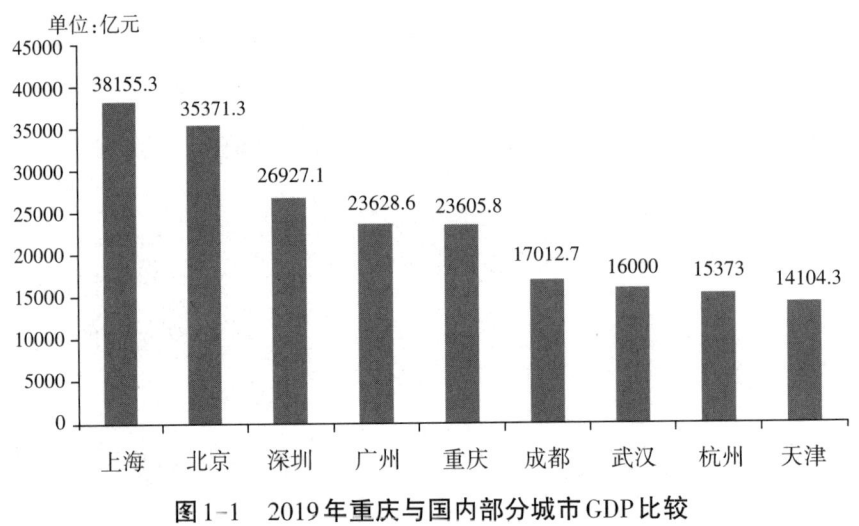

图1-1 2019年重庆与国内部分城市GDP比较

2.现代产业体系较为健全

重庆工业门类齐全。拥有全国41个工业大类中的39个,2019年规模以上工业增加值6656.72亿元,已构建起电子、汽车、摩托车、装备、材料、消费品、能源、生物医药等支柱产业多点支撑的现代工业体系,形成了一批具有较强国内外竞争力的支柱产业集群。现代服务业支撑力增强。积极推动生产性服务业向专业化和价值链高端延伸,生活性服务业向精细化和高品质升级。2019年全市服务业增加值12557.5亿元,居西部第二位,占GDP比重提高到53.2%,商贸、金融、数字服务、大健康、文化旅游、物流业六大支柱产业占全市服务业增加值比重提升至75%,打造形成9大类23个市级战略新兴服务业集聚区。山地特色农业产业体系形成。农村一二三产业加快融合,2019年全市农业增加值1581.15亿元,形成了柑橘、榨菜、生态畜牧、生态渔业、茶叶、中药材、调味品、特色水果、特色粮油、特色经济林十大山地特色农业产业。

3. 创新驱动发展势头良好

拥有国家重点实验室10个,国家级工程技术研究中心365家、科技创新基地782个,重庆36个学科进入世界ESI排名前1%。全社会研发经费支出增长12.1%,每万人发明专利拥有量达到10.5件、增长15.2%。科技型企业数量增长45%以上,高新技术企业增长20%以上。壮大"芯屏器核网"全产业链,阿里巴巴、华为、腾讯、英特尔等国内外行业龙头加快集聚,推动大数据、人工智能、集成电路等新兴产业蓬勃发展,智能产业销售收入增长14%。以大数据智能化为引领的创新驱动深入推进,获批建设国家数字经济创新发展试验区,数字经济增加值增长15%左右,高新技术产品出口比重占72.5%,高技术制造业和战略性新兴产业增加值分别增长12.6%、11.6%,对工业经济增长贡献率分别为34.8%和42.1%。

4. 人口吸引能力显著提高

近年来,在一系列国家战略和政策利好推动下,重庆加快产业集聚和城市扩容提质,城市吸引力增强,全市常住人口十年间累计增长240万人,2019年全市常住人口达到3124.32万人(图1-2),城镇化率达到66.8%。同时,随着城市网红效应持续发酵,国内外游客吸引力、感召力持续增强[①]。世界旅游及旅行理事会(WTTC)发布的《2018年城市旅游和旅游业影响》报告显示,重庆位居全球旅游增长速度最快城市榜首。2019年,重庆接待境内外游客6.57亿人次,实现旅游总收入5734亿元,同比分别增长10%和32%;接待境外游客411.3万人次,旅游外汇收入25.3亿美元,国内外旅游对全市消费促进作用日益显著。

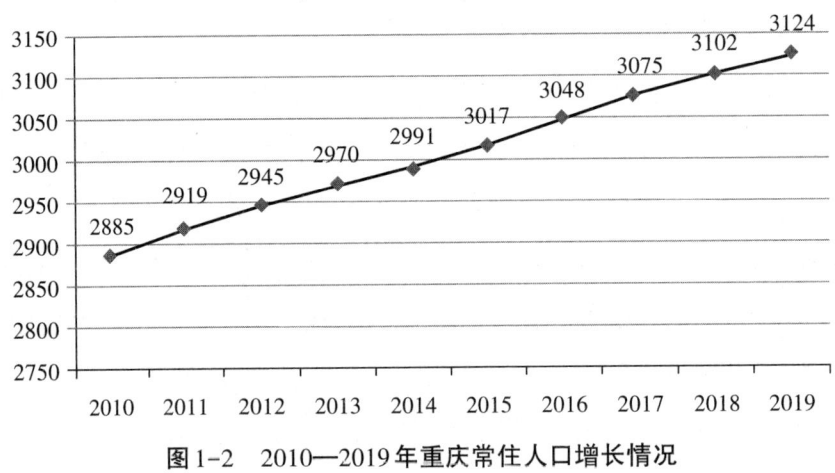

图1-2 2010—2019年重庆常住人口增长情况

---

① 光明日报智库研究与发布中心发布的《2018中国城市海外网络传播力报告》指出,中国338个城市海外网络传播力重庆位居西部城市第一、全国第七。世界旅游及旅行理事会(WTTC)发布的报告显示,重庆连续两年位列全球发展较快的10个旅游城市榜首。

(三)现代商贸商务蓬勃发展,城市商业发达活跃

重庆着力推动消费之都建设,商贸企业和品牌加快集聚,消费新业态新模式快速发展,会展经济、外贸经济持续扩张,高品质产品和服务供给显著增加,商业活跃度明显提升。2019年,重庆社会消费品零售总额达8667.3亿元,消费对全市经济增长贡献率达51.3%;实现服务业增加值达12557.5亿元,占GDP比重从直辖初40%提高到53.2%。

1.商贸企业品牌加快集聚

重庆对标国际化大都市着力优化营商环境,城市商贸商务综合承载能力持续提升,2018年重庆城市营商环境指数0.478,仅次于北京、上海、广州、深圳,位居全国第五、中西部第一,建成商业步行街10条、市级特色商业街23条,国内外市场主体和高端品牌加快集聚。Wow全球精选店、德本汉姆百货、CBT等进口商品超市品牌店相继入驻重庆,LV、GUCCI等全球一流消费品牌加快云集,截至2019年底,全市入驻国际知名品牌84个,国内知名品牌100个,居西部前列。本土消费品牌效应和商贸企业实力不断增强,2019年末,全市品牌连锁便利店累计超过2800余家、限额以上商贸企业8000家。聚焦重庆味道、重庆工艺等重点领域,培育打造中华老字号19个、重庆老字号241个。重庆商社(集团)有限公司等7家大型商贸企业进入由中国企业联合会、中国企业家协会发布的"2019中国服务业企业500强"榜单,在中西部处于领先地位。

> **专栏1-1：在渝知名消费品牌和商贸企业**
>
> 世界十大时尚奢侈品牌：LV（路易威登）、Hermes（爱马仕）、Gucci（古琦）、Chanel（香奈儿）、Armani（阿玛尼）、Burberry（巴宝利）、Fendi（芬迪）、Prada（普拉达）、Dior（迪奥）、Versace（范思哲）等。
>
> 世界一线知名品牌：Miumiu、Tod's、BottegaVeneta、MICHAEL KORS、Maje、Tiffany、Givenchy（纪梵希）、D&G（杜嘉班纳）、Garfield（加菲尔德）、BEEN TRILL、JOY RICH（好莱坞知名潮牌）等。
>
> "2019中国服务业企业500强"重庆本土商贸企业：重庆商社（集团）有限公司、重庆对外经贸（集团）有限公司、华南物资集团有限公司、重庆医药（集团）股份有限公司、重庆百事达汽车有限公司、重庆砂之船奥莱商业管理有限公司、重庆市新大兴实业（集团）有限公司。

2. 新兴消费业态方兴未艾

重庆积极推动消费领域的融合创新，新兴消费业态蓬勃发展。数字消费快速兴起，重庆与阿里巴巴共同打造西部新消费中心、西部电商产业中心，引入了盒马鲜生、苏宁小店、永辉超级物种、京东之家等线上线下融合、零接触配送新零售模式，远程办公、网上教育、网络动漫、网络音乐、网上视频等新业态加快发展，已培育国家电子商务示范基地3个、国家电子商务示范企业9个，建成电商集聚区63个，入选全国供应链体系建设首批重点城市。2019年全市网络店铺超过130万家，网络零售总额926亿元，占社零总额比重10.7%。智能产品消费持续扩张，2019年全市智能家电、可穿戴智能设备、智能手机消费分别增长50.3%、44%、37.6%。跨境消费持续兴旺，自2016年重庆跨境电子商务综合试验区设立以来，全市跨境电商备案企业已达500余家，跨境电商O2O体验店超过1500家，免退税网点数量达23个、进口商品经营网点2000余个。2019年，重庆市跨境电商交易额达

245亿元；2016—2019年重庆市跨境电商B2C零售进口交易额年均增长33.9%。绿色消费加速培育，创建绿色商场14家、市级生态文明商场50家。

> **专栏1-2：重庆市离境退税商店名单**
>
> 重庆市首批离境退税商店共有10家，分别为瑞皇（重庆）钟表有限公司、重庆苏宁云商销售有限公司解放碑步行街店、重庆苏宁云商销售有限公司观音桥步行街店、重庆商社新世纪百货连锁经营有限公司大坪商都、龙庆物业发展（重庆）有限公司（时代广场）、重庆大都会广场太平洋百货有限公司、世纪星光百货（重庆）有限公司、重庆商社新世纪百货连锁经营有限公司凯瑞商都、重庆远东百货有限公司、新光天地百货（重庆）有限公司。

3.国际会展名城领先西部

会展经济快速发展，成为消费增长的新动力。会展场馆设施西部领先，截至2019年底，主城区已建成6大专业展馆[①]，全市展览总面积突破700万平方米。其中，重庆国际博览中心总建筑面积约60万平方米，室内展览面积为23万平方米，位居全国第四、中西部第二，是获得UFI[②]认证的先进场馆，场馆信息化技术创新领先全国。国际会展合作持续深化，德国杜塞尔多夫会展公司、新加坡展览集团（新展集团）、香港世界展贸顾问有限公司等国内外知名展览公司相继进入重庆会展市场。全国品牌展会加速培育形成，重庆成为中国国际智能产业博览会的永久举办地，成功举办了"一带一路"国际技能大赛、中新（重庆）战略性互联互通示范项目金融国际峰会、国家大数据重大科技基础

---

① 分别为：重庆国际博览中心、重庆国际会议展览中心、重庆展览中心、重庆农业展览馆、重庆规划展览馆、三峡博物馆。

② UFI是国际展览业协会（Union of International Fairs, UFI）的简称。

设施研讨会等国际国内大型展会,跻身2023年足球亚洲杯承办地之一。智博会、西洽会双双获评"中国最具影响力品牌展会",重庆获评"中国最具影响力会展城市",入围世界会展城市综合实力排行榜55强①,重庆会展的国际知名度影响力大幅提升。

> **专栏1-3:重庆已举办的重大国际国内会展项目**
>
> 国际性展会:中国国际智能产业博览会(智博会)、中国西部国际投资贸易洽谈会("西洽会",原"渝洽会")、中国国际军民两用技术博览会("军博会")、中新(重庆)战略性互联互通示范项目金融峰会("中新金融峰会")、"一带一路"陆海联动发展论坛、"一带一路"国际技能大赛、第十九届亚太零售商大会、第五届亚太城市市长峰会、第六届世界华人经济论坛、第一届"一带一路"检验检疫高层国际研讨会、亚洲议会和平协会(AAPP)第三届年会、中国国际摩托车博览会("摩托车展")、2019CFA中国之队"大足石刻杯"国际足球锦标赛、已连续举办九届的永川国际女足锦标赛等。
>
> 全国性展会:国家大数据重大科技基础设施研讨会、中国(重庆)商品展示交易会("渝交会")、立嘉国际机械展览会("立嘉机械展")、中国金属冶金展、全国制药机械博览会、全国图书交易博览会、中国金属冶金展、西部国际塑料工业展、第十五届全国糖酒商品交易会("糖酒会")、第六届中国西部旅游产业博览会等。

4.买全球卖全球格局形成

重庆积极融入"一带一路"共建,对外贸易成效显著。开放平台体系不断完善,截至2019年,重庆国家级开放平台达18个,初步形成了"1278"的国家级开放平台体系(图1-3),是中西部地区开放平台最多、开放资源最丰富的地区。高端消费品进口快速增长,欧洲汽车、日用品、化妆品、啤酒、奶粉、粮油等消费品通过中欧班列国际大通道、西部陆海新通道方便快捷地进入重庆。两路寸滩保税港区的重庆保税体验旅游景区(4A级)、西

---

① 《2018年中外会展业动态评估研究报告》显示,重庆已入围世界会展城市综合实力排行榜55强,与上海、广州、北京一道跻身中国会展一线城市。

永综保区的欧洲进口商品展示交易中心、江津综保区的中国西部(重庆)东盟商品分拨中心和农副产品分拨中心等平台进口商品种类丰富,包括来自欧洲、美国、澳大利亚以及"一带一路"沿线国家商品5万多种。2019年,重庆实现外贸进出口总额5792.78亿元,居中西部第二位,重庆正加快成为内陆"买全球卖全球"消费高地。

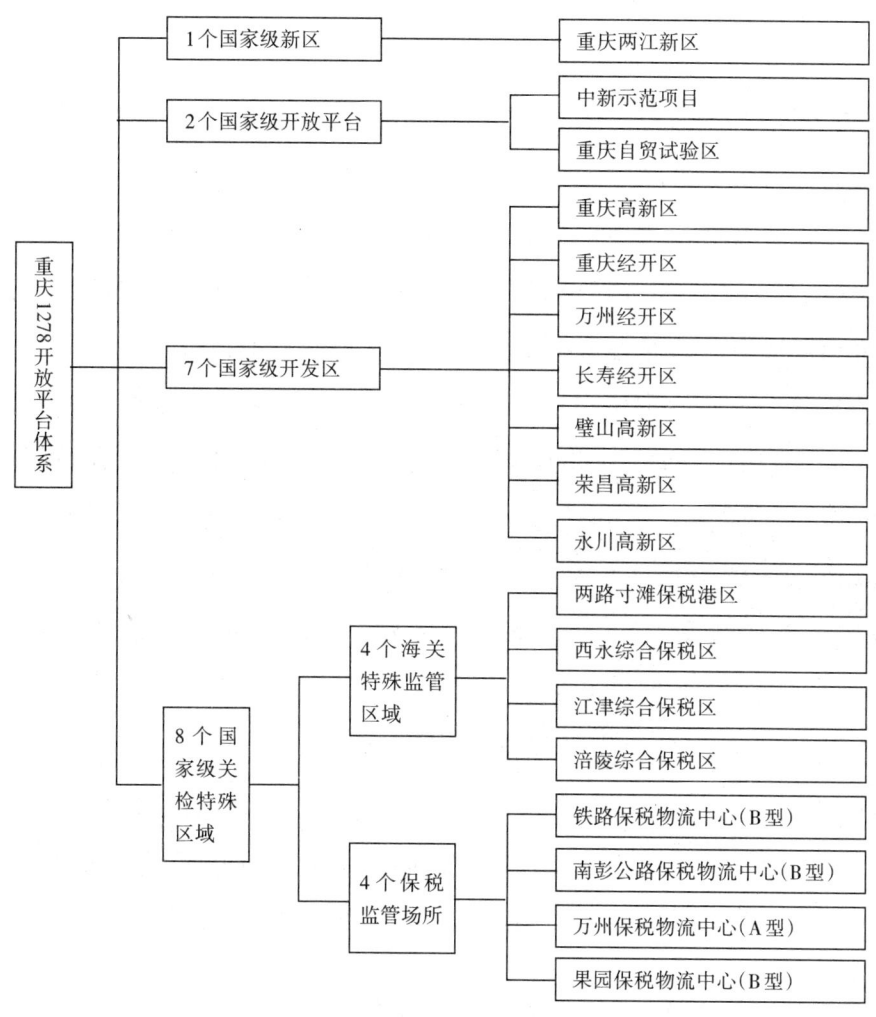

图1-3 重庆"1278"开放平台体系

(四)交通物流枢纽地位凸显,城市到达快捷便利

重庆深入推进内陆国际物流枢纽建设,水、陆、空立体综合交通网络发达,城市外联内畅水平不断提升,国际、国内到达便利度西部领先,物流、人流等要素集聚能力增强。

1. 国际物流联通提质增效

国际商贸集聚辐射力加快提升。国际物流通道互联互通。重庆位于中国地理几何中心,是"一带一路"和长江经济带联结点。已建成东西南北"四向"联通、公铁水空多式联运的国际物流枢纽体系,2019年重庆国际集装箱吞吐量达149.33万标箱,货物运输量达11.3亿吨,位居中西部城市第一;国际国内航班线路403条、起落架次33.3万次,其中国际航线增至95条、通航国际城市208个、旅客吞吐量达到4479万人次、单日航班起降突破1000架次,国际物流、人流等要素聚集辐射能力大幅提升,初步形成"通道带物流、物流带经贸、经贸带消费"的格局。国际物流枢纽建设加快。规划建设陆港型、空港型、港口型、生产服务型、商贸型的国家物流枢纽网络,着力打造国际物流枢纽园区、航空物流园、公路物流基地等4大国际物流分拨中心,辐射西部、联通全球的国际物流分拨体系和消费市场体系加快形成,消费综合供给能力增强。国际物流功能不断完善。西部陆海新通道物流和运营中心加快建设,基本建成团结村、空港、果园港三大枢纽和铁水、江海、陆空、铁海等联运方式的"3+4"多式联运枢纽体系。2019年,规上多式联运和运输代理业营业收入增长63.7%。

> **专栏1-4:重庆对外国际大通道基本情况**
>
> 向东,长江上游航运中心基本建成,形成"一干两支六脉"1400千米高等级航运网和"4+9"港口体系,港口年货运吞吐量2亿吨,水上运输人次和货物量同比分别增长46.4%和10.9%,成为联通全球的内陆最大港口。
>
> 向南,"陆海新通道"上升为国家战略,西部省市"朋友圈"扩大到"13+1"个,形成以重庆为枢纽、联结"一带"和"一路"的国际物流网络。西部陆海新通道覆盖全球六大州92个国家的220个港口,铁海联运班列开行923班、增长51%,累计开行数量和货值均位居全国第一。
>
> 向西,中欧班列(渝新欧)重庆始发开行最早、班次最多、运行最稳定、运输货值最大,运营线路20条,开行1500班以上,运输重箱量和货值增长均超过48%、位居全国第一,境外分拨点40多个,覆盖欧洲、中亚、南亚、东南亚等15个国家30多个城市。
>
> 向北,联通中蒙俄经济走廊,覆盖俄罗斯及中东欧国家,"渝满俄"国际铁路班列实现每周固定发班,累计开行超1000次。
>
> 空中,"一大六小"机场格局初具雏形,开通国内航线271条,作为国家八大航空枢纽的江北机场国际航线增至95条、通航国际城市208个,旅客吞吐量达到4479万人次、单日航班起降突破1000架次、货邮吞吐量达到41万吨,搭建起连接五洲的"空中走廊"。

2.城市交通外联内畅水平提高

积极融入国家综合运输网络,加快国家首批交通强国试点城市建设,"外联内畅"的交通格局全面形成。对外连接更加紧密高效。国家综合性铁路枢纽建设提速,初步形成"一枢纽十一干线"铁路网,"米"高铁骨架网加快建设(图1-4),"三环十二射多联络"高速公路网络不断完善,省际出口19个,高铁通车里程492千米,高铁、动车到达次数142班;高速公路25条、通车里程3235千米;航道总里程4472千米,全面实现"4小时重庆、8小时周边"。内部交通更加便捷通畅。目前轨道交通建成10条线路、运营里程329千米,位居中西部第一,覆盖主城九区15个组团和近郊璧山区等,连接主城区重要交通枢纽、各大商圈、大型社区,初步形成与现代化国际大都市匹配的轨道交通网络体系。城市共享汽车快速增加,合规网约车5.6万辆(其中主城区5.1万辆),市民出行更加便利。未来外联内畅水平将进一步提升。根据交通规划和建设进度,2030年高铁通车里程将超过2000千米,2035年主城区将形成"22线1环"的轨道交通网络,第二国际机场前期工作有序开展,将形成"三大四小多点"机场群。

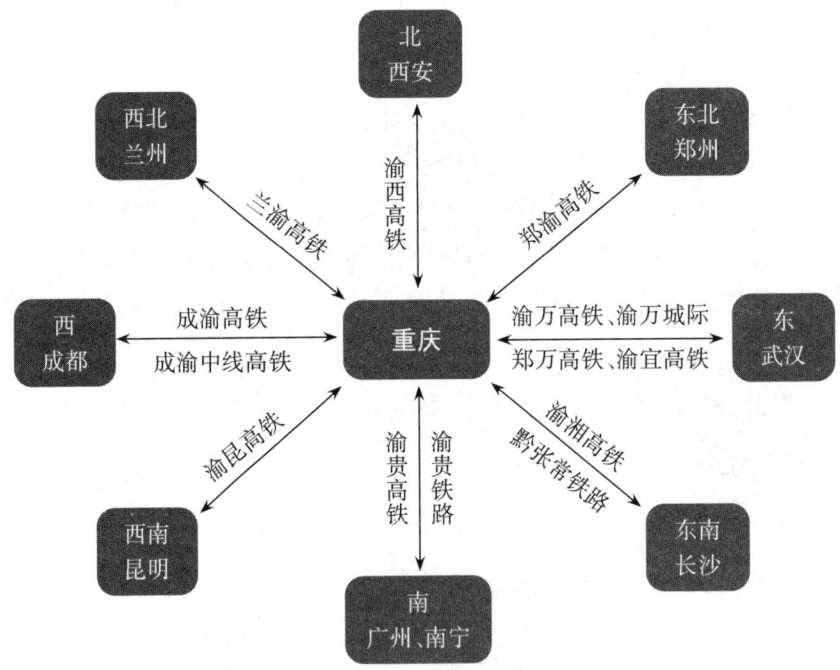

图1-4 重庆"米"字形高铁示意图

(五)消费综合环境持续优化,城市消费舒适放心

近年来,重庆着力改善营商、信用、金融、人居等城市综合消费环境,消费舒适度明显提升。根据中国消费者协会发布的《2018年70个城市消费者满意度测评报告》,重庆消费者满意度74.15,在全国70个大中城市中排名14位,超过成都、西安、武汉等中西部城市,2019年重庆消费者满意度进一步提高到76.59。

1. 城市营商环境持续优化

坚持国际对标,不断深化"放管服"改革,"多证合一""证照分离"试点深入推进,政务服务"线下一窗受理""线上一网通办"效率大幅提升,"渝快办"实现政务服务事项全覆盖,工程建设项目审批时限压缩50%以上,行政许可、服务事项办结率达100%。建立外商投资"全生命周期"服务体系,实行"负面清单+准入前国民"待遇,成立全国首家自贸试验区法院、商事仲裁中心和知识产权法庭、西部唯一的商标审查协作中心。国际贸易"单一窗口"实现主要业务全覆盖,2019年重庆进口、出口通关时间较2017年分别压缩68%、96%,国际化法治化便利化营商环境不断优化。

2. 商业信用环境领跑西部

加强商务领域诚信体系建设,开展守信联合激励和失信联合惩戒创新试点,10多个市级部门实施协同管理、分类监管,强化网络零售监管,建立信用档案,开展信用评价、诚信教育和信用信息平台归集公示,实行守法诚信主体"少检查、不打扰"、违法失信主体"密检查、强监管"和企业信用与政府资金支持挂钩

建设重庆国际消费中心城市研究

等措施,严厉打击企业和从业人员的失信行为,持续开展网络借贷信息中介(P2P网贷)风险专项整治,试点成效获得国家发展改革委肯定。根据"2019中国城市商业信用环境指数"(CEI),重庆商业信用环境指数78.636,在全国大城市(省会城市、直辖市)榜单中仅次于北京、上海、广州、杭州,排名第五,领跑西部。

3.放心消费环境大幅改善

制定实施食品安全、餐饮住宿、旅游休闲、网络消费、电视购物消费等重点领域的法规和标准。出台《重庆市食品安全管理办法》,加强食品安全监督,进一步加强对各类食品生产经营主体、行为、客体的监管力度,完善安全防范机制,推进重要产品质量追溯体系建设。印发《重庆市旅游服务标准化年建设活动实施方案》,围绕"吃住行游购娱商养学闲情奇",组织宣贯旅游业标准161项,新增特色旅游地方标准29项,与国际国内标准的一致性程度95%以上,重点旅游产品和服务标准覆盖率和实施率均达到95%以上。出台《重庆市餐饮业服务质量规范(试行)》《重庆市住宿业服务质量规范(试行)》等系列标准,开展商务服务质量提升行动,持续举办服务技能培训、服务技能大赛等活动,开展星级酒店、钻石饭店、绿色饭店、星级农家乐创建,培育评选一大批优质服务企业、门店和标兵,推动形成学标准、用标准、贯标准的良好氛围,消费服务质量、服务水平显著提升。积极开展"放心消费"创建,构建"政府监管、企业自律、社会监督、消费者参与"消费维权协同共治新机制,先后建立小额消费纠纷快速维权、12315消费纠纷快速处置等通道,畅通消费者维权渠道,实现"小纠纷8小时内处理",全市消费市场监管水平和消费维权效能不断提升。

4. 金融服务环境明显提升

重庆大力推进内陆国际金融中心建设,国际化消费的金融服务功能不断完善,2019年金融业增加值占GDP比重达11.1%,稳居全国前五、西部第一。根据中国开发研究院2019年12月发布的"中国金融中心指数",重庆位居全国第八位[①]。基本形成全牌照、多层次、多功能的金融体系。银行业金融机构108家、保险58家、证券288家,外资银行16家、外资保险14家,居西部领先地位。全国首家互联网消费金融、全国首家专业信用保证保险、西部首家民营银行等15个具有突破意义的法人金融机构和中西部首个区域国际资本市场服务中心落户重庆。国际化支付与结算便利性全面提升。"境内外、本外币、离在岸、投商行"一体的跨境综合金融服务体系加快搭建,是全国金融标准化试点和金融科技应用试点城市,拥有西部唯一的QDII2试点,在全国率先开展外资股权投资基金(QFLP)、跨境人民币基金、外汇集中运营管理、区域集优债等金融产品和服务试点。2019年重庆人民币跨境结算量达1098.8亿元,累计突破8800亿元,位居中西部第三位。消费金融支持能力持续提高。绿色金融、消费金融、科技金融、汽车金融、支付结算等金融业态融合发展,集聚阿里小微、度小满等小额贷款公司达286家,小贷实收资本和贷款余额领跑全国。

[①] 资料来源于文章《中国金融中心指数发布 上海再次名列综合竞争力第一》。中国金融中心指数以金融产业绩效、金融机构实力、金融市场规模等指标体系为考量进行排名。

5.城市人居环境舒适宜居

近年来,重庆加快推进山清水秀美丽之地建设,持续实施城市提升行动计划,强化城市治理,城市宜居宜游宜购综合环境显著优化。城市生态环境更加宜居。大力治理"两江四岸",精心打造山城步道,建成城市公园528个。2019年,全市建成区绿化覆盖率40.42%,主城区空气质量优良天数达到316天,其中空气质量为"优"的天数达到119天,城市空气质量排名全国55位,呈现出天更蓝、地更绿、水更清、空气更清新的美好景象。城市治理效果突出。"智慧重庆"稳步建设,城市管理"马路办公"实现建成区全覆盖,荣获"2018中国最具幸福感城市最佳管理创新范例"奖项,"大城智管、大城细管、大城众管"治理效能提升。城市生活环境更加国际化。与现代化国际大都市相匹配的国际化社区、公共服务、商务休闲等配套设施和服务标准体系加快建设建立,引入英国哈罗公学、美国IA高中等世界知名学校,建成巴蜀常青藤学校等外籍人员子女学校两所、新加坡莱佛士医院等中外合资医院,景区景点、交通枢纽等公共场所多语种标识标牌逐步齐全。星级酒店位居国内前列。截至2019年,重庆三星及以上宾馆数量173家,排名全国第三;国际品牌酒店达17家,居中西部前列。

> **专栏1-5：入驻重庆的国际品牌酒店**
>
> 1. 重庆北碚悦榕庄
> 2. 重庆申基索菲特大酒店
> 3. 重庆JW万豪酒店
> 4. 重庆洲际酒店
> 5. 重庆希尔顿酒店
> 6. 重庆保利花园皇冠假日酒店
> 7. 重庆解放碑威斯汀酒店
> 8. 重庆富力凯悦酒店
> 9. 重庆华宇温德姆至尊豪廷大酒店
> 10. 重庆丽晶酒店
> 11. 重庆万豪酒店
> 12. 重庆凯宾斯基酒店
> 13. 重庆丽笙世嘉酒店
> 14. 重庆融汇丽笙酒店
> 15. 重庆万达艾美酒店
> 16. 重庆喜来登大酒店
> 17. 重庆滨江皇冠假日酒店

（六）政府高度重视创建工作，参与试点意愿强烈

重庆围绕国际消费中心城市建设，不断优化促进消费的体制机制和政策环境，围绕增强消费增长新动能、提升国际化服务功能、优化消费环境等方面先后出台了一系列政策举措，形成了以《关于加快建设国际消费中心城市的实施意见》（渝府办发〔2019〕121号）为引领，以若干配套文件为支撑的促进消费"1+N"政策制度体系。

1.促进创建的组织保障更加有力

市政府全力执行党中央、国务院"建设若干国际消费中心城市"的决策部署，积极推进商务部关于培育建设国际消费中心城市的工作安排，把建设国际消费中心城市作为重大战略工作目标，出台了《关于加快建设国际消费中心城市的实施意见》。加强组织领导。成立市政府主要负责人任组长、分管负责人任副

组长、市级相关部门负责人为成员的国际消费中心城市建设工作领导小组,统筹调动全市各方力量,创新务实推进国际消费中心城市建设。完善工作机制。市政府建立由分管领导负责、各部门(单位)参加的促进消费工作协调机制,定期分析研究消费形势,完善政策举措。建立督促考核机制。把国际消费中心城市建设工作纳入年度市政府专项目标任务考核,确保市级部门和区县政府协同推进、创新发展、落地见效。

2.促进消费的政策举措更细更实

重庆重点针对提升国际化功能和促进消费升级,出台了一系列政策文件。

关于促进消费增长的政策。国际化消费中心城市建设方面,市政府出台了《关于加快建设国际消费中心城市的实施意见》,明确了重庆加快建设国际消费中心城市的指导思想、工作原则、工作目标、重点任务、保障措施和任务分工。拓展商贸流通方面,出台了《关于加快发展流通促进商业消费的通知》,推出20条政策举措,大力培育品质消费、绿色消费、夜间消费、假日消费等新业态,创新"互联网+生活服务"模式,提高生活服务行业的诚信水平和服务质量。商圈建设方面,制定出台《重庆市智慧商圈建设实施方案》和《解放碑步行街改造提升工作方案》,大力推进高品质商圈商街建设。电子商务方面,出台了《关于加快电子商务产业发展的意见》和《关于印发重庆市鼓励电子商务产业发展若干政策的通知》,分别推出12项政策举措,加快推进电子商务产业高质量发展,形成电子商务创新产业集群;出台《关于加快线上业态线上服务线上管理发展的意见》,推出25项举措,加快发展线上业态、线上服务、线上管理,助力培育新的经济增长点、拉动新的消费需求。跨境贸易方面,推进全口径跨境融资宏观审慎管理,统一中、外资企业外债管理政策。为大型跨国企业集团境内外业务拓展提供高效资金结算支持。出台《关于印发重庆市促进跨境贸易便利化工作方案的通知》,推出16条举措,进一步提升跨境贸易便利化水平;出台《创新跨境电子商务监管服务工作方案》,初步构建起跨境电商"互联网+质量安全"市场监管体系。

  关于提升国际化功能的政策。国际金融中心建设方面,出台《重庆国际金融中心建设方案》,谋划建设立足西部、面向东盟的内陆国际金融中心。依托中新(重庆)战略性互联互通示范项目,围绕跨境投融资、跨境结算、保险合作、机构互设等领域,截至2019年已累计推出50项创新政策,跨境融资额突破100亿美元。内陆开放高地打造方面,出台《全面融入共建"一带一路"加快建设内陆开放高地行动计划》,以通道、平台、口岸、市场、环境为抓手,提出"五大行动",塑造具有国际竞争力的产业集群,提升城市综合服务功能。内陆国际物流枢纽建设方面,出台《重庆内陆国际物流分拨中心建设方案》,加快打造"1+3"国际物流分拨中心运营基地,着力提升国际物流分拨通道能力,营造品质化综合服务环境,切实降低重庆乃至中西部地区综合物流成本。国际会展名城打造方面,出台《重庆市会展业创新提升行动计划(2018—2020年)》,推出22条政策举措,加快重庆会展业发展政策体系建设,促进会展业转型升级、加快发展,全面提升会展经济发展质量和效益。山水人文城市国际化品质提升方面,出台

《城市提升行动计划》《重庆市主城区"两江四岸"治理提升实施方案》等政策文件,围绕城市品质提升、建设现代化国际大都市目标,鼓励支持配套完善国际社区、国际购物中心、文体设施、公共交通体系等生活设施;出台《关于加强历史文化保护传承规划和实施工作的意见》,对市域内不同历史时期积淀的具有历史文化价值、传统特色风貌、凝聚乡愁的街区、道路、街巷、村镇和建筑等进行整体保护,努力呈现有历史的城市、有特色的乡村、有情怀的街巷、有记忆的步道、有故事的建筑、有文化的环境。

其他相关政策。服务业发展方面,出台《重庆市现代服务业发展计划(2019—2022年)》《关于新形势下推动服务业高质量发展的意见》,明确推动服务业高质量发展的总体要求、发展路径、重点任务、行动方案、保障措施,从优化政府服务、加大财税和价格支持、强化金融要素支撑、保障用地需求、提升消费能力、扩大开放合作等方面提出了23条扶持政策。此外还针对家政、养老等领域出台了专项政策,以促提质、扩容,增强供给侧发展动力。环境优化方面,出台《关于印发重庆市营商环境优化提升工作方案的通知》,推出91条政策,破除各种不合理门槛和限制,优化企业全生命周期服务,加快打造法治化、国际化、便利化营商环境;出台《重庆市加快推动5G发展行动计划(2019—2022年)》,推出10项举措、12大行动,加快构建5G发展生态,培植数字经济发展新优势,为高质量跨越式发展提供强有力支撑。

3. 促进参与创建的社会各方更加协同

2019年以来,重庆市政府连续两年将创建国际消费中心城市和争取试点纳入市政府工作报告,人大代表、政协委员讨论政府工作报告时给予高度评价、积极建言献策,市人大、市政协十分关注,调研督促指导,给予大力支持。市级有关部门和各区县按照重庆市委、市政府工作部署,认真研究制订本部门、本区县工作方案,扎实组织推进。行业协会和重点企业积极参与、主动作为。市商务委员会会同相关单位,加强创建国际消费中心城市的重大意义、发展思路、重点工作等系列宣传,形成了争创国际消费中心试点的良好氛围。

二、重庆城市优势特色明显

重庆战略区位优势明显,商圈体系健全,"山水之城""魔幻之都""网红城市""美食之都""温泉之都""不夜重庆"等城市名片享誉全球,"渝货精品"畅销全球,国际知名度和影响力不断提升,城市国际化功能不断增强,为建设国际消费中心城市创造了有利条件。

(一)国家战略区位优势明显,城市发展潜力巨大

重庆建设国际消费中心城市具备国家多重战略叠加优势和突出区位优势。重庆是西部大开发重要战略支点,处在"一带一路"和长江经济带联结点上,是中西部地区唯一直辖市和重要的国家中心城市。党的十八大以来,国家战略进一步聚焦重庆发展,中国和新加坡的第三个政府合作项目——中新(重庆)战略

建设重庆国际消费中心城市研究

性互联互通示范项目将重庆作为运营中心,西部陆海新通道建设也以重庆为运营中心,中国(重庆)自由贸易试验区获批成立,重庆在我国对外开放发展战略中居于战略要津、肩负重大使命。2020年初,中央财经委员会第六次会议提出推动建设成渝地区双城经济圈,将成渝地区打造成为具有全国影响力的重要经济中心、科技创新中心、改革开放新高地、高品质宜居地,成为中国新的重要增长极。习近平总书记要求重庆立足区位优势、产业优势、体制优势和生态优势,努力发挥"三个作用"。重庆未来发展空间巨大,是我国最具增长潜力的城市之一,众多国家战略聚焦重庆,有利于获得国家政策倾斜、集聚资源要素、加快改革创新、激活消费市场,有利于重庆加快打造国际消费中心城市,实现高质量发展、创造高品质生活,增强辐射带动周边省市发展的能力。

专栏2-1:十八大以来聚焦重庆的国家战略

2015年11月,"中新(重庆)战略性互联互通示范项目"选择重庆作为项目运营中心,将金融服务、航空、交通物流和信息通信技术作为重点合作领域。

2016年1月,习近平总书记视察重庆时,对重庆提出"两点"定位,即:"一带一路"和长江经济带的连接点、西部大开发的重要战略支点。

2018年3月,习近平总书记于"两会"期间参加重庆代表团审议并发表重要讲话,为重庆提出了"两地""两高"目标,即:建设内陆开放高地、山清水秀美丽之地,在建设"两地"的基础上,努力推动高质量发展、创造高品质生活。

2019年4月,习近平总书记再次视察重庆,提出重庆要努力发挥"三个作用",即:在推进新时代西部大开发中发挥支撑作用、在推进共建"一带一路"中发挥带动作用、在推进长江经济带绿色发展中发挥示范作用。

2019年8月,《西部陆海新通道总体规划》印发实施,由重庆牵手西部兄弟省区市一同发起的、以重庆为运营中心的西部陆海新通道上升为国家战略。

2020年1月,中央财经委员会第六次会议提出推动建设成渝地区双城经济圈,将成渝地区打造成为具有全国影响力的重要经济中心、科技创新中心、改革开放新高地、高品质宜居地,成为中国新的重要增长极。

（二）商圈组团发展特色鲜明，购物之都享誉全国

重庆多年着力建设购物之都，依托山水城市特殊地形地貌，形成了"多组团、多中心"现代商圈体系，商业综合体不断迭代升级，解放碑、观音桥等特色商圈享誉全国，打造国际消费中心城市的支撑载体平台功能强大。

1.现代化商圈体系不断优化

重庆坚持"商住分开、人车分流、立体开发、集中打造"的建设理念，推动形成了以中央商务区为龙头，主城区核心商圈和远郊区（县）城市核心商圈为骨干的"1+19+30"的城市商圈发展格局（图2-1）。中央商务区产业能级加快提升。建成商务楼宇160个、购物中心18个，商业商务面积近1000万平方米，汇聚法人企业超过1万家，社零超过600亿元。核心商圈加快扩容升级。制定出台全国首个商圈建设地方标准《重庆城市核心商圈建设规范》，建成百亿级商圈12个，百亿级市场15个，位居西部之首。率先推进智慧商圈建设，打造智慧商圈10个。主城区商圈组团式发展特色明显，解放碑商圈、观音桥商圈人气位居全国前列，年营业额分别突破500亿元、300亿元。全市重点商圈社零总额占全市比重超过60%。特色商业街建设取得显著成效。解放碑步行街纳入全国首批高品质步行街改造试点，累计建成商业步行街10条、市级特色商业街23条、市级美食街（城）35条、市级夜市33条。《2019年阿里巴巴步行街经济报告》显示，解放碑客流量列全国第一、消费金额和客单价列全国第三。

> **专栏2-2：重庆中央商务区、百亿级核心商圈和特色商业街情况**
>
> 　　中央商务区(两江交汇区域)：渝中区解放碑CBD、江北区江北嘴CBD、南岸区弹子石CBD百亿级核心商圈(12个)：1.渝中区解放碑商圈；2.江北区观音桥商圈；3.南岸区南坪商圈；4.九龙坡区杨家坪商圈；5.沙坪坝三峡广场商圈；6.渝中区大石化商圈；7.渝北区两路空港商圈；8.南岸区茶园商圈；9.万州区高笋塘商圈；10.涪陵区江南核心商圈；11.合川区三江核心商圈；12.永川区渝西广场商圈。
>
> 　　市级特色商业街(23条)：1.重庆汽车用品专业街(渝中区)；2.高新区卓越·美丽熙街；3.渝中区化龙桥"重庆天地"；4.开州区"腾龙建材城"；5.永川区"茶竹天街"；6.南川区盛丰源商业特色街；7.綦江区"东溪古镇特色文化商业街"；8.梁平区乾街；9.北部新区西部建材城"红木家具文化街"；10.江北区梦里茶乡品茶商业特色街；11.万州区观音岩汽车文化街；12.铜梁区安居古城火神庙特色商业街；13.重庆贰厂文创商业街(渝中区)；14.江北区喵儿石创艺特区；15.大足区海棠香国历史文化风情城；16.綦江区红星美凯龙家居艺术金街；17.酉阳县龚滩土家族风情文华商业特色街；18.黔江民族风情城；19.武隆区仙女天街；20.重庆蓝光coco时代耍街(南岸区)；21.秀山县华信滨江风情商业街；22.南川区天星小镇；23.南岸区长嘉汇弹子石老街。

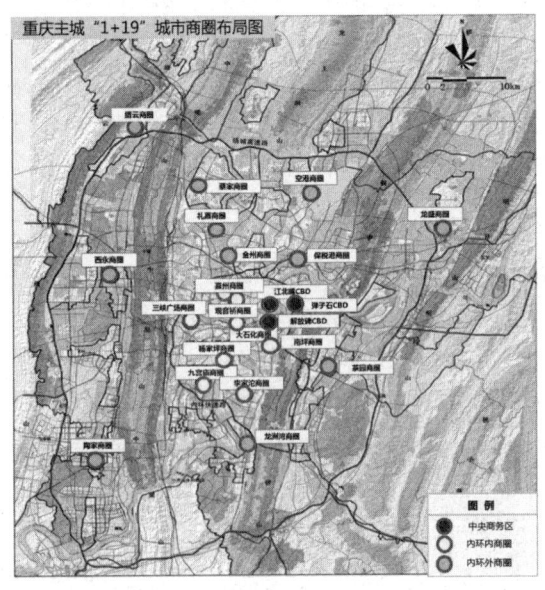

图2-1　重庆主城区组团式商圈布局图

2.商业综合体的国际范彰显

体验式、互动式、沉浸式购物公园特色的城市商业综合体加快布局建设,全市已开业规模超过3万平方米的商业体225个,其中购物中心数量达133个,商业总面积超过2700万平方米,涌现出来福士广场、时代天街、长嘉汇购物公园、力帆爱琴海等一批现代化国际化的地标式综合体,引领国际时尚潮流,极大地改善了重庆消费硬环境。

专栏2-3:重庆大型特色地标性商业综合体		
来福士广场	重庆来福士广场是中新(重庆)战略性互联互通示范项目,地处"朝天门-解放碑"核心地段,商业定位为全业态、全客层城市地标级精品购物中心,是集多元旅游资源、历史文化沉淀、中新文化艺术于一体的互动式国际社交目的地。	
龙湖时代天街	龙湖时代天街位于渝中区大坪商圈,总建筑面积120万平方米,其中商业体量60万平方米。该商业综合体共分为A馆、B馆、C馆、D馆。AB馆为家庭时尚中心;C馆为家庭文化娱乐中心;D馆为国际青年潮流中心。每年到访的客户已经超过1500万人次。	

爱琴海购物公园	爱琴海购物公园位于两江新区核心区域金州商圈内,交通、区位优势明显,建筑面积20万平方米,全部为自持型运营。项目配备7300个停车位,数量为西南地区商业综合体之最。	
长嘉汇购物公园	长嘉汇购物公园位于CBD核心区域南岸弹子石片区,与朝天门、江北嘴隔江相望,是欣赏重庆"两江四岸"美丽风景的首选地。项目融合购物中心、百年弹子石老街、全市最大亲水滨江广场三大物业形态,总体量超过12万平方米。	

(三)山水之都景观资源独特,旅游名城蜚声全球

重庆拥有多层立体的都市风貌和山清水秀的自然环境,景观资源独特且集聚,近年来旅游品牌塑造成效显著,旅游产业快速发展,逐渐成为国内外游客向往的旅游目的地。

1."魔幻之都"景观世界特有

重庆山环水绕、江峡相拥,一江碧水、两岸青山,地势起伏、错落有致,是著名的江城、山城、历史文化名城。重庆主城区长江、嘉陵江两江交汇,缙云山、中梁山、铜锣山、明月山四山纵贯,城市依山而建、与水相依,超过四十座桥梁横跨两江,洪崖洞、长江索道、黄桷湾立交等立体城市景观全球知名。形成了层次丰富、立体多变、山水相融、独具个性的"魔幻4D"城市景观风貌。

专栏2-4：重庆山水立体城市展示图集

山水立体重庆

千厮门大桥　　　两江夜景　　　洪崖洞

长江索道　　　李子坝轻轨穿楼　　　黄桷湾立交桥

专栏2-5：重庆市自然风光国家5A级景区展示图集

武隆喀斯特旅游区　　　南川金佛山

33

| 云阳龙缸景区 | 江津四面山景区 | 巫山小三峡—小小三峡 |
| 万盛黑山谷景区 | 酉阳桃花源景区 | 彭水县阿依河景区 |

2.旅游品牌国际美誉度较高

近年来,重庆坚持打好"三峡、山城、人文、温泉、乡村"五张牌,着力打造世界级旅游品牌,精心策划世界温泉谷、长江三峡国际旅游集散中心、重庆都市旅游和立体气候四季康养四大项目集群,旅游产品全球吸引力持续增强。成功打造西部旅游产业博览会、温泉与气候养生旅游国际研讨会、全球旅行商大会、三峡国际旅游节、武陵山民族文化旅游节、重庆文博会等重大品牌节会。先后被国际权威旅行杂志Frommer's和《孤独星球》评为"世界十大旅游目的地""全球十大最具发展潜力旅行地"。重庆旅游商品先后在中国国际旅游商品博览会"中国旅游商品大赛"和"2018中国特色旅游商品大赛"暨"2018中国特色旅游商品展"中斩获17个大奖。

3.文化消费位列西部第一

重庆作为巴国和巴文化发源地,巴渝文化、红岩文化、三峡文化、移民文化、抗战文化等文化资源丰富厚重,川江号子、铜梁龙舞、秀山花灯等国家级非物质文化遗产近50项。全市文化产业市场主体14万个,培育引进猪八戒、商界传媒、笛女阿瑞斯、斯威特钢琴、完美世界、爱奇艺、腾讯文旅、华策影视等龙头文化企业,创建国家级文化产业示范园区7个,评选命名市级文化产业示范园区21个、基地85个,成功策划了一批具有全球吸引力的文旅融合产品,拉动文化旅游消费快速增长。中国西部文化消费指数(2018)[①]结果显示,重庆市位列第一,第二名到第五名依次是四川、陕西、内蒙古、广西。2019年全市文化产业增加值占GDP比重超4%,保持快速增长态势。

(四)商旅文体创新融合发展,网红城市独具魅力

山城夜景、抗战名城、温泉之都、立体交通、火锅美食等资源集聚重庆,商业、旅游、文化等行业融合创新,助推重庆成为全球知名、独具魅力的"网红城市"。

1. 商旅文融合集聚发展

重庆大力推进商旅文体创新融合发展,着力建设公园式、景区式、沉浸式、体验式的商圈、商业街、夜市,打造商旅文融合发展集聚区。解放碑、观音桥、保税港等商圈成功创建4A级景区,洪崖洞、鹅岭二厂、鎏嘉码头、弹子石老街、南山壹华里等商业街将巴渝商业文化、民俗文化等与山水城市风貌有机结合,成为国

---

① 由四川文化创意产业研究院、中国人民大学创意产业技术研究院、文化品牌评测技术文化和旅游部重点实验室联合发布。

内外游客流连忘返的特色商旅街区。依托商旅文体融合发展聚集区,重庆连续举办"中国(重庆)火锅美食文化节""重庆夜市文化节""西部动漫文化节""重庆(国际)影像文化节""智跑重庆国际城市定向赛"系列商旅文体创新融合活动,活动覆盖面和影响力不断扩大,成为城市发展新名片。

专栏2-6:重庆商旅文融合发展集聚区之国家4A级景区

4A级商圈景区:解放碑商圈、观音桥商圈都市旅游区、重庆保税体验旅游景区。

4A级特色街、美食街、夜市景区:渝中洪崖洞民俗风貌区、渝中重庆天地旅游区、沙坪坝磁器口古镇、南岸长嘉汇弹子石老街。

4A级商贸古镇:巴南丰盛古镇、铜梁安居古镇、合川涞滩古镇、荣昌万灵古镇、长寿菩提古镇文化旅游区、黔江濯水古镇、酉阳龚滩古镇、彭水蚩尤九黎城。

2.网红经济成为消费新增长点

多层次立体城市风貌、独特的山水格局和夜间景观、丰富的商旅文创新融合活动,进一步增添了城市活力。重庆2018年、2019年连续被评为全球"网红城市"。解放碑、洪崖洞、李子坝轻轨穿楼、贰厂文创公园等网红景点热度持续,旅游客群成消费主要支撑。2019年国庆共接待境内外游客3859.61万人次、排名全国第一。洪崖洞码头老火锅、汇山城火锅等一批本土网红餐厅加快发展,海底捞、喜茶、奈雪等网红餐饮持续在渝扩张,言几又城市文化生活体验店、钟书阁重庆首店、南之山书店等网红书店入驻重庆,以网红景点、网红餐馆、网红书店等众多网红旅游产品为特色的网红经济格局加快形成。

专栏2-7：重庆主要网红点

网红景点：解放碑、洪崖洞民俗风貌区、李子坝轻轨、磁器口古镇、两路口皇冠大扶梯、长江索道、鹅岭贰厂文创公园、中山四路、下浩老街、四川美术学院涂鸦一条街、万盛奥陶纪公园、朝天门大融汇、黄桷湾立交桥、南川山王坪魔幻森林等。

网红餐厅：洪崖洞码头老火锅、汇山城火锅、三斤耗儿鱼、奇火锅、渝味晓宇火锅、李子坝梁山鸡、巴倒烫重庆陆派火锅、安胖老火锅、耍耍面、vcook餐厅、海底捞、喜茶、奈雪等。

网红书店：言几又城市文化生活体验店、钟书阁重庆首店、南之山书店新店、本土独立书店刀锋等。

专栏2-8：重庆特色人文资源部分展示图集

大足石刻

重庆人民大礼堂

解放碑

奉节白帝城

三峡之瞿塘峡夔门

忠县石宝寨

涪陵白鹤梁水下石刻

红岩村八路军办事处

中四路周公馆

歌乐山渣滓洞

歌乐山白公馆

湖广会馆

重庆印制二厂文创园

磁器口古镇

(五)重庆味道引爆舌尖经济,美食之都驰名中外

重庆积极打造美食之都,推动餐饮品牌化、特色化发展,美食地标聚集作用不断增强,全市拥有中国烹饪协会认定的8个中国美食之乡、17条中华美食街,"中华美食街"数量居全国首位。根据《2019中国大陆城市逛吃指数榜单》[①],重庆平均逛吃指数为0.6428,全国排名第一。

1."重庆火锅"名片叫响全球

重庆火锅起源于明末清初,菜品丰富,色香味全,逐步走向世界、创新发展。2006年重庆被中国烹饪协会认定命名为"中国火锅之都"。重庆连续举办11届中国(重庆)火锅美食文化节,2016年重庆火锅被评为"重庆十大文化符号"之首。截至目前,重庆火锅门店超过2.7万个,营业收入占餐饮业比重42.2%,从业人员近60万人,火锅全产业链收入超过4000亿元。刘一手、德庄、秦妈和小天鹅等多家大型火锅企业在美国、英国、加拿大等国家开设门店200余家,年产值达2.28亿美元,2019年重庆火锅底料出口到22个国家(地区)。"重庆火锅"两次获得吉尼斯世界纪录,名扬海内外,是来渝游客美食首选,"本地常吃、外地想吃、来渝必吃"成为常态。

2.名菜名宴名师名企名四海

重庆江湖菜品种丰富,万州烤鱼、易老头、林中乐辣子鸡、李子坝梁山鸡等众多江湖菜品牌各具特色,"重庆江湖菜"获中国

---

① 由经济观察报城市与政府事务研究院联合标准排名研究院、启信宝于2019年5月20日联合发布,逛吃指数从餐饮企业的总数、常住人口人均餐饮企业数量、建成区单位面积餐饮企业数量等指标衡量。

饭店协会2019行业最高奖——"金鼎奖"中国餐饮好品牌。在中国烹饪协会"2018首届向世界发布'中国菜'活动暨全国省籍地域经典名菜、名宴大型交流会"上,重庆水煮鱼、毛血旺等十大名菜和重庆全羊宴、重庆八大碗等五大主题宴上榜。重庆多年坚持名菜名宴名品评选,培育了国家特级、一级厨师和服务大师1000余人,中国烹饪(服务)大师(名师)、中华名厨100余名。陶然居、德庄、周君记、骑龙、秦妈等餐饮企业获得"中国驰名商标"称号。乡村基、五斗米、朝天门、顺水鱼等重庆餐饮企业被评为全国餐饮百强企业,10年累计入围企业188家,排名全国第一。

3.海内外知名美食荟萃巴渝

鲁菜、粤菜、闽菜、苏菜、浙菜、湘菜、徽、川菜等菜系知名餐厅相继落户重庆,409家外商投资餐企入渝布局经营世界美食。主城各大商圈、购物中心强力吸引海外美食品牌集聚。观音桥商圈的不夜街——九街,已集聚来自法国、韩国、泰国、土耳其等国的10余家品牌餐饮、酒吧等商铺,化龙桥重庆天地、龙湖时代天街、长嘉汇购物公园等大型商业综合体也吸引了星巴克、韩国料理、德国埠口精酿西餐酒吧、卢卡意大利餐厅等众多国外知名餐饮品牌。

建设重庆国际消费中心城市研究

> **专栏2-9：重庆"美食之都"主要品牌及荣誉**
>
> 中国美食之乡：1.渝北区-中国水煮鱼之乡；2.南岸区-中国泉水鸡之乡；3.城口县-中国大巴山原生态美食之乡；4.江津区-中国富硒美食之乡；5.垫江县-中国石磨豆花美食之乡；6.石柱县-中国康养美食之乡；7.万州区-中国烤鱼之乡；8.奉节-中国美食地标城市。
>
> 中华美食街(17条)：1.万州兴茂美食城；2.涪陵滨江路美食街；3.洪崖洞民俗风貌区；4.北城天街美食乐园；5.老重庆民俗餐饮风情街；6.科园美食街；7.巴国城中华美食街；8.直港中华美食街；9.南滨路美食街；10.南山泉水鸡美食街；11.渝北金港国际美食街；12.长寿古镇市级美食街；13.永川棠城美食街；14.重庆嘉州美食街；15.荣昌昌州故里美食街；16.酉阳西州古城美食街；17.秀山花灯美食街。
>
> 重庆的国外美食品牌：1.星巴克；2.韩国料理；3.德国埠口精酿西餐酒吧；4.卢卡意大利餐厅；5.俄式厨房；6.KEBAP LEGEND土耳其餐厅；7.泰国象隐·地道曼谷料理；8.菲尝道·菲律宾海鲜手抓饭等。
>
> "2019中国火锅品牌TOP50"重庆上榜企业：1.重庆德庄实业(集团)有限公司；2.重庆刘一手餐饮管理有限公司；3.重庆朝天门餐饮控股集团有限公司；4.重庆五斗米饮食文化有限公司；5.鲁西肥牛(重庆)实业发展集团有限公司；6.重庆辣天下餐饮管理有限公司；7.重庆巴九门餐饮管理有限公司；8.重庆豪渝餐饮管理有限公司。

(六)夜经济影响力全国第一，不夜之城闻名遐迩

近年来，重庆加快发展夜间经济，规划建成一批餐饮集聚、购物集聚、文旅消费、便利服务等类型的夜间经济集聚区，培育发展潮味、潮享、潮尚、潮玩、潮购"五潮"生活业态，形成了核心引领、示范带动、协调发展的夜间经济发展格局。2019年底，腾讯评出"中国十大夜经济影响力城市"，重庆以独特的魅力高居榜首。

1.特色夜市街区各美其美

重庆加快城市功能完善和夜间景观资源挖掘整合,改造提升"两江四岸"商业街区,持续举办"两江汇"精品灯光秀,山城夜景流光溢彩,举世闻名。截至2019年,建成市级夜市街区33条,在建市级夜市街区12条。其中,沙坪坝区磁器口·沙磁巷、南岸区壹华里、江北区大九街、渝中区洪崖洞、江北区鎏嘉码头、较场口夜市被评为"奇、雅、潮、美、辣"五大特色夜市街区,巴国城、南滨路、协信星光广场、来福士广场等区域夜市加速发展,24小时不打烊的西南首家智慧零售苏宁易购广场成功开业,渝中区、江北区、南岸区已经成为重庆最具活力的夜经济集聚区,重庆正成为具有"重庆味、国际范"的不夜城。

2.夜间经济活动丰富多彩

夜间经济独具特色,夜间消费名片越做越响。持续举办"两江汇"精品灯光秀,山城夜景流光溢彩,举世闻名,乘"两江夜游"船,游吊脚群楼、观洪崖滴翠,逛山城老街、赏巴渝文化,听喷泉音乐、寻七彩雾都,品香茶火锅、看两江汇流,看夜景、游两江,成为来渝游客重要选择。成功举办四届"重庆夜市文化节",2019年吸引消费者720万人次,实现销售收入超过81亿元。

> **专栏2-10：重庆市市级夜市街区**
>
> 特色型夜市街区：1.黔江区恒盛·伴山金街夜市；2.西阳县桃源水街夜市；3.沙坪坝区双碑夜市；4.武隆区夜宴仙女山夜市街区；5.长寿区菩提古镇夜市；6.荣昌区昌州故里夜市；7.彭水县黔龙金街夜市；8.北碚区泰吉正码头滨江夜市；9.璧山区南门唐城夜市；10.万州区烤鱼城夜市；11.江北区不夜九街夜市；12.渝北区夜猫集装码头夜市；13.巫山高唐街夜市；14.永川区名豪夜市街区；15.渝中区较场口品牌夜市；16.璧山区俊豪中央大街夜市；17.大渡口区中交丽景公元时光夜市；18.江北区鎏嘉码头夜市；19.九龙坡区南方花园夜市；20.南岸区金辉铜元道夜市；21.万盛老街夜市。
>
> 创业型夜市街区：1.南川区名润河滨夜市；2.秀山县朝阳路夜市；3.九龙坡区黄桷坪自主创业夜市；4.梁平区乾街特色夜市；5.南岸区城南家园夜市街区；6.石柱县滨江金岸夜市；7.铜梁区马家湾夜市；8.开州区滨湖中路夜市；9.万盛经开区孝子河创业夜市；10.江津区老米市街–川剧院街–三通街夜市；11.大足区滨河路夜市；12.合川金科世邻夜市。

（七）温泉康养资源得天独厚，温泉之都声名远播

重庆以丰富的温泉地热资源被誉为"世界温泉之都"，发展康养经济的优势突出，以温泉为核心的康养经济是重庆培育特色消费、打造国际消费中心城市的重要支撑。

1.温泉地热资源量多质优

重庆已发现温泉矿点146处，可采水量约为5.6亿立方米/年，且品质优良，以硫酸盐泉、碳酸盐泉、氯化物泉为主，富含锂、锶、碘等30多种有益于人体健康的微量元素，是我国温泉资源集聚度最高的城市之一。重庆温泉类别丰富，江畔温泉、湖景温泉、岛上温泉、峡谷温泉、森林温泉、洞穴温泉等，应有尽有，各领风骚。"五方十泉""一圈百泉"更是驰名中外。2012年10

月,重庆被世界温泉与气候养生联合会命名为"世界温泉之都"。

专栏2-11:重庆市知名温泉景区展示图集

北温泉·柏联SPA温泉　　统景温泉　　融汇国际温泉城

上邦戴斯温泉酒店　　天赐温泉海　　兰云天温泉度假区

北碚悦榕庄　　缙云山·心景温泉　　颐尚温泉小镇

2.温泉康养品牌加快打造

重庆着力打好"温泉牌",努力把重庆建设成为"世界一流的温泉旅游城市和温泉疗养胜地",着力做强温泉品牌。截至目前,以"五方十泉"为基础,重庆已成功打造北温泉柏联SPA、统景温泉、贝迪颐园温泉、天赐华汤森林温泉、融汇国际温泉城、心景国际温泉度假中心、海宇温泉、悦榕庄、南温泉会所、秀泉映月温泉、南山易汤温泉等40个深受市内外游客喜爱的知名温泉景区景点,同时在建或筹建的温泉旅游项目近60个,2018年世界温泉与气候养生联合会重庆代表处、亚太温泉与气候养生旅游研究院落地重庆,"世界温泉之都"品牌影响力持续增强。

(八)消费品牌培育成效明显,"渝货精品"畅销世界

着力推进农产品和消费品工业"增品种、创品牌、提品质",突出发展"渝货精品",对重庆增强消费供给、繁荣消费市场、扩大国际影响具有积极促进作用。

1.消费品工业基础雄厚

重庆已经构建起汽车、电子信息、智能终端、特色食品等为主导的消费品工业体系。拥有国内最大汽车产业集群。重庆是国内四大汽车制造基地之一,形成了"1+10+1000"[①]汽车产业集群,2019年汽车产量位居前列,长安、隆鑫、宗申等知名汽摩品牌产品畅销东南亚、非洲等"一带一路"沿线国家和地区。拥有全球最大电子信息产业集群。重庆是全球最大笔记本电脑生产基地和国内三大手机生产基地,形成了"5+6+800"[②]电子信息产业集群,2019年重庆笔记本电脑、手机产量占全球比重分别超过1/3、1/10,已成为重庆拓展国际消费市场、发展全球消费本土拳头产品。拥有国内知名智能家电(家居)生产基地。集聚了海尔、美的、格力等一批国内领先的智能家电龙头企业和双驰门窗、佳禾木门等智能家居企业,打造出西部领先的冰箱、空调、洗衣机等智能家电、家居产业集群。拥有西部重要特色食品生产

---

①"1"是指以长安汽车为龙头,"10"是聚集国内外十个重要的汽车厂商,"1000"是上千家配套企业。

②"5"指5家笔电品牌商、"6"指6家笔电代工商、"8"指800家笔电配套企业。

基地。潼南与美国加州、意大利西西里岛并称世界三大顶级柠檬产地，拥有江津国家级特色产业示范基地等一批特色消费品工业集聚区。同时，重庆正加快培育和打造智能穿戴等新兴的智能终端产业集群。随着重庆消费品工业的加快发展，"渝货精品"国内外市场将不断拓展。

2.特色消费品品牌众多

聚焦重庆味道、重庆工艺等重点领域，培育打造中华老字号19个、重庆老字号241个；"巴味渝珍"授权产品431个，有效期内重庆名牌农产品590个；忠县柑橘、梁平柚、涪陵青菜头、酉阳茶油、丰都牛肉、荣昌猪、城口山地鸡、永川秀芽、江津花椒等11个产品入选《中国农业品牌目录2019农产品区域公用品牌》。有效期内"三品一标"品牌农产品数量近5000个，其中涪陵榨菜与欧洲酸黄瓜、德国甜酸甘蓝并誉为世界三大名腌菜，闻名中外；涪陵榨菜、奉节脐橙、永川秀芽3件地理标志商标荣获"2019中华品牌商标博览会金奖"，长寿沙田柚、涪陵榨菜等7件地理标志产品进入中国—欧盟国家"互换保护"清单；江小白荣获十九届布鲁塞尔国际烈酒大赛三项金奖，产品远销亚欧非等20多个国家，被誉为中国的"威士忌"；汇达柠檬成为中国柠檬产业领军品牌，出口量占全国出口量的一半以上，产品远销俄罗斯、新加坡等全球31个国家和地区。全市有效商标注册量达到50.22万件，同比增长29.82%，位居西部第二位，每万户市场主体商标拥有量达到1828件；驰名商标保护总量达到159件；农产品商标总量达到8.4万件，同比增长28.5%；地理标志商标252件。拥有冷酸灵牙膏、山城手表、重庆啤酒等一大批国内知名消费品牌，市场知名度和影响力不断提升。重庆创建国际消费中心城市基础与特色优势见图2-2。

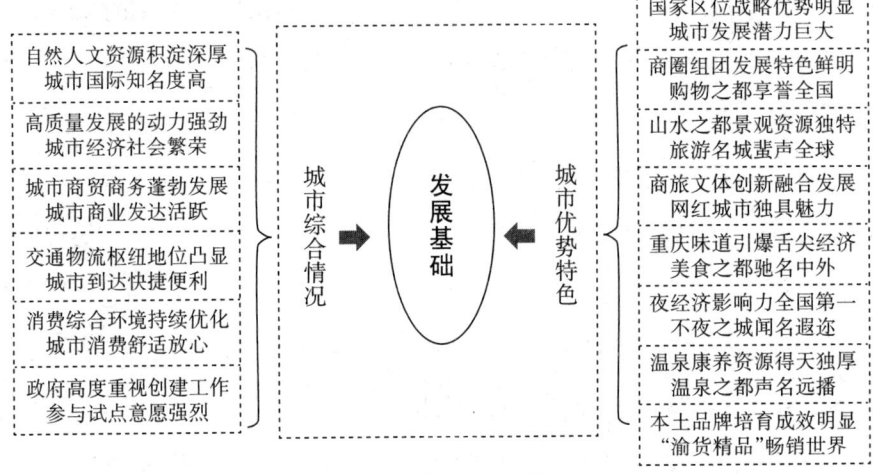

图2-2　重庆创建国际消费中心城市基础与特色优势

综上，重庆有比较扎实的发展基础和鲜明的特色优势，在前期创建工作中做了大量工作，取得了显著成效，具备建设国际消费中心城市的基础和条件，具有建设国际消费中心城市的信心和决心。我们将按照商务部等国家部委要求，对标对表，持续提高，克难攻坚，创新发展，为建设重庆国际消费中心城市做出新的更大贡献。

三、重庆建设国际消费中心城市的思路及目标

（一）总体思路

以习近平新时代中国特色社会主义思想为指导，深入贯彻党的十九大和十九届二中、三中、四中全会精神，全面落实习近平总书记对重庆提出的"两点"定位、"两地""两高"目标、发挥"三个作用"和营造良好政治生态的重要指示要求，积极融入共建"一带一路"、长江经济带发展、西部大开发等，抢抓成渝地区双城经济圈建设的战略机遇，以开放和创新为动力，以提升城市国际化水平为导向，以优化消费环境和集聚国际优质消费资源为重点，以引领经济高质量发展、服务居民高品质生活为目标，统筹实施"14510"消费升级战略，着力构建优质高效、开放融合、特色突出的"重庆消费"服务体系，有效对冲疫情影响，促进消费回补，持续增强消费对经济发展的基础性作用，培育经济发展新动能，形成"买全球卖全球"国际消费大格局，将重庆建设成为具有全球影响力的国际消费中心城市。重庆培育建设国际消费中心城市试点思路框架图见图3-1。

> **专栏3-1：重庆"14510"消费促进战略内涵**
>
> 一大目标：建成具有全球影响力的国际消费中心城市。
>
> 四大品牌：打响"开放重庆、美丽重庆、智慧重庆、不夜重庆"四大品牌。
>
> 五大定位：打造"国际购物名城""国际美食名城""国际会展名城""国际旅游名城""国际文化消费名城"五大国际名城。
>
> 十大工程：重点实施"国际消费集聚区打造、国际消费品牌集聚、'渝货精品'培育、特色服务消费提升、国际消费融合创新、国际会展扩容提质、消费服务质量提升、国际消费环境优化、国际交流合作深化、国际消费营销推广"十大工程。

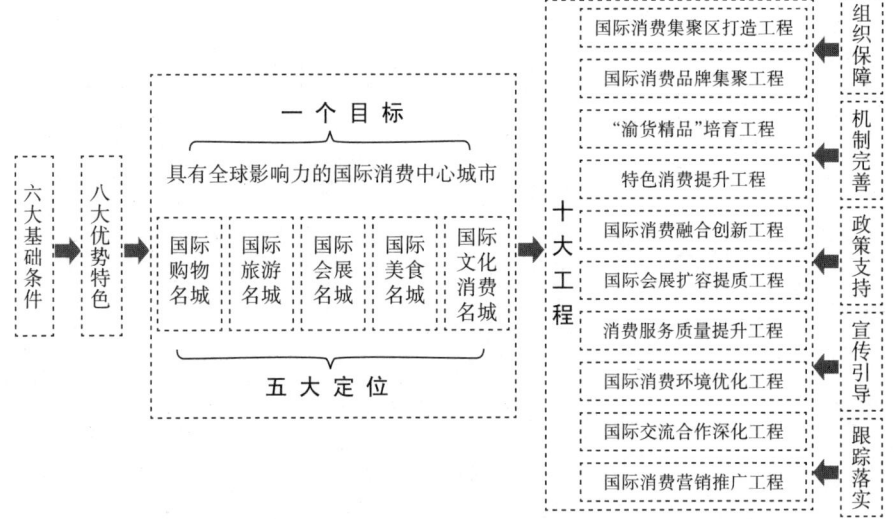

图3-1 重庆培育建设国际消费中心城市试点思路框架图

（二）试点原则

紧扣推动成渝地区双城经济圈建设和重庆城市发展定位，突出时代特色、区域特色、重庆特色，坚持统筹推进、明确发展方向、聚焦重点任务、坚持创新驱动、推动融合发展、深化改革开放、强化标准引领,大力推动国际消费中心城市建设。

政府引导,市场运作。充分发挥政府在规划布局、制度保障、政策供给、公共服务等方面的引导作用,全面构建市场化、法治化、国际化的营商环境,充分发挥市场在资源配置中的决定性作用,破除制约消费经济高质量发展的体制机制障碍,最大限度释放市场活力,推动消费供需优化升级。

扩大开放,融合推进。促进商业与工业、旅游、文化、体育、金融等产业融合,注重内外贸融合,把握推动成渝地区双城经济圈建设、中国(重庆)自由贸易试验区建设和中新(重庆)战略性互联互通示范项目实施等国家战略机遇,进一步深化消费领域开放发展,突出地域特色、文化特色、产业特色,打造具有国际标准、重庆特色的消费城市。

区域联动,协调发展。坚持区域协调、优势互补,以主城都市区为核心,形成符合我市实际、具有鲜明特色的国际消费"聚集区";以渝东北三峡库区城镇群、渝东南武陵山区城镇群为补充,分别围绕打造长江经济带三峡库区生态优先绿色发展先行示范区、武陵山区文化旅游融合发展示范区,发展"巴山蜀水"文化旅游消费特色区。

创新引领,提质增效。以大数据智能化为引领,以成渝地区联合创建国家数字经济创新发展试验区为契机,依托新一代信息技术,坚持数字化、智能化发展方向,积极适应消费内涵、形势及实现途径变化,促进线上线下融合发展,积极培育线上消费、绿色消费以及智慧零售、平台经济等新业态,以创新激发消费升级新动能、促进新发展。

品质提升,引领消费。引导企业树立标准化、品牌化发展意识,完善服务标准,强化品牌引领。大力发展品牌企业、品牌商品、品牌服务,研究建立品牌培育、评价、运营及管理体系,提升消费服务质量,优化大众消费、品质消费、高端消费供给,更好满足不同层次消费需求。

(三)试点目标

到2022年,全市消费市场规模和能级不断提升,消费对经济增长的贡献率超过55%;国际消费供给能力和国际消费吸引能力持续增强,商旅文体互动聚力融合发展,"国际购物名城""国际美食名城""国际会展名城""国际旅游名城""国际文化名城"五大国际名城建设取得重大进展。

到2025年,成功构建多样化、差异化、高品质的消费市场体系,基本建成世界知名的国际消费目的地,社会消费品零售总额突破1.3万亿元,消费对经济增长的贡献率超过60%。国际消费中心城市功能显著提升,对"一带一路"沿线国家和地区的影响力明显增强,以五大国际名城为支撑的国际消费中心城市基本建成,成为带动西部地区高质量发展的新引擎。

——国际购物名城。建设国际化、特色化的消费平台体系,对中西部消费创新发展的引领能力不断提升,成为全球消费创新重要策源地。以解放碑、观音桥为代表的核心商圈的高端化、智慧化、便利化水平进一步提升,特色商业街区和夜市街区蓬勃发展,基本建成具有世界影响力的品牌之都、时尚之都,成为西部地区国际品牌入驻和购物首选地。到2022年,形成2个500亿级商圈;到2025年,形成1—2个在全球具有影响力的1000亿级顶级商圈。

——国际旅游名城。国际化的旅游设施和服务水平显著改善,山城夜景、长江三峡、大足石刻、武隆仙女山等世界知名旅游景点品质和引领号召力持续提升,山水之城"颜值"更高、"气质"更佳,"魔幻之地""山水之城""不夜之都"等都市特色更加突出,国际旅游城市形象魅力全面彰显,全面建成世界知名旅游目的地。到2022年,4A级及以上景区达到130个,引进国内外知名旅游品牌、旅业集团超过3家;到2025年,4A级及以上景区超过140个,入境旅游突破500万人次。

——国际会展名城。深度融入"一带一路"建设和长江经济带发展战略,大力实施会展业创新提升行动,着力构建环境优越、配套齐全、品牌响亮、人才聚集的会展经济体系,围绕数字经济、高端制造、智慧产业、国际赛事等主要领域,加强国际交流合作,积极引入和培育国际知名会展品牌,争取成为国际国内重大展会项目的常设性、永久性举办地,建成设施先进、品牌汇集、服务优质、管理规范和具有世界影响力的国际会展名城。到2022年,培育和引进10个具有国际影响力的全国品牌展会;到2025年,举办国际重大活动与赛事数量超过30个,会展城市国际影响力不断提升。

——国际美食名城。加快国内外美食品牌集聚,吸引国内外知名美食品牌在渝设立旗舰店、示范店,打造升级一批特色美食地标,扩大以"重庆火锅""渝菜""重庆小面"等为代表的渝派美食国际知名度和美誉度,鼓励重庆餐饮企业参加境内外餐饮相关行业展洽会、高峰论坛等交流活动,广泛宣传重庆食材、美食文化,推动连锁门店和相关产品走出去发展,鼓励和策划更多国际美食赛事、美食品鉴、美食节庆等活动,成为全球餐饮品牌聚集高地、全球火锅标准权威发布中心和全球美食文化交流中心。

——国际文化名城。依托成渝共建巴蜀文化旅游走廊,用好三峡、山城、人文、温泉、乡村等旅游资源,打响"大都市""大三峡""大武陵"旅游品牌。依托巴渝文化、工业文化、抗战文化等特色文化资源,加快推动文化产业与其他产业融合发展,创新文化消费业态和模式,培育引进一批具有全球竞争力的文化企业和品牌,建设一批具有国际影响力的影视基地、动漫基地和艺术品展示中心,打造一批具有重庆特色的文化商业新地标,将重庆建成我国重要的国际文化艺术交流交易中心和文化消费高地。到2022年,文化产业增加值占GDP比重突破4.3%;到2025年,文化消费规模持续增长,全市旅游总收入达9500亿元,文化产业增加值占比超过4.5%。

重庆对标的国际消费中心城市评价指标体系见表3-1。

表3-1 国际消费中心城市评价指标体系

维度		具体指标	单位	2019	2022	2025
国际知名度(20%)	1	全球城市竞争力排名	—	81	70	50
	2	世界文化遗产数量	个	1	2	2

续表

维度		具体指标	单位	2019	2022	2025
	3	4A、5A级景区数量	个	114	130	>140
	4	世界500强企业进驻数量	家	293	>300	>310
	5	国际重大活动与赛事数量	个	20	25	30
城市繁荣度（20%）	6	GDP总量/人均GDP	—	2.36万亿元/75828元	3万亿元/95000元	3.9万亿元/120000元
	7	年末人口数量	万人	3124.32	3200	3260
	8	入境游客接待量	万人次	411	450	>500
	9	国内旅游人数	亿人次	6.5	7.7	>9
	10	居民人均收入/支出	元	28920/20774	36600/26200	47700/33000
商业活跃度（25%）	11	社会消费品零售总额/增速	—	8667亿元/8.7%	9800亿元/7%	>13000亿元/8%
	12	服务业增加值/增速	—	12557.51亿元/6.4%	16300亿元/6.5%	21450亿元/6.9%
	13	进出口总额	亿元	5792.8	6000	6500
	14	商业步行街数量	条	10	15	20
	15	网络零售总额/占社零总额比重	—	1082.1亿元/12.5%	1400亿元/14.3%	1900亿元/14.6%

续表

维度		具体指标	单位	2019	2022	2025
	16	免退税网点数量	个	23	40	50
	17	城市营商环境指数	—	0.478*	0.5	0.52
	18	国际知名品牌/国内知名品牌/中华老字号数量	—	84/100/19	100/128/22	120/155/25
	19	文化产业增加值占GDP比重#	%	4.0	>4.3	>4.5
	20	跨境电商结算及交易额#	亿元	245	260	300
到达便利度（15%）	21	国际国内航班线路数量及起降架次	—	403条/33.3万次	500条/38万次	600条/45万次
	22	高速公路数量	千米	3200	3800	4100
	23	高铁、动车到达次数	班	7.6万	8.4万	10.2万
	24	轨道运营总里程	千米	329	>450	>550
	25	网约车数量	辆	56357	约50000	约50000
	26	全年中欧班列（渝新欧）始发累计开行#	班	>1500	>1700	>1900

续表

维度		具体指标	单位	2019	2022	2025
消费舒适度（10%）	27	消费者满意度	—	74.15*	74.21	74.4
	28	商业信用环境评估	—	78.636	80	83
	29	三星及以上宾馆数量	家	173	>180	>190
	30	城市空气质量排名/绿化覆盖率	—	55/40.42%*	45/42%	40/45%
政策引领度（10%）	31	领导组织和部门协调机制	—	有	有	有
	32	规划、目标、实施方案	—	有	有	有
	33	配套措施和资金投入安排	—	有	有	有

备注：

1. 带*数据为2018年值。

2. 带#指标为国家评价指标体系外的重庆自提的商贸消费特色指标。

3. 全球城市竞争力排名：出自中国社科院财经战略研究院与联合国人居署合作的《全球城市竞争力报告2019—2020：跨入城市的世界300年变局》。

4. 城市营商环境指数：出自粤港澳大湾区研究院2018年中国城市营商环境评价报告。

5. 消费者满意度：出自中国消费者协会2018年70个城市消费者满意度测评报告。

6. 商业信用环境：数据出自中国管理科学研究院企业管理创新研究所、中国市场学会信用工作委员会、中国管理科学研究院诚信评价研究中心联合发布的中国城市商业信用环境指数。

7. 空气质量排名：出自生态环境部2019年12月全国城市空气质量报告。

四、重庆建设国际消费中心城市的重点工作

围绕建设目标和聚集优质消费资源、建设新型消费商圈、推动消费融合创新、打造消费时尚风向标、加强消费环境建设、完善消费促进机制等重点,深入实施"十大工程",加快集聚国际消费资源,提升国际消费服务,打造国际消费环境,激发国际消费需求,不断增强消费对经济发展的基础性作用,加快推进国际消费中心城市建设。重庆建设国际消费中心城市十大重点工程见图4-1。

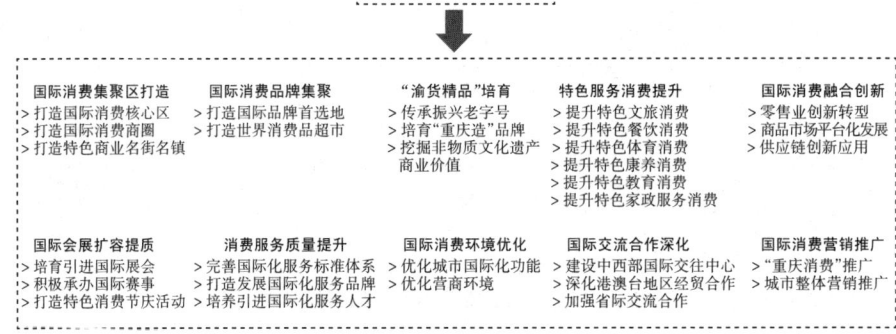

图4-1 重庆建设国际消费中心城市十大重点工程

(一)国际消费聚集区打造工程

对标国际一流消费城市,加快强化高端消费载体和场景建设,夯实国际消费中心城市的载体支撑,切实增强全球消费资源的空间集聚能力。

1.打造国际消费核心区

加快推进两江四岸核心区整体提升,统筹提升解放碑、江北嘴、弹子石产业能级,塑造新型商圈,完善服务设施,改善服务环境,丰富旅游产品,打造国际消费核心区。一是打造国际地标性消费景观。聚力打造朝天门片区,建设展现山川宏伟壮阔、连接人与自然的山水之门,建设开启重庆悠久历史、承载商埠记忆的人文之门,建设引领重庆通江达海、融入"一带一路"和长江经济带的开放之门,集中展示母城文化魅力。匠心打造1.3千米城市会客厅,结合弹子石—龙门浩片区背山面江的自然地形,整体提升江岸品质和滨水景观,优化城市天际轮廓线,有机结合山城、江城特色元素,精心描绘城市会客厅山水画卷。精心雕琢城市中庭,利用江北嘴自身独特资源优势,承接两江交汇区域唯一水岸绿色空间,以生态城市公园的理念,打造生态担当、文明承载、城市彰显的空间载体。二是提升商业商务活力。解放碑—朝天门片区重点开展解放碑步行街改造提升,打造国家级示范步行街;打造来福士中新合作示范园,推进朝天门小商品批发市场片区业态升级;增加民俗茶馆、巴渝民宿等文化创意和地方特色旅游设施,推动业态升级。江北嘴片区聚力打造内陆国际金融中心,丰富业态类型,构建"精品商场、特色商街、社区商业"三级消费体系建设,打造聚贤街、大剧院、三洞桥三大商业轴线。弹子石—龙门浩片区重点加强南滨路与鸡冠石、南山片区一体化联动研究,构建总部经济功能区、金融开放实验区、国际合作展示区;推动商旅文体等产业融合发展,打造南滨路—广阳岛国际黄金旅游带。三是打造夜间经济黄金走廊。建设多元夜间消费场所,培育丰富夜间消费业态,打造夜间特色消费品牌,加快夜间经济发展。做强"夜重庆"名片,串联"解放碑—弹子石—江北嘴"的消费资源,做优"山城夜景"两江游,做强"三点一线"深度游,推动夜景与美食、渝派文化、体育等消费元素多元融合,大力发展夜购名品、夜品美食、夜赏演艺、夜健美体等夜间消费体验活动,重点补齐夜间文化消费短板,以合力打造"夜重庆"休闲文化艺术走廊为核心抓手,建设享誉全球、非去不可的夜间经济黄金走廊。

2.打造国际消费商圈

以主城区为核心区域,梯度有序地推进成熟商圈、新兴商圈的国际化,打造一批精品云集享誉世界、服务创新引领全球、消费环境优质舒适、监管模式接轨国际的世界级商圈商街。一是加快将解放碑商圈建成具有全球影响力的顶级商圈。充分利用解放碑步行街纳入商务部首批步行街改造提升试点契机,加强优化商圈景观、完善消费设施,加快集聚国际一流消费品牌,大力布局智慧型、融合型、体验型、国际化消费新业态,持续发展首店经济,不断强化街区治理和消费国际化监管,推动解放碑商圈率先建设成媲美巴黎香榭丽舍大道、东京银座的国际顶级商圈。二是稳步推进主城区重点成熟商圈和新兴商圈的国际化。大力推进观音桥、南坪、三峡广场、杨家坪等成熟商圈的设施智慧化、人文化改造升级,加快布局中高端消费业态和品牌,提升国际知名度。加快大坪、嘉州、金州、九宫庙、大学城等新兴商圈扩容升级,打造场景化、智能化、国际化的高品质步行街和城市核心商圈。三是做大做优保税港商圈。以升级打造西部地区首个保税港商圈——寸滩保税港商圈为重点,对标国际顶级邮轮母港——迈阿密邮轮母港,推动两路寸滩保税港向邮轮母港升级,推进离境退税定点商店、进境免税店、进口商品特色商业街建设,打造集"一带一路"商品展示交易中心、"一带一路"商务中心、渝货精品推广平台、游轮码头、国际旅游、数字娱乐、总部基地等业态为一体的保税港商圈。

3.打造特色商业名街名镇

以主城都市区为核心区域,以渝东北、渝东南为特色区域,深入挖掘各区县文化、民族、美食等特色,加快打造一批渝味盎然、全国知名的特色商业名街名镇。一是重点提升主城区特色商业街品质。以推进主城区"两江四岸"治理提升和历史文化街区恢复重建为契机,加快推动特色商业街、特色夜市的改造提升,打造成"最重庆"消费体验名片。做优磁器口、南滨路、白象街等特色商业街区的特色建筑风貌,加强历史文化元素与数字动漫、音乐、酒吧等时尚文化资源的深度融合,推进业态特色化、品质化升级,增强特色街区魅力。推进较场口、九街等特色夜市街区转型升级,加快完善环卫市政设施和卫生安全监管,引导老字号、风味小吃、时尚酒吧进驻夜市街区,推动品质化夜市消费,打响"最重庆"特色夜市品牌。二是加快主城区外特色商业名街名镇建设。深入挖掘渝西地区、渝东北三峡库区城镇群、渝东南武陵山区城镇群各区县美山美水、历史文化、民族民俗和产业特色,加快完善商业综合体、商业街区等载体布局,在推动特色商圈商街提档升级的同时,重点推动市级商业强镇向底蕴深厚、特色鲜明的全国商业名镇升级,各区县培育打造一条具有当地特色的夜市街。三是加强乡村休闲消费区建设。落实乡村旅游提质升级行动计划,加快实施乡村休闲旅游消费百镇千村示范工程和"后备箱"工程。

> **专栏4-1:国际消费聚集区打造工程重点项目**
>
> 国际消费核心区品质提升项目:将"解放碑—弹子石—江北嘴"建设成国际消费核心区。塑造"山水之门""人文之门""开放之门"、提升滨江岸线品质、打造1.3千米城市会客厅、建设8千米滨江人文风景线、恢复5千米水岸生态、打造城市眺望空间、提升跨江大桥景观、完善交通配套设施、打造水陆特色游赏体系。
>
> 国际消费商圈扩容提质项目:解放碑商圈建成国际顶级商圈。推进观音桥、南坪等商圈国际化升级。建设寸滩保税港商圈,完善离境退税定点商店、进境免税店、进口商品特色商业街等载体。规划建设南岸茶园、高新区西永、巴南区龙洲湾、两江新区礼嘉、两江新区龙盛、九龙坡区陶家、北碚区蔡家等商圈。推进商圈交通改善和景观提升。主城区外其他区县各规划建设1个城市核心商圈。推动万州高笋塘、涪陵江南、合川三江、永川渝西广场等重点商圈提档升级。
>
> 特色商业名街名镇建设项目:建成磁器口后街项目;建成保税商圈世界特色手作工坊项目、丝路长廊步行街项目;推进南滨路、白象街、十八梯等特色街区转型升级;推进金刚碑历史文化街区商业开发;推进渝中较场口夜市、江北不夜九街等主城区品牌夜市建设;建设沙坪坝佛罗伦萨小镇—重庆奥特莱斯、渝北白俄罗斯风情小镇。主城区外建成涪陵金科世界走廊、江津爱琴海购物公园等一批商业街区载体。推动涪陵马武镇、涪陵蔺市镇、万州龙驹镇、开州温泉镇等市级商贸强镇向国家商业名镇升级。
>
> 加强乡村休闲消费区建设。落实乡村旅游提质升级行动计划,加快实施乡村休闲旅游消费百镇千村示范工程和"后备箱"工程。

(二)国际消费品牌集聚工程

聚焦"国际购物名城"细化功能定位,瞄准全球优质商品和服务,加快集聚国际知名消费品牌,强化"买全球卖全球"商业贸易功能,使之成为西部地区国际品牌入驻和购物首选地。

1.打造国际品牌首选地

加速融入全球高端消费网络,集聚更多更新更潮的国际消费品牌,建设国际消费品牌西部地区布局首选地,切实满足市内以及西部地区居民不断升级的品质化消费需求。一是强化国际消费领域企业主体、国际高端知名品牌和高端人才的招商引智。瞄准世界500强企业开展精准高端招商,加大国际零售商引进力度,鼓励重庆商社集团、重庆永辉等本地零售企业与国际大型零售品牌商建立战略合作关系,汇聚全球时尚品牌。引进一批拥有较强品牌运作能力、具有全球视野的商业运营商和品牌贸易商,在渝设立全球或亚太地区总部,或布局研发设计中心、产品定制中心、采购结算中心、仓储物流中心、运营管理中心、展示交易中心等消费相关重要业务环节,拓展高端消费服务功能。强化国际时尚设计师、职业经理人等人才队伍引进。二是放大首店、旗舰店的品牌集聚带动功能。以"解放碑—弹子石—江北嘴"国际消费核心区为重点区域,吸引世界著名消费品牌在渝开设全球首店、亚洲首店、中国(内地)首店、西南首店及旗舰店、体验店,集聚一批国际高端知名品牌、原创设计师品牌、高级定制品牌等在渝首发首秀新品,增强重庆国际一线消费品牌集聚度和时尚消费引领度。三是吸引中高端境外消费回流。推动国内销售的国际品牌在品质价格、上市时间、售后服务等方面与国际接轨,切实提高中高端境外消费质量,最大限度吸引消费回流。

2.打造世界消费品超市

充分发挥重庆处在"一带一路"和长江经济带的联结点的区位优势,用好用足中欧班列(渝新欧)、西部陆海新通道、中国(重庆)自由贸易试验区等国际物流通道和开放试点政策,加快集聚全国全球优质商品。一是打造世界进口商品超市。加快布局跨境O2O体验店、保税展示交易中心"前店后仓+快速配送"实施地、市内免税店、进口商品集散分拨中心、进口红酒集散分拨中心、进口水果集散分拨中心、跨境电子商务智能货物集散中心,做大做强保税商品展示交易中心。鼓励大型商贸企业拓展全球直采业务能力,依托国际物流大通道和跨境电子商务,以"一带一路"沿线国家和地区为重点,不断丰富进口商品供给,打造成西部地区首要进口商品超市,助力市民足不出渝实现"买全球"。二是打造国内品牌"世界橱窗"。引导支持国内自主品牌、原创品牌发展,加快集聚国内优质原创品牌消费资源。鼓励本市企业和市外生产、流通企业在渝建立全国名优商品销售网络和各类销售平台,建立中华名优商品集中展示和消费街区,增强全国各类名优商品的供给和集散能力,提高在渝国际人群购买国货精品的便利度,推动中国名优名品面向"一带一路"拓展国际市场。

> **专栏4-2：国际消费品牌集聚工程重点项目**
>
> 实施两大引进计划：鼓励重庆商社集团、重庆永辉等本地零售企业与国际大型零售品牌商建立战略合作关系，引进具有全球视野的商业运营商和品牌贸易商；实施"首店经济"培育计划，引进国际国内知名品牌首店、旗舰店、体验店和连锁店，鼓励在渝首发新品。
>
> 品牌集聚载体建设：建成"一带一路"西部进口农产品集散分拨中心、"一带一路"沿线国家优质商品超市、跨境O2O体验店。搭建国内优质商品销售网络和销售平台；引进全国有影响力的电商平台。

（三）"渝货精品"培育工程

依托重庆优势老字号品牌资源，发挥消费品工业相对优势，深入推进消费品工业增品种、提品质、创品牌，培育一批代表重庆制造水平、彰显重庆地方特色的"渝货精品"，推动"重庆产品"向"重庆名品""世界名品"转变，增强本土制造消费品对国际国内消费者的吸引力。

1. 传承振兴老字号

加强中华老字号、重庆老字号保护，深入推进老字号改革创新，瞄准国际品牌方向挖掘提升老字号品牌价值，推动老字号品牌国际化。一是加强老字号保护和技艺传承。鼓励企业积极申报重庆老字号，建立老字号信息库，加大老字号知识产权注册与保护力度。鼓励渝派特色工艺、特色餐饮等老字号企业与职业院校合作共建教学基地，设立技能大师工作室，加强技能人才培养。二是大力推动老字号创新经营。鼓励老字号企业围绕消费需求品质化、绿色化、个性化等升级新趋势，积极开发新产品。

鼓励老字号开设旗舰店、体验店、集成店、"快闪店"。支持老字号对接电商平台、买手平台和品牌营销企业,创新营销模式。三是加大老字号的国际营销推广力度。积极利用境外展会资源,充分利用"一带一路"沿线国家和地区的展会,鼓励老字号"走出去"参展,重点推动涪陵榨菜、江小白、谭木匠等具有一定区域和全国知名度的重庆老字号和优势品牌打造成国际知名品牌。

2. 培育"重庆造"品牌

利用重庆建设"智造重镇"的政策契机,依托重庆较好的消费品工业基础和特色效益农业资源,持续提升"重庆造"精品供给水平,打响"重庆造"消费品牌。一是培育"重庆造"工业消费品牌。强化"设计+制造"双轮驱动,重点推动电子汽摩、生物医药、粮油(休闲)食品、酒水饮料、纺织服装、家具照明等重庆优势消费品工业强化、工业设计和文化创意,加快发展个性制造、智能制造、柔性制造、精密制造,大力开发个性化、时尚化、功能化、绿色化消费品。支持消费品工业融合旅游、文创等产业发展,利用重庆特有物质文化遗产和非物质文化遗产,开发具有时代特色和国际风范的重庆特色产品。推动"重庆造"消费品工业建立与国际接轨的生产质量体系,提升产品品质,提升企业(产品)品牌美誉度。加大对外开放和招商引资力度,吸引一批国际知名消费品生产厂家落户重庆,为国内外消费者持续生产品质优良、品位独特、品牌知名的多样化消费品。二是培育"重庆造"特色农业消费品牌。聚焦特色效益农业,支持农业企业、农民专业合作社注册农产品商标和地理标志商标,建设一批出口食品农产品质量安全、有机产品认证和生态原产地保护等示范区。

培育一批农副产品出口品牌,支持涪陵榨菜、奉节脐橙、长寿沙田柚、巫山脆李、开州春橙等特色农产品进行品牌升级,走向国际市场。

3. 挖掘非物质文化遗产商业价值

强化非物质文化遗产保护传承,大力推动非物质文化遗产创造性转化和创新性发展,做大非遗消费市场。一是加强非遗生产性保护基地建设。推动现有市级非物质文化遗产生产性保护示范基地向国家级升格。引导有条件的老字号企业深入挖掘非物质文化遗产技艺,积极申报市级、国家级非物质文化遗产代表性项目。二是加强非遗产品及衍生品的开发。支持重庆漆器、荣昌夏布、梁平木版年画、彭水苗绣等体现重庆文化特色的非遗传统工艺品向创意型、礼品化方向发展,支持非遗企业与国内外知名时尚品牌合作,联合打造世界精品级的"重庆手信""重庆礼物"及联名时尚产品。三是鼓励非遗产品融合发展。鼓励消费品工业企业研发生产融合非遗元素和潮流时尚的非遗文创产品。依托"川江号子"、川剧、铜梁龙舞、娇阿依等非物质文化遗产资源,大力发展非遗演艺、非遗旅游。鼓励支持发展与重庆非遗相关的影视剧、综艺、动漫、游戏、直播等文化产品,扩大非遗消费受众人群。鼓励商圈、特色商业街积极布局非遗体验店、非遗线下艺术生活体验展。

> **专栏4-3:"渝货精品"培育工程重点项目**
>
> 老字号振兴行动计划:实施老字号商品商标、专利技术和专利保护行动。老字号企业与职业院校合作共建教学基地、老字号互联网开展互动式体验消费基地。实施涪陵榨菜、江小白、谭木匠、梁平张鸭子、璧山兔来凤鱼等重庆老字号国际知名品牌培育行动。
>
> "重庆造"品牌培育计划:开展消费类电子、休闲食品、服装服饰、鞋业箱包、钟表、眼镜等消费品工业国际品牌创建行动;建设出口食品农产品质量安全、有机产品认证和生态原产地保护等示范区;打造一批农产品出口示范基地,培育一批农产品出口品牌。
>
> 非物质文化遗产商业价值开发计划:推动市级非物质文化遗产生产性保护示范基地向国家级升格;实施荣昌夏布及安陶、城口漆器、梁平竹帘、綦江农民版画、奉节阴沉木雕刻、黔江西兰卡普等传统工艺产品价值提升计划;推动非遗资源的市场开发。

(四)特色服务消费提升工程

深入挖掘重庆美景美食、巴渝文化等独特性资源,强化服务消费供给扩容提质,推动重庆从"服务消费洼地"向"服务消费高地"迈进。

1.提升特色文旅消费

坚持文旅融合发展,全力打造重庆旅游发展升级版,加快建设国际文化旅游名城。一是完善文旅消费配套设施。规划建设长江游轮游艇码头,创新发展"水上巴士"观光快船,发展旅游客运专线、包机业务,推动主城都市区旅游观光巴士跨区域线网建设。聚合吃、住、行、游、购、娱、商、养、学等新老元素,统筹推进景区配套设施建设、智慧文旅平台打造,丰富完善旅游产业链条。二是统筹推进文旅消费融合。打好"三峡"牌,提升黄金水道旅游效益,大力提升"两江游"旅游品位。打好"山城"牌,打造在国际上具有独特性的山地都市旅游品牌,挖掘更能引人入胜的城市多元文化载体。打好"温泉"牌,把重庆打造成为世界一流的温泉旅游城市和温泉疗养胜地。打好"乡村"牌,促进旅游与新型城镇化融合发展,建设一批特色小镇、特色田园。三是培育文旅消费精品景区和项目。在做强"巴蜀文化旅游走廊"的基础上,加快推进"长江风景眼、重庆生态岛"、长嘉汇大旅游景区、长江文化艺术湾区、"世界温泉谷"等项目集群建设,推进提升"两江四岸"核心区功能和"四山"保护,将之打造成世界标杆级的旅游新去处。建设一批时尚文化商业新地标,引进培育一批具有国际影响力的戏剧画展、赛事会展、文创体验、保税旅游等高品质文旅消费项目,高水平、常态化举办"重庆文化旅游惠民消费季"活动,释放居民文旅消费潜力。

2. 提升特色餐饮消费

进一步挖掘和集聚美食资源,建设"国际美食名城"。一是增强"重庆味道"的国际影响力。围绕菜品生产、加工、服务、管理、营销全过程,加快建立完善渝派特色美食标准体系。推进"美食+文化"融合发展,挖掘美食背后的深层次文化内涵,提升重庆美食附加值和消费层级。以"重庆火锅""渝菜""重庆小面"为重点,鼓励特色餐饮企业积极参与国际性美食节会,开设海外推广中心、海外门店。支持开发适应"一带一路"沿线国家和地区饮食消费习惯,彰显重庆特色文化的餐饮场景、菜品食品。深入挖掘各区县美食文化,打造一批特色美食之乡。二是打造全国及世界特色美食展示品鉴城市。依托商圈商街,加快引进全国和世界各地知名风味美食和特色餐饮,吸引国内外著名美食品牌在渝设立旗舰店、示范店、西部总店,打造一批中华美食和"一带一路"异国风情特色美食街,构筑多元化餐饮结构,增强"吃在重庆"丰富度。

3. 提升特色体育消费

利用"健康中国"建设契机,加快推进体育消费持续提质扩容。一是完善体育消费设施。推动打造国际性体育赛事场馆,升级重庆奥林匹克体育中心、大田湾全民健身中心等大型体育场馆综合服务功能,加快建成两江足球赛事中心。盘活存量资源,鼓励和引导将废旧厂房、仓库、老旧商业设施改造成健身休闲与商业服务融合发展的体育综合体。推进社区便民利民体育健身设施建设,建设城市社区15分钟健身圈。二是丰富体育消费业态。加快创建"国家体育旅游示范区",推进体育与旅游、教育等产业融合发展,大力开发游泳、漂流、登山、攀岩等沿江沿山的体育休闲运动线路和体育旅游项目,培育野营露宿、拓展训练等林地运动,建设全国户外运动首选目的地。三是推动体育用品消费。鼓励体育用品制造企业加大研发投入,结合可穿戴式设备、虚拟现实技术、物联网管理平台等,研发多样化、智能化体育产品。

4. 提升特色康养消费

深入挖掘温泉、森林、医药等康养资源,大力发展康养产业,提升康养消费。一是打造温泉康养消费品牌。推进"温泉+中医""温泉+运动""温泉+音乐"等业态多元融合发展,大力开发涵盖疾病预防、体质调养、疼痛调理、美容美体、舒眠减压、水中康复等功能性、菜单化、疗程式的温泉康养新项目新服务。加快打造以北碚为核心板块的"世界温泉谷",大力引进世界级康养品牌,加强温泉康养品牌的国际合作和营销,把重庆打造成为世界一流的温泉疗养胜地。二是大力发展森林康养消费。加强武陵山、大娄山、七曜山、大巴山系等森林康养基地规划建设,推动江津、綦江、南川、石柱等地康养产业发展。加快康养胜地标准化建设,完善森林康养中心、生态露营基地、瑜伽平台、森林浴场、精心躺椅等康养服务公共设施,打造森林康养特色品牌。三是因地制宜发展医养结合型康养产业。重点瞄准老年人、孕产妇、病患残障人士等人群,积极对接新加坡、德国等先进国家和香港地区医疗机构资源,联合建设"医养结合"的养老、康复等护理机构,提供多层次高品质医养结合型康养服务。

5.提升特色教育消费

围绕重庆"教育强市"建设,加快增加高质量教育消费供给,切实满足居民多样化个性化品质化教育消费需求。一是鼓励社会力量参与发展普惠性幼儿园和托幼机构。以城市发展新兴区域(主城区突出两江新区、重庆科学城、茶园新区等区域)为重点,鼓励引导社会力量按照规范要求,高质量开办普惠性幼儿园、托幼机构、早教机构。二是加快发展多形式教育培训服务。支持社会力量举办满足多样化教育需求的培训机构,积极开发研学旅行、实践营地、特色课程等教育服务产品。发挥在渝高校学科优势发展专业培训,依托重庆大学开展建筑类培训、依托西南政法大学开展法律知识培训等。支持外商投资设立国际学校、非学制类职业教育培训机构,推进教育培训信息化建设。

6.提升特色家政服务消费

以标准化、品牌化为核心,加快推进重庆家政服务业升级发展。一是加快家政领域行业标准体系、信用体系建设。加快制定地方性行业准入标准、监管标准,明确家政服务设施设备、技术流程等规范操作标准。建立健全家政服务的信用体系,完善家政企业、从业人员信用记录,健全守信联合激励和失信联合惩戒机制,加强行业监管,规范家政服务市场,保障消费者和从业者的合法权益。二是提升家政从业人员职业技能和素养。以提高职业知识和实践技能为核心,开展家政服务教育培训,培育引进一群职业精神高、专业技能强、有文化懂外语的家政服务人才。三是强化家政服务品牌建设。培育一批具有引领和示范效应的家政服务龙头企业,支持家政企业设置服务网点,建设实训基地,培育家政服务品牌。

专栏4-4:特色服务消费提升工程重点项目

特色文旅消费促进行动:推进"长江风景眼、重庆生态岛"、长嘉汇大旅游景区、长江文化艺术湾区、"世界温泉谷"等项目集群建设;加强缙云山、中梁山、铜锣山、明月山"四山"综合整治、生态保护修复以及城中山体修复和提质;系统开展"两江四岸"整治提升,将"两江四岸"打造成为"山清水秀生态带、立体城市景观带、人文荟萃风貌带、便捷共享游憩带";突出沿江岛屿生态保护;建设长江游轮游艇码头;加快推进历史建筑和文物建筑保护修缮;建成市青少年活动中心、广播电视发射新塔、重庆音乐厅、对外文化贸易基地、智慧文旅广电云平台等文化旅游项目;建设涪陵北山国际文旅康养度假区、解放碑—朝天门文旅通廊、重庆文旅城、西部欢乐城、南滨路文化产业园、西部陶都文创产业园、五洲世纪文化创意中心、洋炮局1862文创园、六旗乐园、秀湖水街国际非遗手艺特色小镇等特色项目。

特色餐饮消费促进行动：建立完善渝派特色美食标准体系；举办美食大赛、美食评比、美食博览等大型全国/全球性活动；筹建重庆烹饪学院和其他高水平厨师培训组织；推进渝中区30度街吧、解放碑八一路好吃街、沙坪坝区磁器口中华美食街、洪崖洞民俗美食街等特色美食街区提档升级；开发具有独特巴渝风味的绿色生态有机食品。吸引各国美食品牌在渝设立中国旗舰店、示范店、西部总店。

特色体育消费促进行动：实施大型体育场馆综合服务功能升级计划；推进体育综合体、社区体育设施建设；实施山地户外运动、水上运动、航空运动、汽车摩托车运动、电竞运动等体育消费新业态培育计划。

特色康养消费促进行动：打造"世界温泉谷"；推动金佛山天星度假区、御风天地康养庄园、重庆统景温泉风景区、南川金佛山、璧山三担湖康养小镇、石柱黄水、武隆仙女山街道等重点康养胜地的国际化标准改造提升；打造南川国家中医药健康旅游示范区。

特色教育消费促进行动：建成璧山区伊顿/牛津国际幼儿园等一批示范项目；推动在渝高校职业培训基地建设以及打造国际教育合作行动项目。

特色家政服务消费促进行动：搭建重庆市家政服务信用信息共享平台；实施家政培训服务质量提升行动；培育一批家政服务龙头企业和家政服务品牌。

（五）国际消费融合创新工程

推动消费与新一代人工智能、大数据、云计算、物联网等现代信息技术融合发展，促进线上线下深入融合、商品和服务消费互动融合、流通和生产对接融合，持续提升消费供给质量和效率。

1.推进零售业创新转型

加快推进零售企业创新转型发展，不断释放零售消费发展新活力。一是推动零售商向联营自营自有多元经营模式转型。鼓励大型零售商改变引厂进店、出租柜台等传统经营模式，支持开展品牌商品联合采购,引导零售企业提高自营比重、发展自有品牌,向"自营+自有品牌+联营品牌"的多元经营模式转变。二是大力发展智慧零售、绿色零售等新模式。鼓励企业应用自助终端、智能机器人等智能设备,发展无人商店、智能商超、品牌连锁便利店。引导企业加快触网升级,利用App、小程序、网络直播等线上平台,打造线上商场、线上超市、线上商店,拓展线上消费市场。支持企业推广应用节能环保技术和产品,建设绿色商场。三是支持跨界融合、多业态聚合的新型复合消费业态发展。鼓励购物中心、大型百货等加快数字化转型,布局VR体验、艺术商店等新业态、新模式、新场景,打造沉浸式、体验式消费。推进传统商圈向复合体验型新型商圈升级,布局餐饮购物、娱乐休闲、文化教育、运动健身等多业态聚合的新型复合消费业态。

2. 推进商品市场平台化发展

鼓励商品市场适应数字经济发展要求,创新大数据、云计算、物联网、区块链等信息技术应用,推动传统商业平台向数字化集成化平台转型。一是完善数字化交易配套服务设施。支持商品市场加大信息基础设施投入,加快传统交易场景的数字化重构,推动商品生产、流通和服务信息实时交互,实现上下游企业和周边服务企业的智能互联。二是推动商业平台集成化转型。积极引导龙头商贸流通企业、传统商业超市、购物中心创新组织形式和经营机制,通过"线上+线下、商品+服务、零售+体验"等升级改造,不断强化市场交易、仓储物流、加工配送等配套功能,逐步由单一贸易功能向集采购、货运、配送、贸易、金融、信息等服务功能拓展,从传统的商品销售商向供应链服务商、全渠道平台商、综合服务商、定制化服务商加速转型,打造跨界经营综合体,提升商品和服务供给质量和效率。

3.加快供应链创新与应用

强化供应链创新,加快完善国际供应链体系。一是大力发展智慧供应链。推进供应链与互联网、物联网深度融合,打造大数据支撑、网络化共享、智能化协作的智慧供应链体系。促进传统实体商品交易市场转型升级,打造线上线下融合的供应链交易平台。推进城市居民生活供应链体系建设,发展集智能交通引导、信息推送、消费互动、物流配送等功能为一体的智慧社区商业。二是加快发展协同式供应链。支持流通企业与供应商、生产商系统对接,构建研发、设计、采购、生产、物流和分销等一体化供应链协同平台,实现消费需求、商品库存和物流信息实时共享。大力培育提供采购执行、物流服务、分销执行、融资结算、商检报关等一体化服务的新型供应链服务企业,提升供应链服务水平。三是加快构建全球供应链。指导企业建立供应链风险预警系统,培育国内外供应链领先企业。指导电商与物流企业加强业务联动,推广库存前置、智能分仓、仓配一体化等服务,提高供应链协同效率。进一步推进与"一带一路"沿线国家和地区互联互通,鼓励大型零售企业"走出去"建立海外采购中心、直采基地、物流配送中心、海外仓等,搭建本土商品境外分销和服务网络,加快融入全球采购、全球配送的供应链。

> **专栏4-5：国际消费融合创新工程重点项目**
>
> **零售业创新转型项目：**推广自助提货柜、刷脸支付、无人销售商店等智慧零售新技术、新模式；推广全球直采、线上线下互动的新型零售模式；创建一批绿色购物中心、绿色超市。
>
> **商品市场平台化发展项目：**完善数字化交易配套服务设施；推动商贸流通企业多元化转型；建成重庆医药现代物流综合基地、涪陵国际农产品物流中心、韵达重庆涪陵快递物流基地、双福农副产品物流基地、垫江中农联国际农贸城、巫山县边贸中心商贸物流等项目。
>
> **供应链创新与应用项目：**建成民生电商重庆现代金融物流园、中国智能骨干网之阿里巴巴新零售（重庆）供应链运营中心、申通西南总部暨电商物流科技产业园、京东亚洲一号重庆巴南物流园二期、重庆华南城、长运集团西郊总部物流基地、绿地全球商品（重庆）运营总部基地项目、霍氏百利威（重庆）国际电子商务产业园项目（巴南区）、重庆铁路口岸创新中心（二期）、重庆江北国际机场保税港航空货运站二期工程、普洛斯重庆跨境贸易物流基地、江津珞璜铁路综合物流园、海外采购中心、直采基地等项目。

（六）国际会展扩容提质工程

加快推动会展国际化、特色化发展，放大国际会展的综合带动效应，推动重庆完善城市国际化功能，发展壮大会展经济，努力建成内陆国际会展名城。

1.培育引进国际展会

培育和引进相结合，立足重庆优势产业和特色文化旅游资源，提档升级现有展会规格，积极争取布局更多高端展会新项目，打造一批辐射全国、具有世界影响力的高端会展项目和品牌。一是提升现有高端展会的品牌价值。高标准、常态化办好中国国际智能产业博览会、中国西部国际投资贸易洽谈会。进一步提升中新(重庆)金融峰会、西部农交会、西部旅交会等大型展会的专业化、国际化水平。推动现有展会引入国际标准化组织(ISO)质量管理体系,申请国际展览业协会(UFI)、国际大会及会议协会(ICCA)等国际会展机构认证。二是积极培育引进国际国内高端会展新项目。大力引进大型国际会展组织、策展机构来渝设立分支机构。发挥重庆区位优势和国家中心城市作用,积极申办上合组织成员国地方领导人论坛、中国—中东欧国家地方领导人会议及专项领域会议、达沃斯论坛商业圆桌会议等与中国主场外交相关的国际政务商务等专业会议论坛项目,力争成为系列重要国际会议的永久性或周期性举办地。引进国际展览业协会会员大会、亚太零售商大会等多双边专业领域国际会议。吸引世界自然科学基金年会、世界哲学大会等专业领域的大会、论坛以及知名企业年会项目来渝举办。以"长江风景眼"广阳岛为载体,打造长江生态文明建设高峰会、世界内河生态文明建设研讨会等展会。围绕战略性新兴产业、现代农业、现代服务业、国际商品等重点领域,培育发展一批专业型国际展会。三是打造国际一流会展服务中心。加快悦来会展总部基地建设,形成集展览、会议、食宿、购物、商务、文化休闲等功能于一体的城市新型会展商务区,探索"会展+"保税服务,围绕悦来国际会展中心建设离境返税商店,开通免税店、保税仓等服务,打造世界一流会展服务中心。

2. 积极承办国际赛事

加强与国际体育组织和国家体育主管部门的联系合作,积极申办适合重庆特点的重大国际国内赛事,扩大体育消费,逐步将重庆打造成为西部地区体育赛事活动中心。一是引入一批国际性高端体育赛事。积极申办国际国内高水平综合运动会和单项顶级赛事,高水平办好2023年第18届男足亚洲杯。借助成渝地区双城经济圈建设机遇,加强与成都的会展合作,探索两地联合举办大型体育赛事。二是培育一批国内外知名高端体育赛事品牌和新项目。实施重庆赛事品牌战略,提升重庆国际马拉松、武隆国际山地户外运动公开赛、金佛山·绳命国际绳索救援邀请赛等赛事的国际影响力。鼓励社会力量投资组建体育赛事公司,举办各类体育赛事,创建自主品牌赛事。推动国家级运动项目训练基地落户重庆,吸引国内外高水平运动队来渝训练、竞赛和表演。

3.打造特色消费节庆活动

深度挖潜重庆特色消费节庆活力,以"要购物,到重庆"等为主题,精心谋划、积极举办多彩购物节庆活动,打造带有鲜明重庆地方特色、具有国内外影响力的标志性特色节庆名片。一是提升现有特色消费节庆的国内外知名度。联动国际组织等专业机构,加强宣传营销,不断提升中国长江三峡国际旅游节、重庆夜市文化节、重庆火锅美食文化节、中国重庆·涪陵榨菜产业博览会等渝滋渝味特色活动影响力,打造成在国内国际叫得响、立得住、入人心的特色消费节庆品牌。二是积极策划举办特色节庆新活动。支持举办时装周、电影节、汽车文化节、家居博览会等特色活动。支持区县、行业协会和企业举办涵盖商品、文化、休闲、娱乐、旅游、体育等领域的各类消费促进活动,激发消费市场活力。

> **专栏4-6：国际会展扩容提质工程重点项目**
>
> **国际展会品牌提升行动**：开展与国际会展组织机构合作，提升中国国际智能产业博览会、中新（重庆）金融峰会、中国西部国际投资贸易洽谈会等现有展会品牌国际影响力；策划长江生态文明建设高峰会、世界内河生态文明建设研讨会、中国国际田园康养旅居产业发展峰会等一批具有国际影响力的高端论坛会议；争取上合组织成员国地方领导人论坛、国际展览业协会（UFI）会员大会、全球物流企业发展峰会、达沃斯论坛商业圆桌会议、亚太零售商大会等一批国际性会议在渝举办；加快悦来会展总部基地等载体建设。
>
> **高端赛事承接项目**：高水平办好2023年第18届男足亚洲杯、2022年世界举重锦标赛；探索成渝两地联合举办全球性大型体育赛事。提升重庆国际马拉松赛、武隆国际户外山地越野赛、永川国际女足邀请赛、长寿湖国际铁人三项赛、重庆国际羽毛球公开赛、金佛山·绳命国际绳索救援邀请赛、中欧篮球冠军杯等赛事的国际影响力；办好世界杯攀岩赛（重庆站）、中国重庆万盛黑山谷杯羽毛球挑战赛、中华龙狮争霸赛（铜梁）、中国彭水水上运动大赛、重庆市全民健身运动会、重庆市龙舟公开赛等大型赛事活动。
>
> **特色消费节庆活动**：提升中国长江三峡国际旅游节、中国西部旅游产业博览会、中国重庆·涪陵榨菜产业博览会、长江上游城市花卉艺术博览会、渝东南生态民族旅游文化节、重庆夜市文化节、重庆火锅美食节、乌江苗族踩花山节等节庆活动影响力；举办时装周、电影节、汽车文化节、家居博览会等一批特色活动。

（七）国际消费服务质量提升工程

强化"以消费者为中心"理念，对标纽约、东京等国际一流消费城市，加快完善重庆商业服务质量体系，大力培育国际化服务企业品牌，加快培养国际化服务型人才，全面提升"重庆服务"质量，切实增强消费者的体验感、获得感。

1.完善国际化服务标准体系

加强国际化消费服务质量标准体系建设，推动重庆消费服务向规范化、品质化升级。一是加强消费服务的城市标准体系建设。聚焦服务流程、服务时效、服务人员技能等方向,加快建设符合国际惯例、具有重庆特色、与重庆城市功能定位相适应的商业服务业服务质量体系。支持消费领域龙头企业,积极参与零售、会展等消费服务的相关国家标准、行业标准制定和修订工作。协同政府、行业协会、企业、消费者等多方力量,以跨境消费、网上消费为重点,积极制定或修订文旅、养老、健康、家政、教育培训、餐饮住宿等领域服务质量的重庆地方标准,实现消费全行业领域的服务质量标准全覆盖。二是鼓励行业协会、企业制定实行高于全国、全市的服务标准。支持消费各领域相关社会团体制定、宣传、实施符合国际惯例、体现重庆水平的团体标准。鼓励消费领域龙头企业,对标国际一流企业,制定实施更为严格的内部服务标准,树立行业国际标准化服务标杆,引领带动全市国际化服务标准体系等级提升。

2. 打造国际化服务品牌

突出和强化企业主体地位,大力培育国际化消费服务品牌,提升服务质量。一是强化企业消费服务质量测评。根据国家、重庆以及行业的国际化服务标准规范,强化企业主体的服务质量评价。携手中国质量认证中心(CQC),联合建立第三方服务监测评价机制,采用实地监测、消费者测评等多元化手段评价企业服务水平。二是开展企业服务品牌创建行动。引导商业企业制定品牌发展战略,实施标准化管理,支持商业服务企业参与"中国品牌日"等系列宣传活动。开展企业服务质量达标创建活动,鼓励支持行业协会、权威机构发布重点商业品牌、优质服务商店等各类榜单,建立重点行业领域"优质服务企业名录库",树立一批管理先进、服务精良、消费者认可的服务品牌。

3.培养国际化服务人才

加强服务人才的引进和培养,提高消费领域服务人员的职业素养和国际化消费服务水平。一是强化服务人才本地培养。加强高等教育、职业教育人才培养,鼓励校企联合办学,增强教育、家政、餐饮等消费领域人才培养的市场实用性。完善政府、协会、企业多方参与的多层次商业服务培训体系,联合开展生活性服务业岗位技能素质提升专项培训活动,提升从业人员国际化职业素养和服务质量。支持行业协会、商业企业开展具有行业影响力的优秀人才"奖、树、评"活动,培育服务标兵,激励服务人员对标向上。二是积极引进国内外优秀消费服务型人才。进一步加强教育培训、文化旅游、会展赛事等领域的国内外管理、营销、创意等方面的优秀人才的引进力度。探索在家政、餐饮、美容美发等传统生活性服务行业领域,依法引进外籍高水平服务人员。

专栏4-7:消费服务质量提升工程重点项目

国际化标准服务体系建设:支持企业积极参与相关国家标准、行业标准制定和修订工作,开展服务质量地方标准制定修订工作;鼓励行业协会、企业制定、宣传、实施符合国际惯例的团体标准和企业标准;树立行业国际标准化服务标杆。

国际化服务品牌培育:推进第三方服务监测评价、商贸企业标准化管理;开展企业服务质量达标创建活动;建立重点行业领域"优质服务企业名录库";支持商业服务企业参与"中国品牌日"等系列宣传活动。

国际化服务人才培养引进:推动校企联合培养培训服务人才;开展"奖、树、评"人才评价激励行动;实施外籍高水平服务人员引进计划。

(八)国际消费环境优化工程

积极对标发达城市和地区,加快营造国际化、法治化、便利化的营商环境,建设国际消费环境标杆城市,进一步提高消费便利度、舒适度、满意度。

1.提升城市国际化功能

加快优化重庆的城市国际化功能,增强重庆与全球消费资源的连通能力,提升重庆的国际消费吸引力。一是加快构建连通全国、通达全球的交通和信息网络。充分利用全市入选首批国家交通强国试点的政策机遇,积极开通和加密国际航线及高速铁路、城市轨道等交通路网,切实提升铁路、航空、水运、高速公路、城市轨道交通、城市公交等互联互通水平,打造消费便捷交通网。加快推进高速、泛在、互联、智能的新一代信息基础设施建设,加快5G网络商用步伐和国际直达数据通信专用通道建设,为跨境网上消费营造更顺畅的网络环境。二是提升商业设施与市政设施互联互通水平。完善市内主要消费区域的交通站点建设,推动机场、车站到主要商圈、景区、商业综合体交通的方便换乘、高效衔接。加快推进商圈、景点等重点消费场所的电动汽车充电设施、公共厕所、停车场、无障碍设施等基础设施的布局和建设。三是提升城市涉外服务水平。加快公共场所国际化引导标识和便利化服务设施规划建设。健全金融基础设施服务体系,推进国际化结算和货币兑换平台建设,全面提高支付与结算的便利性。统筹规划建设国际社区、国际酒店、国际学校、国际医院等设施,满足外籍人士在渝工作、生活消费需求。

2.优化城市消费软环境

一是优化营商环境。纵深推进"放管服"改革,落实好《中国人民共和国外商投资法》和《优化营商环境条例》,提升保护外国投资者境内投资、收益和其他合法权益,加强与国际通行经贸规则对接,提升跨境贸易投资便利化水平,营造内外资企业一视同仁、公平竞争的营商环境,增强重庆对全球高端商务商贸品牌企业的吸引力。二是建立健全消费诚信监管体系。完善企业信用积分管理办法,定期发布企业守信名单和失信黑名单,实行企业信用与市场准入、政策优惠、政府采购等挂钩,促进诚信经营。利用大数据等技术,建立食品、医药等重要产品和跨境电子商务零售等领域追溯体系,加强海关、质检、工商等多部门协同监管力度,加大对制售假冒伪劣商品行为的整治力度。加快公平竞争审查制度建设,依法严厉打击有关违法行为和不正当竞争行为。三是完善消费维权机制。规范处理职业索赔人投诉举报,探索搭建重庆市跨境电子商务消费者维权中心,与境外消费者组织和品牌企业开展双多边合作,建立快捷纠纷解决机制。

专栏4-8:国际消费环境优化工程重点项目

交通方面:

——高铁:发挥好重庆在国家"八横八纵"高铁网中占据"两横三纵"的重要节点功能,加快实施成渝中线、兰渝、渝西、渝郑、渝武、渝湘、渝贵、渝昆等高速铁路,形成"米"字形高速铁路网络,实现1小时到达成都、贵阳,3小时到达西安、武汉、长沙,6小时到达北京、上海、广州。

——高速公路:发挥好重庆在国家高速公路网中占据"四纵两横"的重要枢纽节点功能,强化对周边地区的辐射带动作用,推动渝武高速扩能、渝长高速扩能、永泸高速等项目建设,与周边省份的相邻市县建立起高速公路便捷联系。

——国际航空:尽快实施江北国际机场第四跑道和T3B航站楼建设,加快第二枢纽机场选址建设,争取第二枢纽机场纳入国家"十四五"规划,形成"一枢纽四支线"机场运输体系,构建起辐射亚洲、通达全球的国际航线网络,基本实现通用航空功能全覆盖。

——水路:发挥长江黄金水道优势,加快建设"一干两支十线"叶脉型航道体系,推进寸滩港、果园港分别向国际邮轮母港、世界"中转站"枢纽港转型升级,推进忠县新生港、合川港渭港等港口工程建设。

——城市轨道:按照"中心加密、两槽加速、两翼联通、外围辐射"总体思路,加快主城都市区轨道交通网扩面加密、城市快轨建设等项目,规模密度达到国内先进水平。

——旅游交通设施:推进商圈、重点景区等与交通节点之间的无缝连接。

通信设施方面:加快5G基站、5G无线网络、国际直达数据通信专用通道等通信设施建设。

市政设施方面:建立和完善主要商业设施与市政设施之间的全天候慢行通道系统;完善消费场所充电桩、公共厕所、停车场、环卫、无障碍等基础设施的布局和建设。

国际化配套设施:推进公共场所国际化引导标识、离境退税定点商店、货币兑换网点、国际酒店、国际学校、国际医院等项目建设。

(九)国际交流合作深化工程

进一步深化国际城市的交流合作,强化与港澳台地区的经贸联系,推动与周边省市协作持续走深走实,为全市建设国际消费中心城市搭建更多平台,扩大国内外影响。

1.建设中西部国际交往中心

加大国际组织机构、国际商业机构引进力度和友好城市结交力度,提升国际影响力,打造中西部国际交往中心。一是扩大国际交往"朋友圈"。加强与友好城市和友好交流关系城市在教育、研发、人才培养、健康医疗、旅游、国际会演等领域的交流合作。积极与"一带一路"沿线国家和地区的城市建立国际友好城市关系,扩大经贸往来。重点深化国际教育交流合作,实施"留学重庆计划"、大力推进共建"一带一路"教育行动,支持引进名校师资来渝开展教学和科研合作,吸引各类人才来渝留学、创业就业。二是争取一批国家来渝设立领事馆或商务机构。加快推动渝中区打造中西部国际交往中心核心区和重庆外事机构集聚区,争取"一带一路"沿线国家领事机构和办事机构入驻重庆。积极争取联合国、世界银行以及国际教育、文化等专业类国际组织机构来渝设立亚洲区和大中华区分支机构,打造国际组织和跨国机构聚集地。探索建立与国际组织和机构密切交流长效机制,充分利用各类国际资源服务城市发展。

2.加强与港澳台地区经贸合作

推动与港澳台地区交流的机制化和常态化,充分利用港澳台资源增强全市对外开放的集聚力和带动力。积极拓展与香港在国际物流、总部贸易、金融服务和专业服务等领域合作。推进与澳门在会展、旅游和中医药科技产业发展等产业方面开展对接。依托"重庆·台湾周"等活动邀请台商来渝考察投资,积极深化与台湾在生物科技、健康养老、文化旅游等优势产业方面的交流合作。鼓励重庆与港澳台地区企业共同融入"一带一路"建设,支持怡和、华润、新光三越等大型港澳台商贸龙头企业深耕重庆市场,打造一批国际化、现代化的高端特色商业项目。借助港澳台地区资源,引进更多具有市场潜力的国际消费品牌和知名的港澳台消费品牌来渝发展。发挥三峡博物馆、重庆抗战遗址博物馆、彭水蚩尤九黎城等海峡两岸交流基地作用,深入开展与港澳台文化机构、基层文化组织的交流合作。

3.深化省际交流合作

扎实推动成渝地区双城经济圈建设,统筹人流、物流、资金流、信息流等各类要素,推进基础设施互联互通,加快构建内畅外联、快捷高效的现代基础设施网络体系;加强产业链、供应链合作,推进产业协作补链成群,提高两地产业配套协同程度;强化长江上游生态大保护,推进生态环境联防联治,切实改善区域环境质量;加强川渝两地商贸、旅游、教育、医疗、就业、养老等领域协同发展,推进消费领域和公共服务共建共享。强化与其他省市交流合作,深化与川、陕、贵、鄂、湘等省市合作,完善西部省(区、市)间的跨区域共建共享机制,共同打造"大川西、大三峡"世界旅游目的地,增强区域国际消费集聚辐射能力。

专栏4-9:国际交流合作深化工程重点项目

建设中西部国际交往中心。加强与友好城市和友好交流关系城市在教育、研发、人才培养、健康医疗、旅游、国际会演等领域的交流合作;积极与"一带一路"沿线国家和地区的城市建立国际友好城市关系;实施"留学重庆计划",支持引进名校师资来渝开展教学和科研合作;推动渝中区打造中西部国际交往中心核心区和重庆外事机构集聚区;积极争取联合国、世界银行以及国际教育、文化等专业类国际组织机构来渝设立亚洲区和大中华区分支机构。

加强与港澳台地区经贸合作。依托"重庆·台湾周"等活动邀请台商来渝考察投资,积极深化与台湾在生物科技、健康养老、文化旅游等优势产业方面的交流合作;鼓励重庆与港澳台地区企业共同融入"一带一路"建设,支持怡和、华润、新光三越等大型港澳台商贸龙头企业深耕重庆市场;发挥三峡博物馆、重庆抗战遗址博物馆、彭水蚩尤九黎城等海峡两岸交流基地作用,深入开展与港澳台文化机构、基层文化组织的交流合作。

深化省际交流合作。成渝地区双城经济圈建设:构建内畅外联、快捷高效的现代基础设施网络体系,推进产业协作补链成群,推进生态环境联防联治,推进消费领域和公共服务共建共享。打造"大川西、大三峡"世界旅游目的地。

(十)国际消费营销推广工程

面向全球,统筹推进"重庆消费"专项营销和重庆城市整体营销推广力度,进一步提升重庆在国际上的知名度,强化全球对"重庆消费"的整体认知。

1.实施"重庆消费"全球推广活动

借助国内外各类平台和媒体开展"重庆消费"全球推广,不断扩大"重庆消费"全球影响力。借助智博会、西洽会等国际展会平台,开展"重庆消费"全球营销推广。将"重庆消费"概念融入重庆形象宣传片、《重庆概览》、重庆文旅品牌推广等对外宣传中,编制《重庆消费指南》。积极与凤凰新闻、新加坡联合早报等国际知名媒体开展深度合作,通过其新闻报道、专栏文章等对外推广"重庆消费"。加强与全球知名集团、著名品牌、专业策展公司合作,宣传展示重庆建设国际消费中心城市的理念规划、最新动向和建设成果等,形成良好的舆论氛围。支持第三方国际机构在渝发布国际消费城市相关报告,提升重庆在国际消费市场的话语权。开展"重庆消费"城市公共品牌设计,提升"重庆消费"的内涵和辨识度。

2.加强城市整体营销推广

推动海外多渠道整合营销,结合线上线下推广与落地体验活动,提升海外受众对重庆城市形象的认知。建立健全对外宣传和城市形象推广机制。建立与国内外主流媒体战略合作关系,利用各类境内境外、线上线下媒体平台,借助国内外媒体专业能力和国际影响力推介重庆。加快"爱重庆"英文推广平台建

建设重庆国际消费中心城市研究

设,提升城市品牌宣传能力。借助"感知中国""感知重庆"、港澳媒体参访周等活动,结合国家旅游局主题年活动和海外推广计划,搭建"1+N+X"旅游外宣平台,加强与亚太旅游协会、世界旅游城市联合会等组织的深度合作交流,持续做好重庆旅游海外体验中心建设工作,强化重庆特色旅游的境外推广。

专栏4-10:国际消费营销推广工程重点项目

平台载体建设:建设"爱重庆"英文推广平台、"一带一路"沿线国家和地区重庆特色消费品体验馆和体验中心、重庆文化旅游境外推广中心等项目。

宣传推介活动:举办"重庆消费"全球巡回推介活动、"重庆消费周"体验活动、"感知重庆"、海外媒体参访周等活动。

五、保障措施

(一)加强组织保障

进一步完善以市长任组长的工作领导小组协调机制,加强重庆建设国际消费中心城市的统筹谋划和组织推进。进一步细化、明确各成员单位职责分工,增强领导小组决策支撑和执行力。进一步建立完善各级各部门主要负责人召集、各成员单位负责人参加的联席会议制度,定期研究讨论国际消费中心城市建设的重大事项、重要工作、重大政策,及时研究解决存在的困难和问题,确保试点工作顺利开展。

（二）完善体制机制

一是积极落实已出台文件政策。全面落实《重庆市关于加快建设国际消费中心城市的实施意见》（渝府办发〔2019〕121号）、《重庆市关于加快发展流通促进商业消费的通知》（渝府办发〔2020〕2号）、《重庆市现代服务业发展计划（2019—2022年）》等政策。二是继续深化供给侧结构性改革。推动互联网、大数据、人工智能和实体经济深度融合，在中高端消费、创新引领、绿色低碳、共享经济、现代供应链、人力资本服务等领域培育新增长点、形成新动能，减少无效和低端供给，扩大有效和中高端供给，增强供给结构对需求变化的适应性和灵活性。三是纵深推进"放管服"改革。建立健全适应国际消费中心城市建设的管理体制，简化人员和货物出入境管理手续，开展自贸试验区"证照分离"改革全覆盖试点，全面实行涉企经营许可事项清单管理，分类推进审批制度改革，完善改革配套政策措施，持续提升审批服务质量和效率，创新和加强事中事后监管。四是完善消费领域信用信息共享共用机制。依托重庆信用信息共享平台和"信用中国（重庆）"网站，建立跨地区跨部门跨行业信用信息共享共用机制，继续推进跨区域平台间、平台与社会组织、第三方机构以及相关企业间信用信息互联共享，推广"区域诚信防伪标识"。五是健全守信激励和失信惩戒机制。贯彻落实《关于加快推进社会信用体系建设构建以信用为基础的新型监管机制的实施意见》（渝府办发〔2019〕118号），研究制定重庆市在公共服务事项中使用信用承诺和信用报告的实施管理办法（细则）。六是推进消费者维权机制改革。探索公平竞争审查制度建设,依法保障消费市场主体合法权益。修订《重庆市消费者权益保护条例》,探索降低消费者维权成本和提高消费者维权收益、提高企业失信成本和降低失信收益的体制机制。积极开展"放心舒心消费城市"创建。重点强化新业态、新模式经营者主体责任、亮照经营,保障消费者的知情权和选择权。探索建立完善多部门参与的消费者维权投诉处理反馈机制,落实"消费者冷静期"制度。加强行政监管执法,严厉打击侵犯消费者隐私权、侵犯知识产权和制售假冒伪劣商品、虚假广告宣传等违法行为。七是建立健全消费统计发布机制。顺应消费市场进入由商品性消费主导向服务性消费主导转变的趋势,充分挖掘和应用商业大数据,探索建立全面反映市场消费总规模的指标体系,科学反映居民综合消费的规模和结构;建立指标体系的数据发布机制,客观及时反映消费运行的特点和趋势,提高市场调控预见性、针对性和有效性。

(三)强化政策扶持

一是加大财税支持力度。整合各类产业发展资金和建设资金,加强对国际消费中心城市建设重点项目、重大活动、重点品牌和重点企业的资金保障。吸引全球范围的名企名品来渝设立销售服务网点和总部机构,对引进国际知名品牌的特色街区、特色小镇、服务业聚集区、商贸服务网点,对接待境外游客贡献突出的景区景点和购物消费场所,对举办国际性商务、会展、文化、学术交流活动的平台或组织,给予一定支持。二是依托自贸试验区创新金融扶持政策。借鉴国际化消费金融发展经验，鼓励在渝金融机构加快消费金融产品和服务创新。充分利用社会信用系统推动信用消费合理增长，满足不同群体对不同产品和服务的合理化消费需求，形成"重庆消费"的金融助力。三是完善土地保障、降成本等政策。支持城市商业综合体优化提升，完善城市街区商圈、社区便民服务中心、闲置厂房改造为商业综合体等的用地保障。探索出台有利于进一步降低商业成本、促进消费的政策措施。四是完善人才引进培育政策。引进和培育并重，指导与扶持并举，兼顾高层次人才与适用性人才、复合型与创新型人才，不断完善重庆人才政策。支持引进境外优质教育资源，支持符合条件的境外企业或经济组织在重庆注册经营性培训机构，引进一批国（境）外品牌培训机构。支持国际人才来渝创业创新，高标准打造国际人才创业创新园，以提高国际化人才职住便利度和完善国际化公共服务体系为重点，进一步聚集国际消费中心城市建设的人力资源。五是用好用活144小时过境免签政策。提升国际游客在渝消费的便利度，扩大144小时过境免签、落地签证政策范围，完善免税店政策，扩大免税退税政策试点范围，引导免税店、离境退税商店提高重庆本土优质产品经营比重，鼓励境外旅客购买"渝货精品"，加快重庆深度融入全球城市体系步伐。

（四）重视宣传引导

一是切实提高思想认识。各部门、各单位充分认识培育建设国际消费中心城市对于重庆发展的重大意义，把思想和行动都统一到市委市政府相关决策部署上来。二是营造良好的舆论氛围。加强主流媒体宣传和新媒体的融合应用,采取群众喜闻乐见的音频、视频、图像等传播方式,加大重庆建设国际消费中心城市的宣传力度,确保导向正确、引导有力、深入人心。三是吸纳全社会力量和智慧。充分调动区县积极性,确保在与市委市政府决策部署保持一致的前提下,深入开展基层探索与创新。引导广大市民、社会机构和市场主体参与到国际消费中心城市培育建设中来,提高全市社会各界参与度和国内外知晓度,激发全社会参与建设的积极性、自觉性和创造性。

(五)严格跟踪落实

一是主动对接国家对试点城市的监督考核。积极对接上级部门指导意见和要求,及时向上级部门反映试点中发现的问题并提出工作建议,按时开展绩效自评,并报送年度总结报告和下一年绩效目标。二是按照全市试点目标加强跟踪监督。加快研究制定具体实施方案和配套措施,建立国际消费中心城市培育建设试点的责任考核体系,明确市级相关部门、各区县政府、项目单位的任务分工和推进时序。对试点工作进行跟踪监督和考核问效,实时通报考核结果。三是实时评估、严格奖惩。综合运用第三方评估、社会监督评价等方式科学评估试点工作效果。对考核中绩效突出的职能部门、项目单位、先进个人,加强优秀示范宣传;对工作领导小组议定事项落实不力、达不到进度目标要求的,加强监督问责力度,确保各项工作得到贯彻落实。

重庆时尚产业发展研究

CHONGQING SHISHANG CHANYE
FAZHAN YANJIU

重庆时尚产业发展研究①

（2021年4月）

一、《重庆时尚产业发展路径研究》总报告

时尚产业是指在一定经济社会发展阶段和特色文化背景下，依托理念、技术、模式等创新设计，通过实体制造、服务产业以及艺术、体育、旅游等时尚行为，引领一段时期内流行习惯、生活方式以及社会文化的综合型都市产业。发展现代时尚产业能够有效促进城市传统资源的高效整合和优化升级，推动新兴产业、业态发展，从而带动城市经济结构优化和国际化水平提升，因而成为国内诸多具有较好经济基础的大城市竞相发展的重点产业。本报告分析了新时期重庆市发展时尚产业的必要性，梳理了时尚资源与发展基础，提出了重庆发展时尚产业的目标、路径、行动计划和推进措施。

---

① 课题指导：吴家农；课题组组长：马明媛；课题组副组长：华珊；课题组成员：蒋爱民、陈尚福、刘青云、孙淮滨、赵明霞、张倩、牛爽欣、白婧、李小东、王会。

(一)范畴与意义

1.时尚产业的内涵范畴

时尚产业所指的范畴甚广,综合文献研究,并总结现代国际知名时尚中心的发展现状及路径来看,时尚产业主要覆盖服装服饰、鞋帽箱包、钟表眼镜、家居家饰、美妆珠宝等日用消费品制造业,部分乘用汽车、消费电子产品制造业,批发零售、餐饮、会展、旅游、传媒等服务产业以及电子商务、文化创意、时尚自媒体等新兴产业。

时尚产业的基础组成部分是时尚消费品制造业。相比于更着重强调功能、以标准化生产为主的消费产品,服装服饰、鞋帽箱包等消费品更易于表达个性化的文化、创意特色,其中以服装服饰最为日常必需和易受关注,因而成为时尚产业的中心起源。时尚消费品制造业不仅承载着物质产出与需求满足的作用,更为重要的是,不同地区的时尚消费品制造产业所根植的资源禀赋与文化土壤不同,其产品通过创意设计和生产表达,能够产生区别于他人的独特性,从而形成消费吸引力和消费者忠诚度,是打造时尚产业核心竞争力的根基。

时尚产业最为重要的支撑要素是创意设计、商业贸易、发布平台、时尚传媒、人才培养等生产、生活服务业,绝大部分为生产性服务业。这些产业为时尚消费品的设计、制造、流通提供条件,挖掘消费空间,激发消费潜力,对于基础制造环节的创新发展具有十分重要的支撑作用,也是形成地区时尚产业独特性的核心构成要素。与此同时,这些环节也是时尚产业体系中创新空间最为广阔的组成部分,能够不断赋予时尚产业新的内涵和发展方向。

在时尚产品生产、流通及消费之外,时尚产业体系范畴还可延展到其他生活性服务消费及行为活动。具有潮流引领性质的餐饮、住宿、旅游、娱乐以及文体活动、赛事等服务产业与城市活动都是都市时尚产业的组成部分,不仅能够产生直接的消费效益,而且可以催生城市时尚氛围和环境。

时尚制造、服务及衍生活动与主体消费人群相结合,形成了城市特色消费文化,对时尚产业发展路径及时尚消费行为产生潜移默化的影响,时尚产业特色、城市气质、城市名片也由此而生。

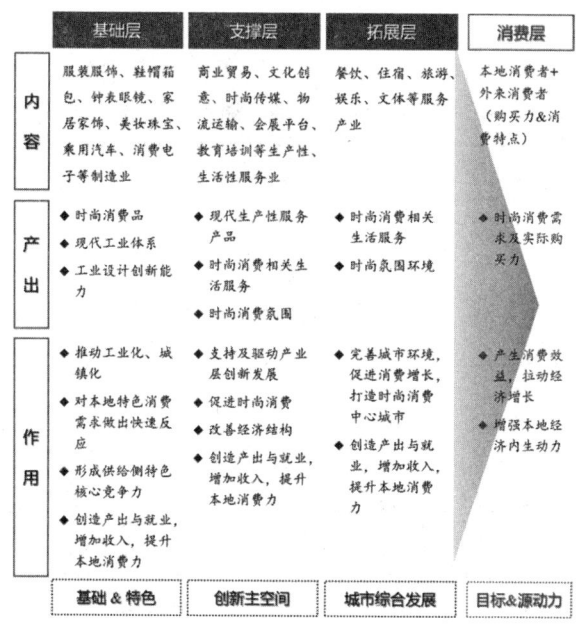

图1-1 时尚产业体系的内涵示意图

资料来源:课题组综合研究整理

从发展过程来看,国际知名的五大时尚中心巴黎、纽约、伦敦、米兰和东京的发展均起源于时装及面料制造产业,女装是巴黎时尚产业崛起的核心根基,伦敦、米兰的时尚产业发展植根于当时优质的纺织工业基础,纽约、东京则依托于当时的优质成衣制造业。五大时尚中心均经历了从纺织服装制造业向设计师品牌、时装周、时尚传媒、设计艺术教育延伸,形成时尚产业的过程,并通过时尚产业发展成为国际消费中心、国际化都市。五大时尚中心在发展早期时装风格各具特色,巴黎高端奢华,纽约休闲自由,伦敦经典正统,米兰文艺高雅,东京前卫多元。各具特色的时装风格引领消费潮流,牵动产业与城市发展格局,时至今日仍是各城市时尚产业的主流风格,塑造了整个城市的时尚个性。

表1-1 国际五大时尚中心时尚产业发展概况

城市	巴黎	伦敦	纽约	米兰	东京
起源背景	17世纪,服装服饰成为法国王室及上流社会地位象征	18世纪,第一次工业革命促进工业化和城市化	19世纪工业化、城镇化快速推进,二战后成为世界经济中心	文艺复兴后成为欧洲艺术中心,二战后寻求经济突破	二战后经济发展需求,美军进驻带来新流行文化
根基产业	以女装为主的定制时装业	以男装为代表的现代纺织服装工业	以牛仔、休闲装为主的成衣制造业	纺织服装、皮革制品、鞋类制造业	纺织服装制造工业

续表

城市	巴黎	伦敦	纽约	米兰	东京
发展路径	高级定制+高端设计师品牌成衣→精英级时装周+风向标级时尚传媒+尖端时装艺术教育	品牌成衣+高级定制→前卫潮流时装周+前卫时尚艺术院校	大众品牌成衣+设计师品牌成衣→商业风格时装周+大众服务时尚传媒+顶级时尚学院	高级定制+高端设计师品牌成衣→专业买手级时装周+产教结合设计院校	引进国际品牌+本土设计师品牌、时尚快销品牌→政府支持的时尚平台+现代时装教育体系
风格形成	贵族奢华→新古典主义→享乐主义优雅华丽→人本主义强调女性特质→优雅奢华风	贵族烦琐华丽→军服风格→街头时尚、前卫时尚→经典+前卫风	巴黎风格传承→表演艺术风格→街头时尚→现代艺术→休闲自由风	宫廷奢华风格→享乐主义优雅→新古典主义柔美素雅→文艺高雅风	美国时尚引入→本土设计师大胆、非传统风格→前卫多元风
核心优势	精英设计师,国际级时尚集团	新锐设计师,文化创意产业	时尚品牌营销,商业体系创新	高端设计人才,优质面料加工,精专特产业集群	个性设计师,文化传播能力
特色消费品	服饰、红酒、香水、化妆品	服饰、箱包、香水、珠宝	服饰、珠宝	服饰、皮具、手表、皮鞋、香水	服饰、消费电子产品、手表

资料来源:课题组根据文献资料综合整理

我国目前具有较高共识度的时尚中心是上海、北京、广州、深圳等一线城市。从政策角度看时尚产业内容,上海《关于加快本市文化创意产业创新发展的若干意见》提出建设国际时尚之都目标,产业内容主要覆盖时尚服装、饰品、贵金属首饰、宝玉石、陶瓷、护肤彩妆产品、家居及可穿戴数码设备、智能建设运动器材。深圳《时尚产业高质量发展行动计划(2020—2024年)》所指时尚产业主要包括服装、家具、钟表、黄金珠宝、内衣、皮革、眼镜、化妆品及工艺美术等。广州《打造时尚之都三年行动方案(2020—2022年)》提出打响"广州原创""广州设计"品牌,以创意设计资源集聚度高的服装服饰、箱包皮具、珠宝首饰等领域为重点。从产业基础来看,广州、深圳地处我国珠江三角洲消费品制造核心基地,国内大批轻纺品牌企业由此发源,粤派女装成为国内女装标杆流派。近年来,广、深部分制造产能逐步外迁,但总部基地及研发设计、营销广宣等环节仍是当地时尚产业的重要组成部分。上海所处的长江三角洲地区是我国综合实力最强的轻纺生产基地,拥有世界级的现代产业体系,以及优质研发设计与先进制造能力;以周边地区制造产业为基础,上海本地也集聚了大量总部经济、研发设计资源及部分优质制造产能,成为其发展时尚产业的重要支撑。

2. 重庆发展时尚产业的战略意义

重庆是我国中西部和长江中上游地区重要的经济中心城市,中共中央和国务院2020年发布的《关于新时代推进西部大开发形成新格局的指导意见》提出,鼓励重庆、成都、西安等加快建设国际门户枢纽城市,为重庆建设现代化经济体系、提升国际化发展水平指出了目标和方向。重庆市政府2021年发布的《重庆市国民经济和社会发展第十四个五年规划和二〇三五年远景目标纲要》提出,重庆在"十四五"时期将以建成高质量发展高品质生活新范例为统领,在推进新时代西部大开发中发挥支撑作用;到2035年进入现代化国际都市行列。

发展时尚产业是重庆建设国际化城市的重要路径。时尚产业覆盖多领域经济要素和城市资源,时尚产业发展成熟并形成市场影响力,将有力带动城市的商贸功能、消费资源、供应链体系等全面扩张升级,大量优质资源的汇集将驱动城市整体经济发展水平和对外开放水平提升。"时尚产业—时尚都市—国际商贸中心/国际消费中心—国际化城市"是被诸多国际化城市成功实践的发展路线,国际公认的国际化城市伦敦、纽约、香港、巴黎、东京、米兰等都是国际知名的时尚之都,北京、上海、广州、深圳等中国进入国际化城市行列的一线城市也都是国内知名的时尚产业汇聚地。2019年,商务部等14部门印发《关于培育建设国际消费中心城市的指导意见》,重庆市政府工作报告正式提出将实施消费升级行动计划,创建国际消费中心城市。2021年,《中华人民共和国国民经济和社会发展第十四个五年规划和2035年远景目标纲要》提及重庆,再次确认要全面促进消费,增强消费对经济发展的基础性作用,着力将重庆建设为国际消费中心城市。以时尚产业为出发点和着力点,打造国际消费中心城市,能够有效整合重庆传统优势的商贸资源,升级制造业,融合服务业,发展新产业、新业态,是基于重庆产业及经济基础的重要部署,也是重庆更好参与国际经济与合作,向国际化大都市迈进的有效切入点。

表1-2 "2019世界城市名册"A档城市名录

Alpha++	伦敦、纽约
Alpha+	香港、北京、新加坡、上海、悉尼、巴黎、迪拜、东京
Alpha	米兰、芝加哥、莫斯科、多伦多、圣保罗、法兰克福、洛杉矶、马德里、墨西哥城、吉隆坡、首尔、雅加达、孟买、迈阿密、布鲁塞尔、台北、广州、布宜诺斯艾利斯、苏黎世、华沙、伊斯坦布尔、曼谷、墨尔本
Alpha-	阿姆斯特丹、斯德哥尔摩、旧金山、新德里、圣地亚哥、约翰内斯堡、都柏林、维也纳、蒙特利尔、里斯本、巴塞罗那、卢森堡市、圣菲波哥大、马尼拉、华盛顿、布拉格、慕尼黑、罗马、利雅得、布达佩斯、休斯敦、深圳

资料来源：GaWC（世界一线城市）

发展时尚产业是促进重庆经济结构优化升级、强化区域经济中心地位的重要途径。近年来，重庆地区经济发展取得显著成效，2020年地区生产总值（GDP）为2.5万亿元，在西部12省市中位居第三位；2019年人均GDP为7.6万元、城镇化率为66.8%，全员劳动生产率为12.8万元/人，均优于全国平均水平。但重庆经济创新投入活力尚不充足，2019年研究与试验发展（R&D）经费支出占GDP的比重为1.95%，低于全国平均2.19%的水平；经济结构仍有优化空间，与其他直辖市及东部沿海经济大省相比，城镇化水平、第三产业贡献率等仍有提升空间（见图1-1、图1-2）。时尚产业涵盖设计、制造、消费、文化、传播等诸多领域，发展时尚产业不仅能够有效促进传统工业转型升级，对于现代服务业、都市新兴产业也具重要拉动作用，能够有效改善经济的产业分布结构，培育新的发展动力。同时，时尚产业发展能够发挥引导生产、带动消费的效果，促进消费中心城市的形成，起到强化本地经济内生动力、优化经济发展结构的重要作用。

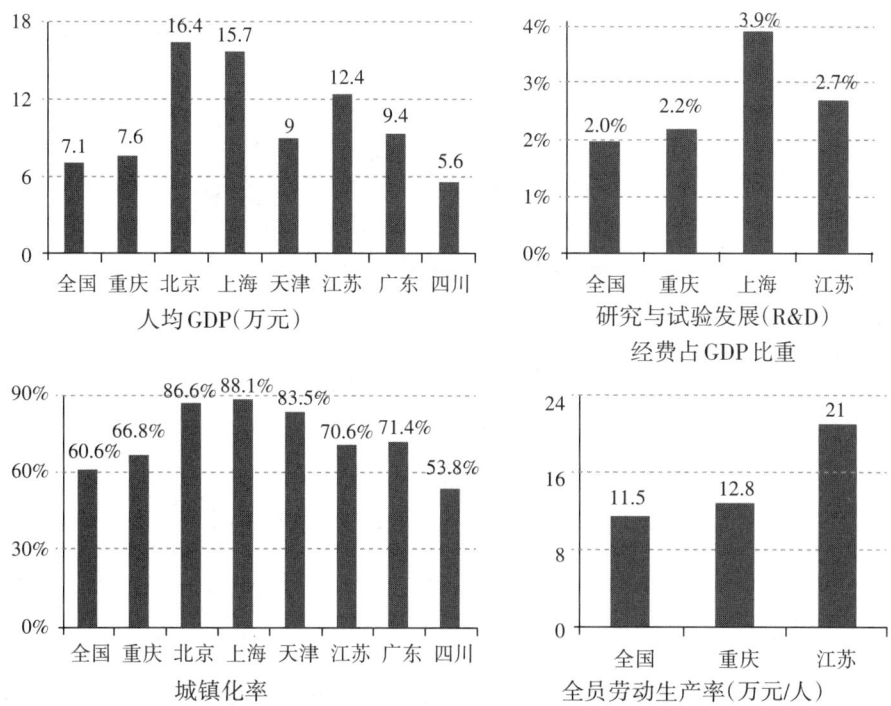

图1-2 2019年重庆主要经济指标与全国及主要省市对比情况

资料来源：国家统计局、重庆统计局、相关省市统计局官方网站

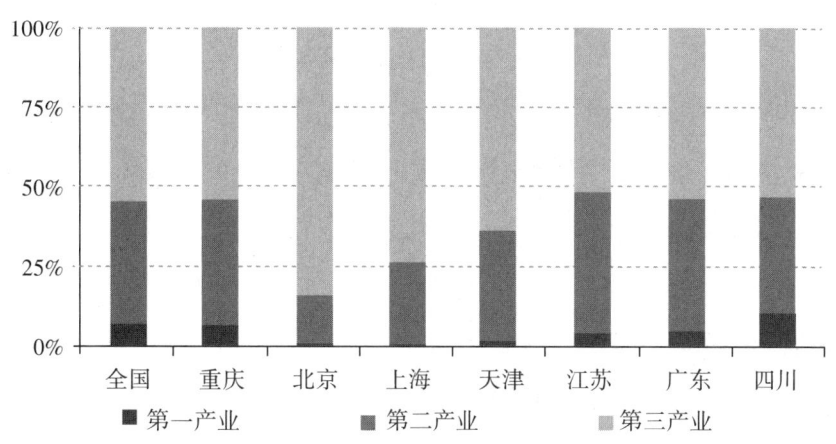

图1-3 2019年重庆、全国及主要省市经济结构情况

资料来源：国家统计局、重庆统计局、相关省市统计局官方网站

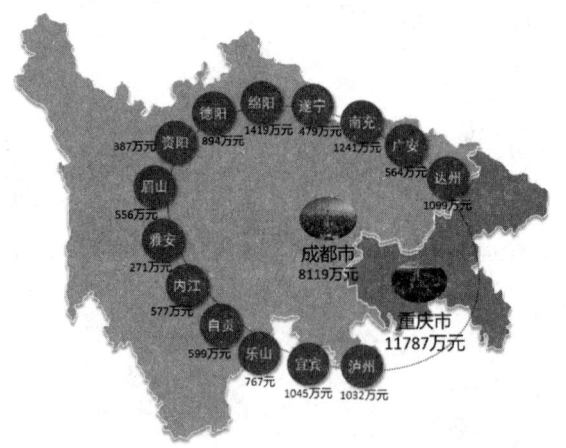

图 1-4 成渝城市群社会消费品零售额情况

资料来源：重庆统计局，成都统计局，四川统计年鉴2020

发展时尚产业是推进成渝地区双城经济圈建设的开拓创新举措。成渝城市群是现阶段我国最具发展潜力的城市群，人口近亿，经济总量约占全国的7%，2020年社会消费品零售总额达到3.1万亿元，其中重庆和成都两个中心城市占比达到65%左右。2020年，国家将成渝城市群确定为引领西部地区开放发展的核心引擎；2021年发布的《国民经济和社会发展第十四个五年规划和2035远景目标纲要》强调，推进成渝地区双城经济圈建设，打造具有全国影响力的重要经济中心和高品质生活宜居地。《重庆市国民经济和社会发展第十四个五年规划和二〇三五年远景目标纲要》明确将深入推进成渝地区双城经济圈建设，形成特色鲜明、相对完整、安全可靠的区域产业链供应体系，打造富有巴蜀特色的国际消费目的地。成渝地区集聚了西南地区最优质的制造产业基础和服务产业资源，以及最活跃的消费市场潜力。以成渝地区双城经济圈为基础发展成渝双城时尚圈，将成为重庆发展时尚产业和打造国际消费中心城市的核心市场动力和重要资源来源,2020年成立的"成渝地区双城经济圈时尚产业联盟"也将成为重要的时尚产业发展助推平台。

发展时尚产业是新时期深化供给侧改革、推动高质量发展的重要内容。满足人民对美好生活的需求是新时期我国经济、社会发展的根本目标,伴随着全面建成小康社会目标实现,内需市场消费升级趋势日益明显。在追求更好物质品质与性能的基础上,消费者对于日趋丰富的社交场景消费需求以及审美品位、个性表达、文化传承等精神层面需求也越来越多。课题组针对476名消费者开展的时尚消费专题调查结果显示,消费者对于消费产品最为集中的关注点是产品的性能、功能以及品牌故事(详见"九、时尚消费调查报告")。时尚产业集物质满足与精神表达于一体,在新的需求形势下,时尚产业的发展将带动供给侧结构不断优化,促进具有中国特色、时代特征的时尚生态发展形势,提升实体经济满足市场需求的有效性、充分性,激发新需求、形成新增长点,是立足国内"大循环"新格局,进一步推动供给侧结构性改革和高质量发展的重要途径。

(二)基础与形势

1.重庆发展时尚产业的七大基础

发展时尚产业需要在产业、市场、人才等多方面具有良好的资源条件,从发展基础来看,重庆具有较好的优势因素,同时也存在部分短板。

(1)商贸环境基础

重庆是我国西部和长江上游地区传统商贸中心,商贸与物资流通发达,商业环境良好。覆盖从批发市场到面向不同消费群体的城市消费商圈,特色旅游商业区等商贸资源丰富,服务功能齐备。统计数据显示,2019年重庆批发零售业销售额达3.1万亿元,约占全国的2.3%,与GDP占比相当;共有135个亿元以上商品交易市场,数量位居中西部省市首位,交易额占全国的3.4%。

重庆城市商圈极具特色,主城区各城市组团均分布有大型步行街,"两江四岸"中心城区商业群可满足从高档精品消费到大众品质消费的多层级消费需求,各商圈特色定位较为明晰。解放碑步行街被列入全国首批步行街改造提升试点名单,观音桥跻身千亿商圈行列。在"一区两群"城市格局下,主城新区及远郊县商业加快发展,重庆市提出打造以中央商务区为龙头、主城区核心商圈和远郊区县城市商圈为骨干的"1+19+30"商圈升级发展格局。重庆消费品批发市场数量较多,其中朝天门综合交易市场是长江上游最大的日用品批发交易市场。近年来,专业批发市场顺应消费市场需求趋势,向兼营零售转型,并不断改造优化消费环境,成为城市消费的重要载体。

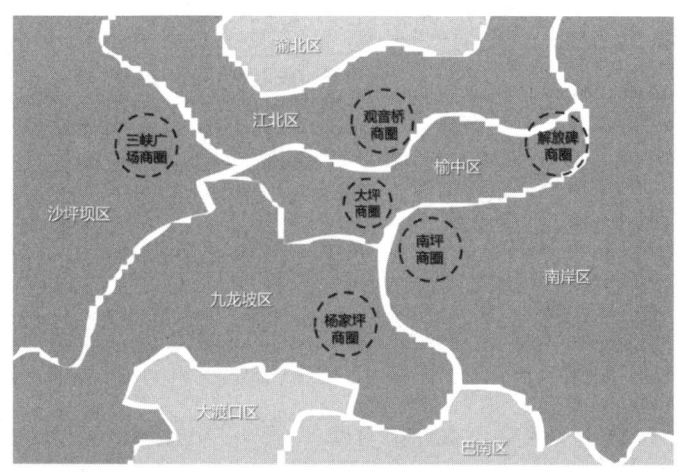

图1-5 重庆中心城区主要商圈示意图

资料来源：课题组综合整理

(2)经济与区位基础

重庆是西部和长江上游地区经济中心城市,人均收入水平位居前列,具有较为良好的消费基础条件,是西部地区必然的消费中心城市。2020年,重庆人均可支配收入为3.1万元,在中西部18省市中位居第二位,全市社会消费品零售总额达1.2万亿元。2019年,重庆限额以上零售单位与时尚相关的商品(包括服装鞋帽、珠宝、化妆品、体育娱乐用品)零售额为340.9亿元,占全部限额以上单位商品零售额的比重约为10%。重庆地处我国中部与西南地区接合部,紧临长江黄金水道,对于西南地区及长江中上游市场具有良好的辐射效果。根据统计数据测算,周边临近的四川、贵州、云南、湖北、湖南、陕西6省份共可辐射人口3.4亿人,经济总量达19.8万亿元,消费品零售市场规模达到7.9万亿元。

但是，与沿海地区经济发达省份相比较，重庆本地基本购买力仍然偏弱，北京、上海、广州、深圳2020年人均可支配收入均达到近7万元，上海达到7.2万元，是重庆全市水平的2倍多。2019年，渝中、江北、九龙坡、南岸、沙坪坝、大渡口6个中心城区人均可支配收入超过4万元，是重庆本地消费购买力最强的区域，其中渝中区最高，为4.4万元。但与一线城市相比较，重庆中心城区收入水平仍有较大差距，杭州、长沙人均可支配收入也达到5.5万元以上，武汉、成都、青岛等地均超过4.5万元。加快发展地区经济，提升人民生活水平和消费力，仍是重庆在推动国际消费中心城市建设过程中不可或缺的重要一环。

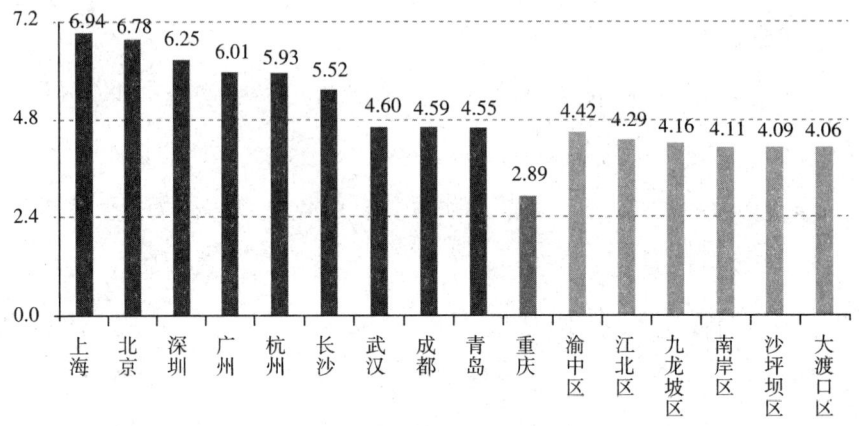

图1-6　2019年国内主要城市及重庆主要城区人均可支配收入（单位：万元）

资料来源：中国统计年鉴2020，重庆统计年鉴2020，相关城市2019年国民经济和社会发展统计公报

(3) 制造产业基础

重庆消费品制造产业有着较好的历史传承和产业基础，是重庆工业经济的重要支柱。2019年，重庆全市规模以上消费品

工业实现工业总产值3213亿元,占全市规模以上工业的15%,其中大食品工业规模超过千亿元,纺织服装、家具、皮革行业销售规模过百亿,眼镜、钟表等特色轻工产业也正在积极发展,"江小白""理文原色"、玛格家居等一批本土品牌已形成良好市场知名度和影响力,奉节眼镜产业基地快速发展。作为时尚产业中心起源及重要内容的纺织服装制造业在重庆基本实现稳中向好发展,形成了雅创集团、段氏服饰、睿诚集团等一批具有稳定竞争力的骨干企业,雅创集团和睿诚集团均在全国多个省市开设过百家品牌门店,段氏已发展形成西南地区最为先进、优质的现代服装生产能力。在加工工艺较为复杂、设计元素要求较高的女装领域,重庆服装产业颇具风格,"渝派女装"初步在国内女装市场建立特色流派地位,欧碧倩、依缇、安秀等原创品牌的市场认可度正逐渐提升。与重庆具有较密切经济合作关系的四川省具有良好的制造产业基础,消费品制造业规模超过万亿元,其中大食品工业规模超过6000亿元,皮革、家具产业达到数百亿元规模,纺织服装产业规模超过千亿元,产业链上下游环节发展较为均衡,有条件与重庆建立时尚制造产业链合作关系。

但总体而言,重庆的纺织服装、皮革鞋帽等轻纺消费品制造产业基础仍相对薄弱。以纺织服装行业为例,2019年重庆仅有规模以上企业123户,营业收入为160.4亿元,占全国规模以上纺织企业的0.3%,规模整体偏小,且产业体系仍欠完整,先进制造基础能力有待进一步强化。制造产业体系偏于薄弱,独立设计师及原创品牌发展、商业业态创新、专业人才培养,都将成为资源短板,是重庆发展时尚产业必须着力整合内外资源予以强化的关键环节。

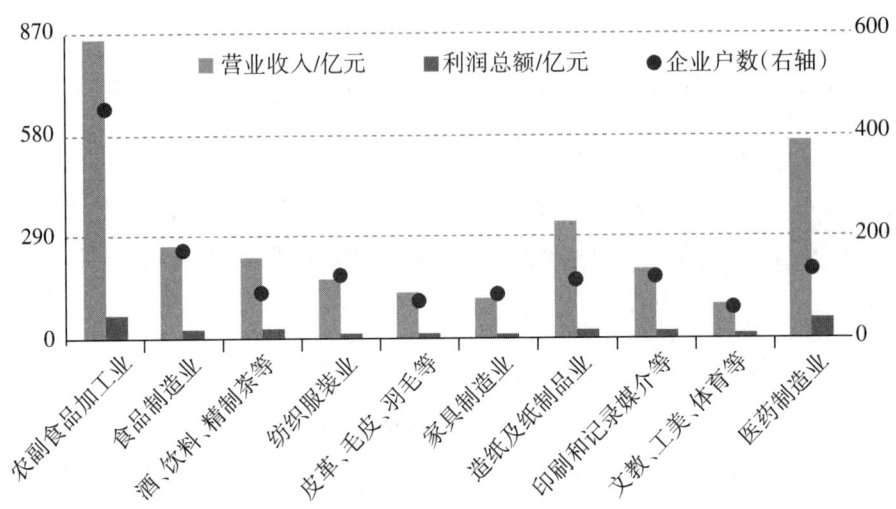

图1-7 2019年重庆部分消费品工业主要经济指标（规模以上）

资料来源：重庆统计年鉴2020

（4）重庆国际时装周影响力

中国重庆国际时装周于2014年创立，2017年更名为重庆国际时尚周，由长安福特汽车有限公司总冠名，重庆市纺织服装联合会、重庆市服装行业协会、重庆服装设计师协会主办。重庆国际时装周致力于引领潮流趋势，以海纳百川的开放姿态，打造成为富有重庆特色，设计师分享创意的交流盛宴、商业品牌推广形象的宣传窗口，同时也为初露锋芒的设计新秀提供更多展示机会。历届重庆国际时装周分别选择"霓裳重庆·进无止境""时尚霓裳·山水重庆""世界之窗·巴渝锦绣""城市素描·霓裳重庆""山水之城·时尚之都""时尚就是生活"不同的主题，但核心是依托重庆山水秀美的时尚魅力，传播国际国内优秀的时尚文化，展示重庆的特色原创品牌和传统文化。历经7年打造，重庆国际时装周不仅已经发展成为我国西部最具规模、最有影响和最具特色的时尚创意服饰文化集聚展示平台之一,也在国内诸多时装周平台中建立起了独树一帜的风格。在未来塑造重庆国际消费中心城市形象、推动成渝地区双城经济圈协同发展的进程中,重庆国际时装周仍将发挥重要的平台载体和宣传窗口作用。

(5)特色消费文化根基

重庆具有天然的时尚产业发展基因。自然环境和历史文化共同造就了重庆人开放包容、热烈奔放的性格特征,使得以多元文化为基础的流行时尚更易于在重庆立足植根,也使得重庆时尚消费更易形成独具地域特色的风格。根据课题组开展的"重庆服饰时尚风格调查"结果(详见"八、重庆服饰时尚风格调查报告"),超过三成被调查者认同渝派服饰的本土特色,偏爱购买本地品牌产品,并认同本地品牌具有发展成为国际知名品牌的潜力;超过七成被调查者期待更多参与品牌沙龙、大众走秀、时尚体验等时尚活动。在消费习惯上,重庆居民偏爱服装消费,具有较强的本地消费动力。统计数据显示,2019年重庆人均衣着消费支出为1492元,在中西部地区仅次于较为寒冷的内蒙古自治区位居第二,不仅高于全国人均1338元的水平,也高于广东、福建、山东等东部沿海省份。课题组调查结果显示,在满足生活必需消费后,有近20%的被调查者选择将90%以上的支出用于消费服装服饰产品。

(6)创意设计资源

重庆的创意设计资源整体较为丰富。骨干企业普遍设立自有研发机构,有6家消费品制造企业拥有市级工业设计中心,服装企业中,雅创集团被认定为重庆市级工业设计中心。重庆与艺术、设计相关的教育资源较为丰富,覆盖高等院校、高等职业教育、中等职业教育的人才教育培养体系完善,设置有时尚设计相关专业的高等院校共有10所,高等职业教育、中等职业教育学校约20所,其中四川美术学院是国内知名艺术院校,设计艺术学院设计学科是重庆市一流学科,培养了大批美术功底及艺术素养优秀的设计专业人才;西南大学、重庆第二师范学院、重庆工商大学等高校在设计及工程学科发展方面也各具特色。重庆还拥有颇具地方特色的文化、艺术资源及技能人才,被认定为国家级、重庆市级非物质文化遗产的传统美术、传统技艺类项目达到近百项,在荣昌夏布、手工刺绣领域有多个国家级、市级技能大师工作室。重庆青年时尚、文化活动活跃,特色音乐节、街头文化艺术节等活动受到青年人喜爱,对于时尚创新设计人才的培养、时尚资源积累与时尚氛围培育具有积极作用(详见"三、重庆时尚消费市场研究")。

但是,受制于制造产业基础,重庆在时尚消费品领域的工业设计能力仍相对薄弱,全市虽有6个国家级工业设计中心,数量位居中西部地区前列,但无一是消费品制造企业,市级工业设计中心中也仅有雅创一家服装企业。高等院校、职教学校在优化实用性人才培养方面,也面临着产业资源不足、高水平实训基地缺乏、产教深度结合困难等现实情况。

(7)城市旅游资源

重庆是国内著名的旅游城市,2019年重庆接待国内外游客数量达到6.6亿人次,在全国城市中位居首位,旅游收入达

5738.8亿元，居全国第二位。相较于其他旅游城市，重庆的旅游资源尤为丰富多元，兼具自然风光、历史古迹以及地方美食、城市商圈、文化艺术等多重特色。依托特色地理风貌和文化风情，重庆大量城市商圈及时尚艺术街区成为旅游必选目的地，对于发展时尚产业和时尚都市而言是十分重要的资源。在马蜂窝旅游App上，网友推荐量最高的重庆旅游必选打卡地是一批文化艺术气息浓厚的网红拍照地，推荐人次达到近15万，包括涂鸦一条街、中复·北仓文创园、金山意库、广播影视文化创意产业园等，这些资源对于重庆城市时尚气质的打造十分有益。

根据重庆市文旅委公布的数据测算，2019年重庆游客人均创造旅游收入约870元，而北京、成都、杭州等地游客人均创收均超过1500元，西安、武汉等地超过1000元，四川、陕西全省平均也超过1000元。游客人均创收水平较低，一方面是由于重庆旅游与其他旅游城市着重景点门票收入不同，具有较强的开放式景点打卡游特征，游客数量资源转化为经济收益的能力有所欠缺；另一方面也表明重庆游客多为普通收入的大众消费者。此外，重庆的境外游客数量也相对较少，2019年共接待入境游客411.3万人次，相关旅游收入为25.3亿美元，为同期上海入境旅游收入的30%、广州入境旅游收入的近40%。强化重庆消费时尚的特色风格，进一步提升消费市场吸引力，促进游客人流转化为现实购买力，并吸引更多境外游客消费，是重庆时尚产业发展的重要任务。

专栏1-1 互联网旅游平台热门目的地及重庆热门景区

互联网旅游平台	当季热门旅游城市	重庆热门景区前五名
马蜂窝旅游	成都、大理、重庆、乌鲁木齐、丽江、拉萨、西安、三亚	洪崖洞、磁器口古镇、解放碑步行街、朝天门广场、武隆天生三桥
携程旅游	成都、重庆、三亚、上海、广州、杭州、北京、张家界	磁器口古镇、洪崖洞、长江索道、解放碑步行街、武隆天生三桥
飞猪旅游	丽江、桂林、西安、三亚、杭州、拉萨、厦门、重庆	洪崖洞、磁器口古镇、重庆欢乐谷、长江索道、武隆天生三桥

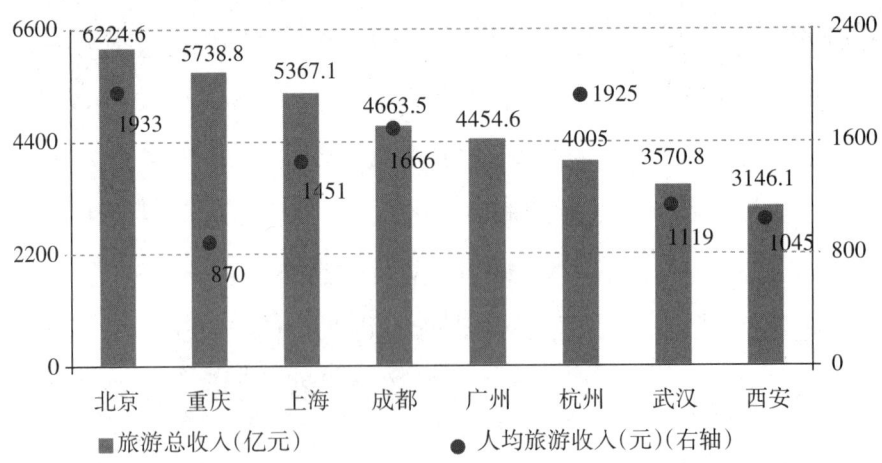

资料来源：根据马蜂窝App、携程网站、飞猪网站2019年5月27日信息整理

图1-8 2019年国内主要城市旅游总收入及游客人均创收情况

资料来源：2019年重庆市旅游业统计公报，相关城市2019年国民经济和社会发展统计公报

2. 重庆发展时尚产业面临的形势

未来一段时期,我国时尚产业面临的发展环境将发生重要变化:

(1) 市场动力不断增强

近年来,我国时尚产业进入快速发展阶段,时尚消费需求伴随着经济、社会持续发展不断释放。Fashion DeepBlue 首席创意官表示,全球时尚产业消费主力正在从过去集中于西方国家转变为东西方市场平分,2019年中国时尚消费市场总规模超过美国,位居世界首位。智妍咨询研究数据显示,目前作为全球时尚产业重要组成部分的奢侈品消费有三分之一来自中国。未来,随着我国全面建成小康社会目标实现,并开启社会主义现代化新征程,人民生活水平、文化与审美素养将继续提升,我国内需市场必将成为国际消费市场的中心,不仅总规模将稳居世界前列,高品质的时尚消费、品牌消费也必将是消费主流。而且,经济发展水平提升将促使消费者的个性化表达需求更加强烈,多角度、多层次、多元化将是未来时尚消费市场的重要趋势,由主流国际奢侈、轻奢、快销品牌构成的时尚板块将不再是唯一的消费选择,自主时尚品牌及城市时尚商业的发展路线也必然更加多元。

(2) 中式时尚、中国品牌崛起

随着"90后""00后"逐渐成为市场消费主力,我国内需消费也将更具有时代特点,赋予了时尚产业前所未有的发展机遇。在我国改革开放取得的巨大成就下成长起来的新一代消费者已经不再崇尚西方的品牌故事,中国人自己的生活方式和文化传承将成为内需市场主流,国潮的概念已经逐渐从小众的设计师品牌发展成大众化的消费行为。全球化监测和数据分析公司尼尔森发布的2019年第二季度中国消费趋势指数报告显示,68%的中国消费者偏好国产品牌,其中一、二线城市消费者对于传统美学和本土文化的偏好更明显。而且,随着我国国际影响力不断提升,中国的自主品牌必然将更多走向国际舞台,并开始打破欧美时尚集团主导的国际时尚品牌传统格局。

（3）发展环境持续优化

随着我国现代经济体系发展完善,时尚产业将获得更加优越的发展环境。我国加快建设创新型国家,将使科技创新环境与基础条件更加优越。我国移动互联技术及基础设施条件位居世界前列,应用主体规模庞大,为制造技术革新和商业业态创新提供了广阔空间。数字经济发展为市场供给端提供了更多洞悉消费者偏好的途径,促进产品形态、内容和供给模式更加丰富多元。国内创新体制更趋完善,将促进跨产业、跨界融合更加高频、高效,成为主流创新路径,为时尚产业创新发展提供重要基础。我国对外开放与国际化发展水平不断提升,将为产业发展带来更加丰富多元的优质要素,不断提升资源配置效率,并为我国本土时尚、自主品牌走向国际创造提供更为有利的国际环境。

（4）产业竞争更趋激烈

考虑到新的外部形势,以及时尚产业所具有的融合多产业资源、带动传统产业升级的作用,国内诸多一线、"新一线"城市最近两年均将发展时尚产业、建设国际时尚都市作为重要发展目标,并先后制定了发展路线,一些城市为了促进时尚产业发展,投入大量的财政资源,北京、上海、广州、深圳等一线城市都提出了建设国际时尚之都的发展目标(详见表1-3、表1-4)。这意味着在未来几年中,国内时尚产业发展将面临日趋激烈的竞争形势,获取知名品牌、优秀设计师、教育、渠道、传媒等时尚产业资源也将面临更加激烈的竞争环境。在此形势之下,建立符合自身资源条件的特色发展路径尤为必要。

表1-3 国内主要城市时尚产业发展路径

城市	文件名称	发展目标	重点措施
上海	《关于加快本市文化创意产业创新发展的若干意见》(2017年12月)	建设国际时尚之都	·加强时尚服装、饰品产业原创设计、工艺改进、品牌定位和商业模式创新 ·支持贵金属首饰、宝玉石、陶瓷等工艺美术业规模化、精品化发展 ·发展符合东方文化特质的美丽产业 ·打造以海派家具、家纺龙头企业为主体的时尚家居产业集群 ·发展智能可穿戴设备、智能健身运动器材等,培育促进时尚消费 ·时尚平台建设及服务业发展

续表

城市	文件名称	发展目标	重点措施
深圳	《深圳市时尚产业高质量发展行动计划（2020—2024年）》（2020年3月）	初步奠定国际化区域性时尚产品制造与消费集聚区地位，初步建成亚洲领先、全球知名的新锐时尚产业之都	·创新能力提升工程 ·工业设计提升工程 ·品牌国际化工程 ·知识产权保护与激励工程 ·时尚产业集聚工程 ·国际化拓展工程 ·高端人才培养工程
北京	《文化产业高质量发展三年行动计划》（2020年1月）	建设时尚之都	·推动文化与其他产业融合发展，部署实施"文化商圈"计划，建设时尚之都
广州	《广州市打造时尚之都三年行动方案（2020—2022年）》（征求意见稿）（2019年12月）	打造具有国际影响力的时尚流行策源地、时尚文化交汇点、时尚品牌聚集区、时尚商品集散地和时尚活动荟萃地，初步建成国际时尚之都	·产业服务体系建设行动 ·创新设计能力提升行动 ·产品展示贸易升级行动 ·时尚品牌培育行动 ·时尚消费升级行动 ·时尚传播平台建设行动

资料来源：课题组根据相关城市政府官方网站信息整理

表1-4 国内主要城市推动时尚产业发展相关政策措施汇总

措施领域	上海	广州	深圳
工业设计创新	企业发生的符合条件的创意和设计费用，执行税前150%加计扣除政策，其中科技型中小企业可按175%加计扣除	鼓励符合条件的时尚设计企业积极申报高新技术企业、软件企业、技术先进型服务企业认定，落实所得税优惠政策	对获得市级以上工业设计中心，以及工业设计领军企业认定的企业给予资助

续表

措施领域	上海	广州	深圳
技术创新	鼓励研发具有自主知识产权、引领新型文化消费的可穿戴设备、智能硬件、沉浸式体验平台、应用软件及辅助工具，推进智能制造、增材制造、人工智能、机器人等先进技术成果服务应用于文化创意内容生产		对技术攻关项目，按不超过项目实际投入50%给予支持，最高不超过800万元；对企业设立企业技术中心、工程技术中心等创新载体，按政策标准给予财政资金支持
品牌培育	培育产品（企业）品牌，鼓励文化创意企业参加品牌培育试点示范	培育一批在国内外有较强影响力的自主消费品品牌，争创国际知名品牌；丰富产品种类，提升质量，创建中高端自主时尚品牌；开展时尚"名师""名品"评选活动	对质量和品牌提升项目，按现有政策标准给予财政资金支持；对企业在海外商业街区设立自主品牌专卖店，自设立起持续经营3年以上的，给予100万元的财政资金奖励
知识产权保护	鼓励文创企业申报国家和本市知识产权领域试点、示范及优势企业认定，在知识产权创造、运用、保护和管理方面给予支持；建立知识产权侵权查处快速反应机制，推进知识产权民事、行政、刑事"三合一"审判机制，积极发挥上海知识产权法院作用	建立时尚品牌保护名录，加大力度打击侵权行为；鼓励时尚设计领域的专利申请和软件登记，推广版权登记制度，完善备案服务；指导知识产权中介服务机构完善服务链	对企业和设计师各类知识产权项目，按现有政策标准给予财政资金支持

117

续表

措施领域	上海	广州	深圳
公共服务	打造文化"众创空间""创新工场"等新型创业服务平台；试行文化创意服务券等方式，提供专业化定制服务，促进文创公共服务平台资源使用	搭建时尚发布展示平台；扶持一批新型的时尚互联网平台	对公共服务项目按不超过项目实际投入50%给予支持，最高不超过500万元；对品牌非营利性质的公共服务活动，符合相应条件的给予财政资金支持
跨界融合	打造全产业链、多向度服务、代表全球城市发展方向的现代文化创意产业体系和市场体系	推动时尚设计、展示与数字创意对接，特别是与虚拟现实、增强现实、交互娱乐、电子商务等领域融合发展	促进产业与科技、文化、艺术跨界融合项目，按不超过项目实际投入50%给予支持，最高不超过500万元
时尚传播	把上海时装周打造成为具有国际影响力的中外时尚设计师集聚平台、时尚品牌国内外发布推广平台和时尚产业"亚洲最大订货季"平台；努力打造一批具有国际影响力的展会自主品牌	扶持和打造一批具有国内国际影响力的品牌性时尚展会，发布时尚潮流信息；鼓励国际时尚顶级设计师首发新品，吸引世界知名时尚传播媒体落户广州，培育具有核心竞争力的自有媒体	对社会机构、行业组织和企业举办的具有国际影响力的重大活动，按不超过实际投入50%给予支持，最高不超过500万元

续表

措施领域	上海	广州	深圳
时尚产业载体	布局环东华时尚创意产业集聚区、上海国际时尚中心等公共载体；打造以海派家具、家纺龙头企业为主体的时尚家居产业集群	规划建设或改造一批集多种功能为一体的批发市场、特色小镇、商业街区、产业园区；打造国际时尚品牌商品、服务登陆华南首选地；鼓励大型商场与时尚品牌合作发展时尚消费新模式	打造若干环境优美、现代时尚、名品集聚、服务优质、具有国际时尚风范的地标式时尚大道与时尚消费街区
人才培养	探索将文化创意产业重点专业纳入非上海生源应届普通高校毕业生进沪就业重点专业和紧缺专业目录，享受居住证积分加分等政策；将紧缺急需的文创相关职业技能培训项目列入上海职业技能补贴培训目录；对实际发生的职工教育经费支出，不超过工资薪金总额8%的部分，准予在应纳税所得额中扣除	为国内外机构和人才与广州对接提供服务；鼓励世界知名设计师与机构到广州设立工作室、研发基地等；积极引进全球原创设计师、摄影师、造型师等人才及其团队；完善引进人才落户、子女就学、医疗保险等生活配套政策	高起点高标准建设创新创意设计学院；加强高校院所时尚创意、工业设计学科建设；支持国内外知名时尚设计教育及研究院在深圳设立分支机构；建立企业新型学徒制，培养技能工匠人才；支持举办深圳"工匠之星"、服装原创设计、钟表创新设计等技能大奖大赛活动

资料来源：课题组上海《关于加快本市文化创意产业创新发展的若干意见》、北京《文化产业高质量发展三年行动计划》、《深圳市时尚产业高质量发展行动计划（2020-2024年）》、《广州市打造时尚之都三年行动方案（2020-2022年）》（征求意见稿）整理

(三)定位与路径

1.重庆时尚产业定位

基于地理区位、经济发展水平、文化及社会环境等差异,现阶段重庆在吸取国际前沿时尚元素、消费能力支撑、实体产业基础、人才集聚程度等方面的条件与上海、北京、深圳、广州等一线城市客观上存在差别,其时尚产业的发展也必然有别于这些城市着眼于国际前沿时尚、文化时尚、精英时尚的发展路径。

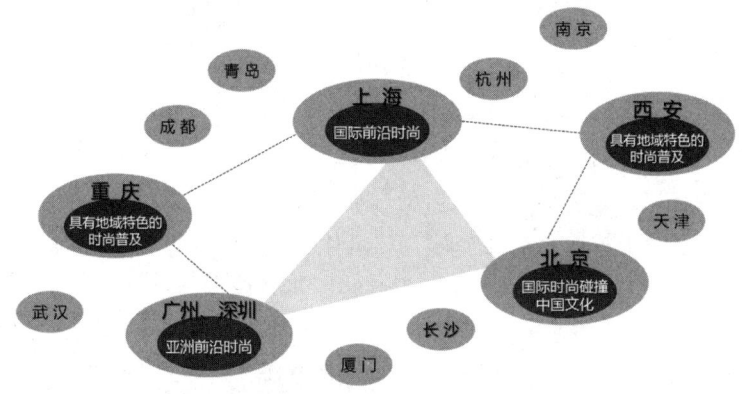

图1-9 我国时尚中心城市分布情况

资料来源:课题组根据专家访谈结果及 *Vogue* 2020《新时尚之都指数报告》综合研究整理

作为服务于3000万本地居民和近7亿游客的大型都市产业,重庆时尚产业的发展必然将覆盖高端奢侈消费、中产精品消费、平价日常消费等多个消费层级,具备分层、多向的特点。考虑重庆的经济基础、时尚资源及地域文化特色,未来5—10年,重庆的时尚产业发展应着重面向本地及外来大众消费群体,将时尚产业发展主线定位于以中产精品消费和平价日常消费为内容的大众品质消费时尚。产业发展注重对国际和国内前沿、高端时尚进行大众化演绎与传播,打造具有惊艳设计、精益制造、精"美"服务特征的品质时尚产品,一方面高效迎合重庆本地消费者的时尚敏感度,将时尚消费和生活理念广泛普及到城市大众消费群体,提升群众的审美品位、消费水平与生活幸福感,将重庆打造成为国内时尚普及度最高的城市;另一方面,找到促进游客消费的精准发力点,以独具风格的时尚产品和时尚氛围激发消费热情,创造消费价值,推动国际消费中心城市建设。

2.总体思路

重庆时尚产业发展将深入贯彻党的十九大及十九届二中、三中、四中、五中全会精神,充分把握住我国全面建成小康社会及中产阶层崛起的机遇,立足更好满足新型工业化、城镇化背景下人民群众不断升级的美好生活需要,以建成国际消费中心城市和西部国际门户枢纽城市为最终目标,以"大事、大牌、大师"为抓手,坚持市场驱动与政府引导相结合,筑牢制造根基、优化商业路径、创新文化表达,统筹资源做强平台、做优服务、完善生态,构建风格明确的时尚产业格局与市场定位,打造有别于其他城市的差异化发展路线。

要着重强化重庆轻纺时尚消费品先进制造能力,夯实时尚产业的发展根基,强化物质产出的地域特质。加强城市商业资源分级设计与其他时尚资源分层整合,建立以大众品质消费功能为主体,兼容国际消费示范、文创先驱、文化传承等功能的时尚产业体系内容。综合重庆地域景观、工业化基底、文化元素、艺术院校底蕴等要素,突出时尚产品、原创品牌、商业平台、文创园区等时尚产业载体的特色风格。以具有显著地方特色的时尚消费产品、时尚创新元素和时尚产业风格激发消费热情,满足本地消费需求,吸引国内外消费者,提升旅游资源的消费转化能力。通过发展以大众品质时尚为核心时尚产业,促进制造、服务产业联动发展,带动文创、传播等新兴产业活力提升,推动经济持续发展与结构优化,带动国际消费中心城市和国际化都市建设。

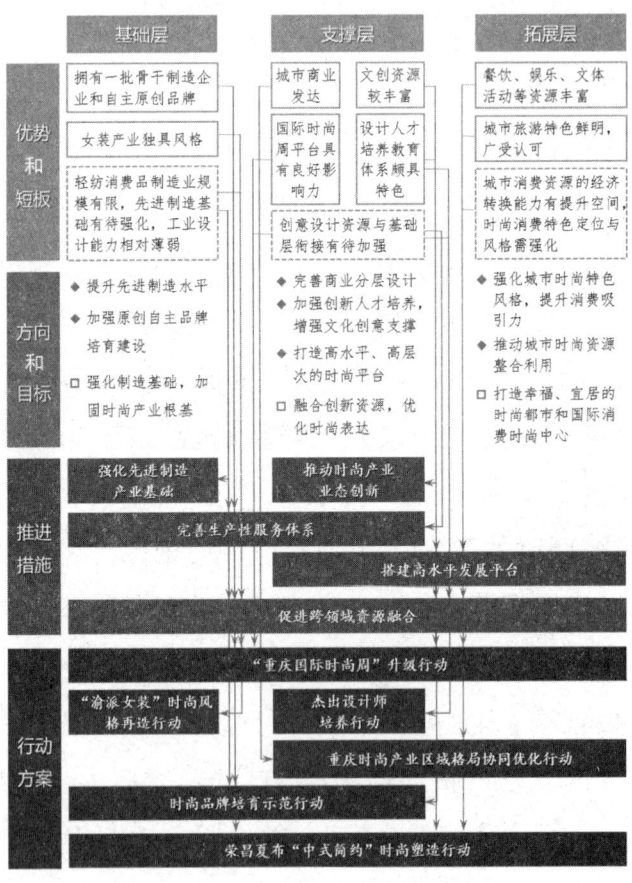

图1-10 重庆时尚产业发展路径思维导图

资料来源:课题组综合研究整理

3.分阶段路径及目标

第一阶段:时尚元素升级阶段(2021—2025年)

着重夯实时尚产业发展基础,以纺织服装产业为重点,在消费品制造业方面全面推进优质、智能、绿色制造技术应用,用5年左右时间,使重庆服装等消费品企业制造水平基本达到国内先进水平;依托成渝地区双城经济圈,与四川时尚消费品制造业建立互补互动的产业链合作关系,共同打造西部地区时尚产品先进制造基地。开展重点品牌企业筛选入库、跟踪培育、试点示范工作,用5年左右时间培育20—30个在全国具有较高知名度的服装、家具、眼镜等消费品品牌,100个在重庆本地市场具有良好竞争力的自主品牌。强化"渝派女装"特色风格,加强集体品牌宣传推广,将"渝派女装"打造成为国内时尚女装主流流派和大众时尚标杆。启动时尚设计专业人才培养工程,开展时尚产业新兴业态模式创新与经验总结推广工作,为时尚产业发展夯实创意设计与制造产业基础。

第二阶段:时尚产业体系完善阶段(2021—2027年)

策划城市时尚大事件,发挥设计大师影响力、引领力,搭建多元时尚产业发展平台,促进时尚资源融合,推动重庆时尚产业体系逐步发展完善。提升重庆国际时尚周的社会影响力,强化时尚产业发展平台作用,探索打造城市标志性群众时尚活动——重庆时尚节,使之成为具有经济增长驱动和文化提升带动作用的城市大事。培育或引进人才资源建设3个以上时尚设计大师工作室,促进时尚资源汇集和时尚人才培养。推动文创产业优化提升,发展符合重庆时尚产业特色需求的时尚传播业，推动餐饮、住宿、旅游、娱乐、文体等时尚消费衍生服务业升级发展，构建起较为完善的现代时尚产业体系。用7年左右时间将重庆发展成为国内时尚普及度和大众审美氛围最好的幸福、宜居城市，时尚生活成为重庆居民日常生活方式，本地消费潜力得到充分释放，旅游资源大面积转化为消费购买力，重庆发展成为国内时尚旅游和消费的重要目的地。

第三阶段：时尚都市打造阶段（2023—2030年）

在时尚产业取得较好发展成绩的基础上，开展重庆时尚城市整体形象设计与推广，打造新时代中国时尚之都的城市新名片。对与时尚产业相配套的城市基础硬件设施及服务体系进行全面规划升级，开展城市时尚展示带、特色时尚地标、数字化场景化时尚新商圈等设施建设和升级改造。充分融合重庆时尚产业资源、自然与文化景观、特色美食等旅游资源，开发推广精品时尚消费旅游系列产品，不断提升消费在旅游业中的作用，扩大旅游业经济产出。用10年左右时间打造"大众品质时尚之都"的重庆城市形象，使重庆发展成为国内时尚消费的首选目的地之一，时尚产业真正成为重庆经济发展的重要引擎，推动重庆建成国内一流、国际优选的消费中心城市，并向国际时尚之都、国际化城市全面迈进。

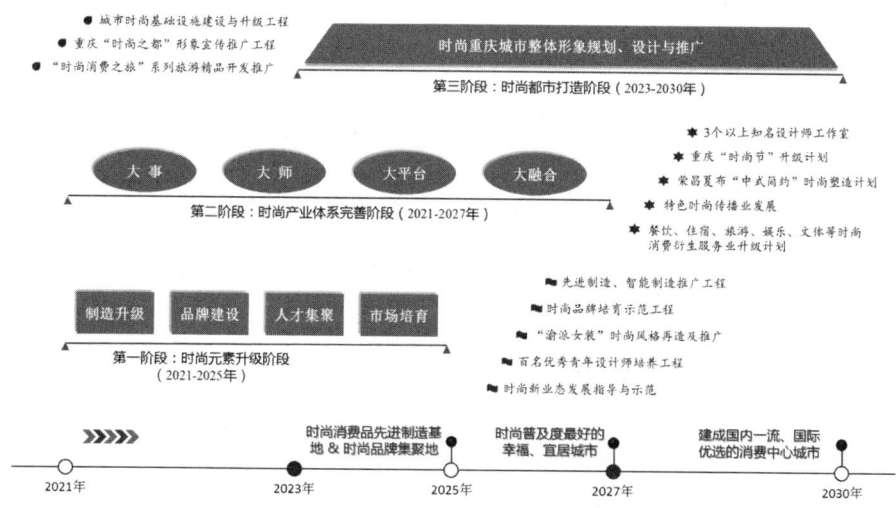

图1-11 重庆发展时尚产业发展路径及目标示意图

资料来源:课题组综合研究整理

(四)2021—2025年行动方案

1.时尚产业区域格局协同优化行动

依托"一城两群"城镇空间格局,近年来,商贸、文创、旅游等时尚产业资源在重庆已经初现分层布局特征,"两江四岸"中心城区布局特色尤为明显。依据《重庆市国土空间总体规划(2020—2035年)(审议稿)》及《重庆市国民经济和社会发展第十四个五年规划和二〇三五年远景目标纲要》,重庆将继续推进"一城两群"协调发展格局。重庆时尚产业发展将立足这一基础格局,根据各区县功能定位和产业特色,打造以"一核一圈一谷一群一基地"为主要内容,功能区隔、协同互促的时尚产业区域分布格局,为重庆时尚产业长期持续发展奠定良好布局基础。

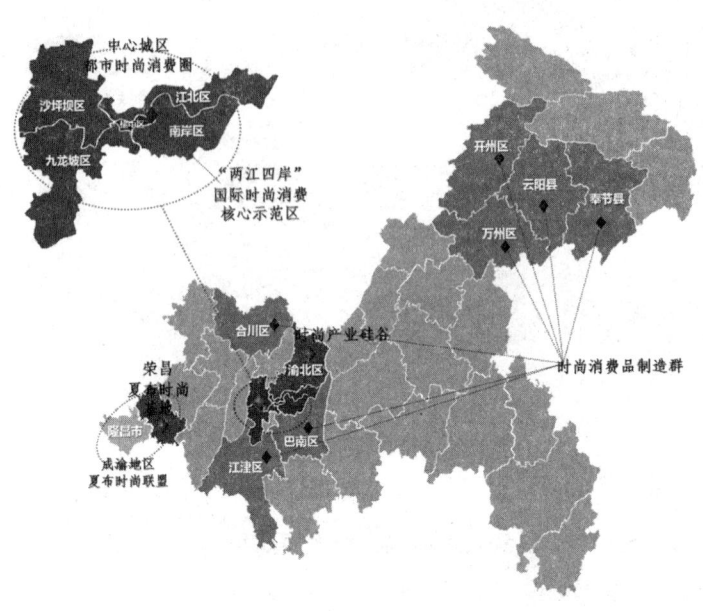

图 1-12　重庆时尚产业区域协同优化格局示意图

资料来源：课题组综合研究整理

打造"两江四岸"国际时尚消费示范区，建立国际消费中心核心载体与先行示范。"两江四岸"核心区作为城市"会客厅"，汇城市风貌展示和最优商业资源于一体，在重庆建设国际消费中心城市建设中具有核心引领地位。要推动基建设施、商业环境、配套服务均围绕核心定位规划设计、有序发展，面向国内外消费者集中展示重庆城市经济与文化发展的前沿成就。充分立足金融商贸中心优势，提升金融支付、餐饮住宿、教育医疗、交通组织等公共设施的国际化水平，营造国际化消费环境，吸引国内外消费流入。推动解放碑、大坪等核心商圈全面升级，提升商业内容、街区管理与综合服务水平，持续优化硬件设施、商业软环境和消费体验，建设离境退税示范街区，创建全国前沿水平的典范商业街区。丰富城市前沿时尚消费层次,引入文艺表演、艺术展览、体育赛事、游艺综合体等时尚活动,挖掘独特的城市景观资源,促进时尚活动内容与特色消费场景有机融合。增加重庆特色文化元素在商业设施和内容中的表达体现,形成独特的地区时尚消费标签。

发挥中心城区优势,打造层次丰富、功能互异、联动发展的都市时尚消费圈。以国际、国潮、轻奢、运动、设计师原创、潮牌等为主题,强化各组团商圈的差异化特色。促进传统零售向家庭体验消费、社交娱乐消费、文化创意消费业态升级,充分利用城市旅游、赛事、会展资源,跨界拓展时尚消费领域。立足江北区城市核心定位与优质街区资源,挖掘中产阶级消费潜力,打造都市时尚品质消费示范区。完善观音桥商圈消费承载力,丰富品牌集成店、主题概念店、会员制购物中心等零售模式,接轨国际国内一线都市大众时尚消费风潮,增加品牌渝派女装等本地时尚精品布局;发展文创消费、夜间经济,提高文创街区消费体验,打造青年酷文化特色时尚消费符号;利用寸滩片区国际邮轮母港、贸易旅游等资源集聚条件,丰富时尚博物馆、品牌美术馆、文化体验馆等载体,扩大时尚传播力。依托南岸区广阳岛片区文化底蕴,传承创新巴渝文化,创建西南非物质文化遗产展示体验中心,凸显地域时尚基因特色。依托沙坪坝区大学城、西部科学城优势,强化时尚创意设计与美学传播,校企联合、成渝联动建立时尚设计中心和服务平台,培养根植于重庆特色土壤的设计人才,支撑时尚产业发展。依托九龙坡区夜游、音乐、电竞、电商等特色IP及电子商务基础,推动智慧商圈升级、电商体验优

化,全面提升时尚消费感受。

促进现代制造业与都市服务业深度融合,打造时尚产业硅谷。立足渝北轻纺工业基础,充分应用工业元素、数字技术及创意设计资源,打造以特色时尚小镇、时尚生活街区、文创产业集群等多形态的时尚载体集聚地。依托现有骨干轻纺制造企业及T23时装小镇等文创园区独立设计师基础,加强对本地原创时尚品牌的培育和支持,融合数字经济、网红经济等新模式,充分利用工业基础设施资源,打造集创意设计、现代制造、时尚展示及消费于一体的产业空间。有序规划建设特色突出的时尚创意园区,集聚人才资源及营销策划、传媒经济、电子商务、面辅料博物馆等生产性服务资源,跨界餐饮、住宿、展览、娱乐、购物等商业服务资源,发展创意园区的时尚消费、时尚生活体验等功能。发挥临空优势,引入国内外时尚元素,突出渝北工业元素、渝派时装元素、西南民族风情元素、西南非遗元素等特色时尚风格在商业空间中的表达,打造重庆最具地域特色的临空时尚创意经济综合体。完善公共服务体系,发展品牌电商基地、直播培训基地、仓储物流中心、货运中转中心等功能,提升时尚产业硅谷综合承载力。

建设一批先进制造基地,打造时尚消费品制造群。立足主城都市圈内巴南、江津、合川及渝东北万州、开州、云阳、奉节等区县轻纺消费品制造基地,突出科技创新和时尚引领,推进优质、智能、绿色等先进制造技术应用,促进技术装备及产能更新升级,强化工业基础。构建工业自主创新体系,依托骨干企业技术平台和品牌企业资源,利用现代信息网络技术,打造协同化的本地制造工业互联网平台,建成重庆本地时尚产业快速反应体系。依托现有制造产业园区的成型公共服务体系,应用网络平台引入四川及长江中下游地区产业资源,提升规模化、品牌化、智能化、绿色化发展水平。强化渝派服装、纺织面料、眼镜、家居等时尚产品的制造品质与设计特色。完善投资环境,合理承接沿海地区产业转移,进一步夯实重庆时尚消费品制造基础。推动各区县制造业差异化发展,避免同质竞争。

加强成渝地区资源联动,构筑荣昌夏布特色时尚产业基地。加强夏布制造技术升级改造与终端制品设计开发,优化夏布产品供给质量。依托成渝地区双城经济圈时尚产业联盟,加强与四川省隆昌市夏布产业的合作,通过技术、文化、市场资源交流,拓宽夏布时尚风格路线,促进企业间合作进行家居、服饰、工艺品等系列产品开发。研究搭建西南夏布非遗艺术走廊,建立两地统一的夏布非遗地理标识,集中两地资源进行市场宣传和推广,扩大市场影响力。丰富荣昌夏布小镇发展路径,实现文化、旅游与产业深度协同发展,塑造夏布简单自然、古风淳朴的风格内涵,与崇尚简约、精致、慢生活的现代生活需求产生共鸣,促进非遗之美转换为时尚消费力。

2. "重庆国际时尚周"升级行动

重庆国际时尚周(时装周)创立于2014年,迄今已举办七届,是富有重庆特色的时尚创意设计分享平台和商业品牌推广窗口,也是重庆最重要的年度时尚活动,多年来在推广时尚品牌、引领时尚潮流、培养青年设计人才等方面取得积极成效。为促进重庆时尚产业加快发展,要立足重庆时尚产业定位,进一步强化国际时尚周的时尚推广普及作用和青年人才培养功能,将其打造成为区别于其他城市时装周的特色时尚产业助推平台,以及在大众品质时尚领域具有话语权的知名时尚推广平台(重庆国际时尚周及国内主要时装周情况详见专题五)。对时尚周的运营管理进行全面升级,建立更为商业化的运作模式,引入专业运营团队。在国际时尚周持续、良好运行的基础上,策划具有重大影响力的城市群众性时尚活动,营造更为优越的时尚城市氛围,创造更加多元化的时尚经济增长点。

强化大众品质时尚特色主题。重庆时尚周自创办以来一直立意推广普及时尚产品和品牌,促进青年设计师成长,并利用时尚平台促进服装与汽车产业跨界融合,后期又逐步发展出非遗文化传承与推广功能。未来可进一步强化重庆国际时装周的时尚普及和青年设计师培养功能,以培养群众审美品位、推广大众时尚设计与产品为核心目标,对时尚周主题进行再策划,在大众时尚主线下强化每一届时尚周的个性主题。对时尚发布秀和时尚论坛活动进行再策划,增加新锐设计师、本地青年设计师主题秀场次,由市、区财政对重点培养的本地青年设计师参加时尚周的专场秀给予财政支持。丰富时尚秀活动形式,提升普通消费者参与度,在城市商圈、专业市场、艺术街区、艺术类高校等场所搭建多维度、多层次展示平台,邀请青年设计师、生产企业、零售及批发商户、高校学生等展示时尚设计理念、当季时尚新品、时尚流行趋势、创意设计产品等,开放更多的群众观秀通道,在市场、商圈适宜的走秀活动中推出即秀即买模式,推动时尚活动走向大众。充分发挥成渝地区双城经济圈时尚产业联盟作用,整合成渝地区时尚产业资源,进一步丰富时尚周平台功能,探索建立更加常态化的时尚推广与人才培养活动模式。

打造群众性都市时尚活动。在国际时尚周影响力不断扩大基础上,打造一年一度的大型城市标志性群众时尚活动盛典——重庆时尚节。开展时尚节整体策划,在延续时尚周大秀、主题论坛、设计大赛等活动的基础上,组织多种形式的群众参与性时尚活动,增强时尚体验感,培育市民时尚品位,促进时尚消费。例如,组织城市时尚巡游、大众走秀等活动;利用城市商圈、时尚地标等适宜场所,策划时尚体验沙龙、城市时尚画廊、时尚创意集市等活动;支持城市社区面向社区居民组织时尚设计大赛、社区时尚派对等活动;支持四川美术学院等高校做优、做大时尚秀、作品展卖等毕业季系列活动平台,鼓励重庆本地及成渝两地有关高校间整合资源,共同打造高水平活动平台,提升社会参与度和影响力,在提升教育实践性的同时,更好发挥城市美育功能。做好城市时尚节整体形象设计与推广,利用主城区广告位、路牌广告、公共交通工具等公共设施及城市媒体全面配合的宣传推广,利用互联网媒体加大推广力度。加强公共服务资源协调,提升时尚节期间公交、住宿、餐饮等服务业配合度与服务品质,分年度推出汽车时尚、特色美食时尚等跨界融合主题,使时尚节真正成为年度群众文化活动盛事。

专栏 1-2　国际知名城市标志性群众文化活动盛事

爱丁堡国际艺术节	创建于1947年,是全世界历史最悠久、规模最大的艺术节。现在每年8月举行,艺术节期间爱丁堡全城的演出场地全部安排了密集的艺术演出,包括音乐、舞蹈、歌剧、喜剧等,同时也举办时装秀、户外活动、讲座、工作坊等活动,地点除了剧场、影院、大小广场,街头、餐馆、洗衣店、电梯间都能成为演出场地。每年有数万表演者自费来到爱丁堡表演,吸引游客达60多万,为当地创造了大量就业岗位。	
卡尔加里牛仔节	起源于1912年,是北美最大的牛仔文化博览会和竞技活动,享有"世界上最精彩的户外表演"美誉。每年7月举行,持续10天时间,活动内容包括盛装游行、骑警音乐游行、多种形式的牛仔竞技、牛仔生活体验等。牛仔节期间,牛仔帽是必备装束。每年吸引过百万美国、英国及澳洲游客参加,为卡尔加里带来数亿美元的直接经济收益。	
慕尼黑啤酒节	起源于1810年,是慕尼黑每年最盛大的民间节日,每年9月末到10月初举行,持续两周。活动内容包括盛装巡游、啤酒帐篷以及多种游乐项目、文艺演出等,并穿插了主题展览会。服务人员一般穿着巴伐利亚民族服装,现场装饰也颇具民族特色,体现了当地人对于自身巴伐利亚文化和传统的自豪感,令游客印象深刻。每年吸引600多万各国游客,带来的经济收入超过8亿欧元。	

资料来源:课题组根据互联网信息综合整理

运营城市时尚主题应用。以整合城市时尚资源、营造时尚氛围、促进时尚推广为目标,运营"时尚重庆"主题App。时尚节期间,App可用于参加活动的预约、报名、生成电子门票等,日常则成为城市时尚生活平台,用于发布时尚信息、推广时尚产品等。制作城市时尚地图,标识时尚地标、时尚商圈、品牌店铺、工厂店、艺术街区、时尚餐饮等城市时尚资源,提供基本商户信息、消费者评价等功能。可在App中同时接入餐饮、娱乐、住宿、旅游等服务业在线订购、点评及攻略分享等功能,促进时尚消费,营造时尚生活氛围。

3.时尚品牌培育示范行动

时尚品牌具有强大的价值创造能力、市场影响力和周边产业带动效应,培育本地自主品牌是发展时尚产业体系、形成时尚产业特色、提升时尚消费吸引力的核心要素。重庆消费品制造业自主品牌建设近年来取得积极进展,在服装、家居、眼镜等轻纺制造行业均产生了具有市场影响力的品牌,依托院校设计人才及文创园区发展,设计师品牌、电商品牌、文创潮牌等品牌发展潜力也正在累积当中。下一步应着力强化自主原创品牌的重要带动作用,提升文化自信、品牌自信,对具有较好基础的自主原创品牌有针对性地加大培育和服务力度,完善品牌发展环境,不断提升品牌企业和产品的核心竞争力,形成一批被市场认可的自有时尚品牌梯队。

提升品牌企业的设计创新与应用水平。强化创意设计对于自主品牌发展的核心支撑作用,支持制造企业设立以工业设计中心为主要载体的时尚创意系统。积极对照先进标准,引导企业完善设计机构、设计人才等软硬条件,在轻纺时尚消费品制造业中再增加10家左右国家级工业设计中心,纺织服装行业中建成5家左右国家级、市级工业设计中心,对制造企业和自主品牌发展起到示范和带动作用。鼓励企业联合高校、设计师工作室建立企业设计中心,加强创意设计的转化应用。通过人才培养计划、时尚周等公共平台建设,加强对设计师品牌、国风品牌、文创品牌的扶持,以设计师本人及创意设计团队的素养提升作为品牌创新发展的根源动力。

开展重点品牌企业跟踪培育。甄选100家左右时尚消费品制造企业作为重点培育对象,纺织服装企业占50%左右。建立品牌企业信息库,进行品牌信息采集及发展动态跟踪,开展持续性的跟踪、培育与服务,对入库企业优先给予科技创新、技改投资、人才引进、参加会展及时装周等方面的政策支持。对于入库服装企业,按照渝派女装标志性品牌、中高端品牌服装(男装、童装)品牌、功能职业服装品牌三个重点方向进行分类指导,从先进制造、品质提升、设计创新、运营模式、业态创新等方面全面提升发展能力。对入库企业发展路径进行分析总结,树立以品质制造、商业运营、设计能力等不同方面为重点的发展路径典范案例,发挥行业示范与指引作用。

完善品牌发展生态。建立面向品牌企业的公共服务体系,完善政策资源协调、市场信息、检验检测、商业策划、产融对接等品牌发展所需服务资源。加强知识产权保护,由行业协会组织协调政府主管部门、法律资源,建立时尚品牌知识产权保护机制,开展设计版权注册登记服务,加强市场主体举报与执法检查相结合的监管机制,建立规范、公平竞争的市场秩序。培育引导品牌消费，依托重庆广电等主流媒体开辟专门的公益推广平台，在城市公共区域投放公益广告位，对入库品牌企业给予集中宣传，讲好具有重庆风情、重庆温度的品牌故事。引导大众媒体、自媒体强化时尚主题，可在国际时尚周期间评选城市优秀时尚传媒和时尚自媒体，引领时尚潮流，推广时尚理论，促进时尚消费。

专栏1-3　中央电视台自主品牌推广活动

国家品牌计划	国家品牌计划成立于2016年11月，是央视对过去的广告招标模式的创新。除了配置《新闻联播》《焦点访谈》等王牌新闻节目广告资源外，为入选企业定制"中央电视台国家品牌计划TOP合作伙伴或行业领跑者宣传片，同时定制企业品牌故事，在央视各频道高频次播出。
品牌强国工程	品牌强国工程是中央广播电视总台2019年8月启动的品牌工程，分为强国品牌、TOP品牌、领跑品牌、国资典范品牌四个层级。依托中央广播电视总台各平台，通过全媒体传播品牌强国战略，助力培育能代表中国参与全球经济文化交流的新时代国家级品牌。
中国品牌故事	中国品牌故事整合央视优势传播资源，以讲述品牌故事、传播品牌声音、提升品牌形象为主题，依托央视及当前主流新媒体平台，展示中国品牌在产品研发、设计、生产过程中的创新与坚守。
中国品牌强国盛典	2019年度以"中国品牌闪耀时"为主题，在"品牌强国"主旨下，邀请中国百余家知名品牌的掌门人、相关国家部委领导、知名专家学者，共同打造品牌界的"奥斯卡"。

资料来源：课题组根据互联网信息综合整理

4."渝派女装"时尚风格再造行动

渝派服装是重庆时尚消费品制造业的优秀之作,渝派服装企业主要包括品牌服装企业、功能职业装企业及依托专业市场发展而来的服装企业等,其中60%左右是女装企业。女装产业一直是国际时尚产业的核心组成部分,强化渝派女装的制造基础与设计风格优势,进一步提升渝派女装品质,强化时尚设计特色风格,培育具有市场影响力的时尚女装品牌,是重庆发展时尚产业的必然路径之一。

打造"渝派女装"特色时尚风格。渝派女装产品线颇具特色,根据课题组组织的专题调查,颜色明快艳丽、细节较多是被调查者普遍认同的渝派女服特色风格。要将特色时尚服装服饰作为重庆时尚产业的核心内容之一,着力打造"渝派女装"独具特色的时尚风格。引导女装企业深入研究重庆女性消费者的消费心理与消费行为,挖掘重庆特色自然环境、人文环境与消费人群个性对于时尚消费产生的影响,在产品设计中着重强化色彩明艳饱和、突显女性娇艳妩媚特质的设计特色,从而形成不同于国内其他女装流派的差异化时尚风格。注重巴渝特色文化元素在渝派女装设计与品牌文化中的融入,包括本地非物质文化遗产传承、特色工艺美术元素导入、少数民族元素借鉴等。将渝派女装与现代女性个性独立、精致美好的生活方式相结合,创造更为多元的文化内涵和应用场景。

图1-13 渝派女装时尚风格特色简析

资料来源：课题组根据文献资料及实地调研综合研究整理

表1-5 国内主要女装流派概况

女装流派	主要特点	代表品牌
粤派女装	设计简洁柔美，普遍强调优雅、知性的时尚特色，一些品牌额外具备文艺、简约的时尚风格，适合都市职场女性	歌力思集团旗下IRO、Laurèl等，影儿时尚集团旗下音儿、恩裳、诗篇、song and song、奥丽嘉朵等，赢家时尚集团旗下娜尔思、珂莱蒂尔、NEXY.CO、艺之卉等
杭派女装	设计普遍具有江南水乡的温婉、文艺气息，体现年轻女性温婉、清秀的特质	江南布衣、伊芙丽、秋水伊人、三彩、衣香丽影、红袖、汉帛、纳纹等
汉派女装	主体设计风格为简洁、职业，主要面向成熟都市女性	红人、太和、柏维娅

资料来源：课题组根据《"一带一路"背景下粤派服装对汉派服装的发展启示》等多篇论文资料综合研究整理

开展品质提升与品牌培育工程。组建渝派女装产业联盟，整合化纤、纱线、面料及服装设计、制造供应链上下游资源，为产品开发、技术应用及设计人员交流、合作搭建平台，促进时尚元素得到高品质呈现。加强服装企业先进制造技术及质量管理体系推广，针对从朝天门等专业市场发展而来的中小微服装企业，建立涵盖标准宣贯、管理体系导入、人才培训、设计资源共享库等内容的公共服务体系，促进服装企业品质、款式提升，树立品质升级标杆企业，开展经验模式总结推广。打造"渝派女装"标志性品牌，甄选15—20个渝派风格特色鲜明的骨干女装品牌企业，开展持续性地跟踪培育，系统指导企业强化品牌定位、突出设计风格、完善品牌管理、讲好品牌故事、凸显渝派风格，形成在成渝地区乃至全国具有知名度的女装品牌。

加强渝派女装市场开拓与推广。充分利用互联网资源，丰富女装零售渠道载体，建立有效的渝派女装电商发展模式，强化品质时尚、渝派风格、丰富选择等核心特色；以朝天门女装生产模式为基础，探索颜色定制、装饰细节定制等销售模式，发挥重庆美女文化优势，利用流量经济打开渝派女装市场知名度。充分利用销售大数据信息，研究渝派女装在国内主要的销售区域，与主流电商平台建立合作关系，在主销地区网络平台加大流量分配，强化市场推介。建立电商基地品牌商户官方推介机制，对于优质商户给予平台费用优惠或补贴支持。广泛利用时尚媒体、城市公共宣传平台等，加强"渝派女装"整体时尚形象宣传推广，建立并加深消费者印象，选择有条件的区县培育"全国产业集群区域品牌建设试点"地区。研究规划城市女性主题商圈，以渝派女装为主题，整合服饰箱包、珠宝饰品、护肤彩妆等消费品零售及美容造型、茶艺插花、时尚饰品DIY等女性时尚资源，以零售百货、时尚生活馆、工厂店、设计工作室等多种形式实现品牌及产品展示、体验和销售功能，并通过时尚商业环境发挥培育消费者时尚素养的作用。

5. 荣昌夏布"中式简约"时尚塑造行动

荣昌夏布是重庆特色产业,2008年被认定为"国家级非物质文化遗产"。2016年,荣昌夏布时尚小镇正式投建,是集夏布博览、研发、信息发布、展示展销、体验式旅游于一体的国家AAA级文化旅游景区。荣昌夏布由于制造工艺及产品风格独具特色,在特定消费群体中备受喜爱。打造荣昌夏布特色时尚风格理念,推广夏布时尚产品、时尚文化、夏布小镇时尚之旅,大力促进非物质文化遗产品牌化、市场化发展,对于凸显重庆时尚产业文化属性和文化传承特色,丰富时尚产业内涵和发展动力具有重要意义。

强化夏布特色时尚风格。着力打造荣昌夏布"中式简约""自然归真"的特色时尚形象,集中强化夏布产品简约质朴的风格特色和主要采取传统加工工艺以及天然染化料的特点。以健康养生、返璞归真等生活理念为基础,加强工艺技术优化与产品开发,对脱胶、上浆、染色、印花等关键工艺技术进行改进,开发应用适合夏布生产的生物脱胶、植物染色等工艺技术,进一步强化夏布原料及加工过程的天然生态特色。增强夏布传统工艺与现代时尚的融合,提升产品设计水平,着力开发符合现代简约家装风格的床上用品、餐厨纺织品、装饰布、盥洗用纺织品、家居服等家居家饰系列产品,以及面向具有国学文化、养生文化等特定爱好人群的夏布服装服饰。

探索夏布时尚特色推广路径。将夏布产品开发推广与具有特定文化、生活方式偏好的消费群体相结合,如养生人群、崇尚自然主义生活方式的人群、极简主义人群、汉服爱好人群、古装剧粉丝群等。针对特色消费群体,探索家居及服装产品个性化定制、热播剧经典服装服饰及道具复刻等销售模式,以及网络直播、社群营销(见表9)、主题记录短片、微电影等推广方式,扩大夏布产品销售,推广夏布历史文化。

专栏1-4　社群营销简介

> 社群营销是指基于某种亚文化,具有某种特质的人聚集在一起,形成具有小众和圈层化特征的社群,通过专业运营实现商业价值转化。社群主要特征是具有区隔性和兴趣性。目前社群主要类别包括:产品型社群(如小米)、兴趣类社群(如大众点评)、品牌型社群(如品牌车友会)、知识型社群(如罗辑思维、知乎)等。
>
> 基本运营法则:
>
> 1.打造超级IP。通过人格化、赋能、话题和内容打造超级IP,营造营销的势能,通过流量沉淀、运营,实现增量和销售的转化。
>
> 2.基于共同的价值观紧密互动,通过应用场景实现产品营销。如美国一个卖自喷漆的品牌,通过由艺术家、爱好者和观众组成的涂鸦社群实现价值转化。
>
> 3.优质内容的输出。可以是定期专业语音分享,也可以是高质量的文章,或者组织线上、线下活动。
>
> 4.拥有专业运营团队,保持高度的市场敏感性,使社群对于成员来说有价值。

资料来源:课题组综合研究整理

提升荣昌夏布小镇的时尚推广作用。利用好荣昌夏布小镇的文化、制造、服务、旅游及基础设施资源,大力推广夏布文化与时尚。在强化夏布非遗文化主题的基础上,丰富夏布时尚推广模式及内容(互联网营销创新案例详见表10、表11)。选取特色主题,如汉服、热播影视剧等,开发系列文创产品、旅游纪念品。探索投资题材适宜的微电影、影视剧、网络游戏等,将荣昌自然风景及特色建筑、夏布服饰家饰产品、夏布文化元素在剧情或游戏情境中进行植入。在夏布小镇推出热播剧及热门游戏场景、服装服饰复刻,打造时尚网红打卡地。结合夏布文化和产品特色,组织季节性主题活动,如暑期国学研修、养生研修、传统手工艺研修等。

专栏1-5 重庆彭水非物质文化遗产植入游戏情境案例

重庆彭水苗族土家族自治县位于渝东南地区,由于地处山区,基础设施及产业基础薄弱,曾为国家级贫困县。近年来,彭水县依托自身"民族、生态、文化"三大特色探索经济发展,推进"旅游+"战略,实现旅游综合年收入150亿元,2019年底基本完成脱贫摘帽。

彭水县是苗族、土家族聚居区,非物质文化遗产资源丰富。2019年底,腾讯光子(重庆)创新研发基地项目正式签约落户重庆,在与彭水县开展对口扶贫项目中,将彭水特色建筑、苗族服饰及苗绣等文化非遗元素植入到腾讯旗下最知名的网络游戏之一——《和平精英》情境中。

《和平精英》拥有近3000万用户群体,彭水借助游戏IP实现"线上引流",提升青年消费群体对彭水及非遗元素的关注度,也增强了"90后""00后"青年一代的文化认同感,并在线下扩大了非遗文化创意产品及旅游消费,带动彭水零售、旅游等相关服务业发展。

《和平精英》与彭水县开展对口产业扶贫合作宣传资料

《和平精英》游戏界面中出现的织机和彭水苗族特色建筑

《和平精英》游戏界面中出现的扎染及晾布架

资料来源:课题组根据互联网信息综合整理

专栏1-6　互联网口碑营销案例

> 李子柒,美食短视频制作者,签约多频道网络(MCN)机构微念科技,制作古风美食,展现传统技艺,输出中国传统文化,现已成为拥有超过8000万全网粉丝、视频全网总播放量超110亿次的超级IP。
>
> 团队合作模式:李子柒团队负责视频内容策划、创意与制作,微念科技负责视频、实物产品、天猫店铺的推广与商业运营。
>
> 视频输出内容:食材原料获取、工具制作、食品加工、与家人分享的温馨场景。视频拍摄时间跨度大,中国风浓郁,季节性强。
>
> 积攒流量、粉丝的关键:拍摄场景真实还原乡间生活,拍摄风格纯净唯美,展现传统技艺、四季适时而食等中国传统文化,传递了精致的、文明的、可亲的、具有烟火气和人情味的中国形象。
>
> 盈利模式:通过视频优质内容积攒粉丝,多媒体平台增加投放,形成流量经济,专业团队运营李子柒天猫店铺,实现流量变现。

资料来源:课题组根据互联网信息综合整理

6. 杰出设计师培养行动

创意设计人才是时尚产业的灵魂,要以提升聚集时尚产业发展要素与资源能力为核心,启动符合重庆市现代时尚创意产业发展需要的杰出设计师及工艺美术人才培养计划,培养面向市场、跨界融合、接轨前沿时尚的优秀设计人才。

开展青年设计师培养工程。以服装服饰、鞋帽、箱包、珠宝、眼镜等时尚消费品制造业为重心,从相关企业、研发设计机构、文创园区、高等院校中甄选100名优秀青年设计师作为重点培养对象,持续跟踪人才发展动态,对其参与的创新项目优先协调政策资源,给予支持。从中优选30名杰出新锐设计师,纳入有财政支持的人才计划,支持其参加高水平专业进修,组建自有工作室,参与重大设计赛事、知名国际时装周等,提升专业素养和行业知名度,大力培养具有领军作用的设计领域"时尚大师"和工艺美术领域"时尚大匠"。搭建更加多元的人才培养和发展平台,支持专业机构、行业组织、企业等举办有助于促进人才培养的专业展览、设计大赛、时尚论坛等,鼓励社会机构开展时尚创意人才再教育和短期培训服务。加强针对现有时尚人才培养平台的引导和支持,对高校创新创业平台、文创园区的人才培养模式、成效、经验进行梳理总结,有针对性地完善财税、土地、融资等方面的优惠支持,促进各平台创新创业立意与人才培养功能充分结合。

加大高端项目及人才引进力度。培育或引进3以上个知名时尚设计师在重庆建立大师工作室,由有关政府部门给予专项财政支持。促进大师工作室与当地高校合作建立校企深度合作模式,鼓励工作室专家团队广泛开展技术培训、技术研修等活动,在带动商业、文化等资源汇集的同时,更好发挥大师工作室人才培养基地作用,支持本地设计人才的培养及持续发展。强化产业育人发展路线,通过做强做优制造产业、商业环境、文创资源等,完善时尚产业发展环境,吸引优质人才来渝发展。完善人才引进政策体系和配套服务体系,对企业、园区引进高水平人才给予财政支持,妥善解决优秀青年设计人才在重庆落户、社保、子女就学等生活配套需求,创造良好就业氛围。

加强专业人才培养创新实践。完善高级设计人才、工艺设计人才、专业工艺技师等多层次人才培养体系,全面完善高等院校、高职院校、中职学校人才教育培养体系,强化四川美术学院等高校的重点学科建设,突出重庆特色非遗、少数民族元素等地域文化资源,强化学科特色优势。以各院校学科资源特质为基础,推动院校资源共享、平台共建,形成差异化定位、但协同共进发展的创意设计人才培养格局。针对重庆本地制造产业资源相对有限的情况,强化有关政府部门及行业协会的服务功能,在重庆院校搭建更多的高水平开放互动平台,引入外地知名设计师、生产企业、产业集群资源,实地了解重庆高校人才资源情况,促成合作对接。推动有条件的院校或多校协作搭建"设计资源云平台系统",通过网络整合应用沿海地区轻纺制造、专业市场资源,解决重庆在轻纺产品原辅料、配套研发设备等方面的供给短板。加强院校与企业的合作对接,与本地及外地企业广泛建立教学实践基地、人才共同培养、新学徒制等合作项目。鼓励高校院所积极开展国际交流合作,通过青年教师赴海外深造、聘请优秀外籍教师、与知名时尚设计教育研究机构联合办学等途径,建立更广泛的人才培养视野。以大师工作室、设计师工作室为依托,深化时尚实践教学,开展递进式复合型人才培养机制,形成"在校专业基础学习——(大师)工作室实践训练——适应企业需要的专业技能人才"的培养路线。

专栏1-7　北京服装学院产学研合作案例

　　北京服装学院服饰时尚设计产业创新园(又名BIFTPARK中关村时尚产业创新园),由北京市政府与北京服装学院于2013年合作共建。园区设有大学生及青年设计师创意创业中心、公共服务项目、产品展示及售卖空间等,建立了专业时尚设计研发团队。被国家科技部认定为"国家级众创空间",被国家工信部认定为首批"纺织服装创意设计试点示范园区"。先后在多地建立分园区,为当地创业者和企业提供创新发展平台和配套服务。

· 北京服装学院容城时尚产业园

　　由北京服装学院与雄安新区容城县政府于2015年合作共建,2017年投入运营。邀请北京、雄安新区创新人才、高校教师、企业家担任创业导师,吸引时尚设计师、大学生创业团队、海归创业人才入驻,提供一站式服务,已创新孵化时尚原创品牌10余个。成立雄安新区中小学学生装(校服)研究中心、北京市中小学校服研发中心(容城)示范基地、中关村北服时尚产业创新园(容城)示范基地、京津冀纺织服装产业协同创新高校联盟。

· 北京服装学院晨风时尚产业园

　　由北京服装学院和晨风集团共同打造,位于江苏省昆山市,2017年投入运营。依托晨风集团及长三角地区丰富的产业资源,建立高水平的人才培养基地,服务于北京服装学院及其他高校实践教学、创新创业活动,助力培养商业化、市场高适应性的实践型人才。

· 北京服装学院海宁时尚产业园

　　由北京服装学院、海宁市人民政府、海宁中国皮革城三方共同建立,2018年投入运营。致力于打造全球皮革皮草(服装)高级人才的培养基地,促进学校自主知识产权的科研成果转化。积极引进国际一流时尚产业及教育资源入驻,引入品牌战略管理、市场营销、电子商务等专家资源,助力海宁时尚服装产业升级。

资料来源:课题组综合整理

(五)推进措施

1. 强化先进制造产业基础

大力推动消费品制造业关键技术创新与应用,广泛开展技术升级改造,提升先进制造硬实力,夯实发展时尚产业的制造能力基础,打造西部地区时尚消费品先进制造集聚区。以《产业结构调整指导目录(2019本)》《工业转型升级投资指南》等国家产业政策及各行业"十四五"发展重点为依据,大力推动制造企业广泛应用优质制造、智能制造、绿色制造新技术、新装备。重点鼓励和支持纺织服装企业应用智能化生产装备及生产线,高品质纱线、面料生产加工技术,绿色印染技术、服装大规模定制技术;应用新一代信息网络技术,改造企业生产管控及管理系统,建立柔性化、服务型生产模式,优化企业质量管理、供应链管理系统,利用工业互联网平台建立网络协同制造模式。充分利用各级工业转型升级财政资金,支持企业开展技术升级改造,推出智能制造、绿色制造试点示范项目和企业。统筹成渝地区轻纺消费品制造资源,打造"云"制造工业互联网平台,集两地之力强化时尚消费品先进制造基础能力。

2. 推动时尚产业业态创新

以数字化、智能化科技创新方向和个性化、多元化消费趋势为根基,大力推动时尚产业业态模式创新。创新时尚产业培育发展模式,围绕特色时尚产品、时尚风格、时尚街区等成立主题时尚产业联盟,通过平台建设,推动多元时尚元素跨界融合。发挥好成渝地区双城经济圈时尚产业联盟作用,推动两地时尚资源汇集,定期发布新设计、新时尚、新技术、新产品,促进本土原创时尚品牌与原创设计发展,引领时尚生活方式,引入优质时尚资源。创新商业业态,积极利用电商直播、市场走播、社交平台、社群营销、即秀即买等新型业态模式,激发消费市场潜力。开展时尚产业业态创新指导,加强经验总结与先进模式示范推广,出台相关指导意见,为中小企业进入电商领域提供支持。加强业态创新资源引入,建立互联网直播基地、主播培训基地、区域仓储中转基地等平台,带入情景体验、沉浸式演出、影视艺术制作等可见、可玩、可分享的文创资源,为时尚产业业态创新提供支持。推动大数据、物联网及现代数字化、智能化制造模式与设计、营销环节有机衔接,应用生产、销售大数据信息,挖掘分析消费流行趋势,建立在线个性化定制、定制在线跟踪的服务型制造业态模式。

3. 促进跨领域资源融合

以"时尚产业—时尚都市—国际消费中心城市—国际化都市"发展路径为主线,推动重庆文化创意、现代制造、生产及生活服务、新闻传媒、教育培训等领域的优质资源有机整合。在重点领域建立示范项目,例如系列文创旅游产品设计开发、与时尚传媒合作渝派品牌宣传推广专题、时尚消费旅游线路开发推广、时尚商圈数字化改造等,推动跨界创新合作模式形成,不断完善时尚产业体系。结合重庆轻纺产业中小企业较多的特色,促进创意园区的品牌设计师、独立设计师与中小制造商、供应商建立合作对接关系,实现本地设计、原创品牌加本地制造的完整链条,提升创新效率。以重庆国际时尚周、大师工作室等重要活动、平

建设重庆国际消费中心城市研究

台为连接点,着力推动文化艺术、创意设计与实体制造、消费市场对接,优质人才与品牌企业对接,新业态、新媒体与制造产业对接,时尚产业与餐饮、旅游等城市服务资源链接。

4. 完善生产性服务体系

建立并完善促进时尚产业发展的现代生产性服务体系和公共服务平台,鼓励发展专业化的研发设计、检验检测、电子商务、知识产权转让、工业软件应用、商业活动策划等服务企业。建立面向中小企业的公共服务平台体系,打造时尚产业网络资源平台,协调绍兴柯桥、苏州盛泽、广州中大等轻纺行业知名专业市场,建立采购通道;搭建设计资源库、时尚产业统计系统等公共服务系统;组织各种时尚推广及消费公益宣传,引导和培养本地消费。大力推动产融合作,为时尚产业相关企业发展、创业提供资金支持,对全市时尚产业资源及重点企业进行调研摸排,甄选具有发展潜力的重点项目和企业,向金融机构、风投资本等予以推介。

5. 搭建高水平的发展平台

对重庆现有时尚产业及时尚消费衍生产业(餐饮、休闲、旅游等)发展平台进行梳理,优选重庆国际时尚周、中国西部(重庆)时尚产业博览会、青年"青春文创"活动、文化艺术节、城市非遗艺术节以及重庆都市旅游节、汽车消费节、中国(重庆)美食文化节、重庆茶文化节等重要活动平台作为时尚产业发展推手。对国际时尚周等时尚产业发展平台进行优化完善,强化发展大众品质时尚产业、重庆全民爱时尚的主线特征,提升活动的时尚推广功能和群众可参与性,丰富群众性时尚展示和体验活动形式。在旅游节、美食节等衍生产业平台中接入特色时尚产业元素，推出结合性产品，如时尚消费精品旅游线路、时尚艺术及文创旅游线路、时尚美食推介、特色风情及情境着装导入等。提升活动策划水平，加强资源协调与公共服务，如在大型活动期间推出时尚主题宣传，配套城市公交专属线路、餐饮住宿及购物特约商户专属折扣等服务。

专栏1-8　情境着装案例

·马斯连尼察薄饼节

俄罗斯美食节，也被称为黄油周、煎饼周或薄饼周，是庆祝冬季结束的活动，内容包括跳舞、喝酒和穿传统服装。在为期一周的节日期间，象征着太阳的薄煎饼或薄饼与各种果酱、黄油甚至鱼子酱一起食用。

·亲子装

来源于欧美，20世纪90年末开始盛行，继而传往亚洲，21世纪逐步进入中国市场。近年来，日本和韩国有一些妈妈通过视频平台上发布亲子服饰搭配，成为网红妈妈，掀起亲子时尚潮流风。经济水平提升、二胎政策开放、时尚个性化需求增加进一步推动了亲子装在我国的需求。从风格上看，潮流风、休闲风、运动风可以满足家庭日常穿搭需求，田园风、民族风和可爱风可以满足外出游玩、拍照的需求。

资料来源：课题组根据互联网信息综合整理

6. 加强政策保证与组织实施

将时尚产业发展路径纳入重庆"十四五"发展规划，明确"时尚产业—时尚都市"的发展目标,以明确的政策导向吸引优质时尚要素资源汇集。加强政策资源协调,形成市、区两级促进时尚产业发展的政策体系,市级政策体系重点支持技术创新与升级改造、高端人才培养计划、品牌培养工程及重点时尚产业发展平台的打造;区及区以下政策体系重点出台促进时尚类企业发展的优惠扶持政策、电子商务应用推广、产融对接、多元化时尚发展平台建设、设计人才引进支持等。研究在重庆试点时尚产业技术先进型企业认定工作,对相关企业参照高新技术企业给予所得税减征优惠,对于职工教育培训费用可在计算应纳税所得额时进行扣除,对于符合条件的创意设计可参照研发费用在计算应税所得额时加计扣除。积极推动各项计划、措施落地实施,及时评估实施效果。

二、重庆发展时尚产业的内涵和战略意义

(一)重庆发展时尚产业的内涵

1.时尚产业的内涵及发展概况

时尚产业源于"时尚"概念,狭义的时尚通常指服装服饰及相关配套行业设计、加工制造、推广和销售环节。广义的时尚则代表着在社会发展的不同阶段,人们流行的生活方式、生活态度的流行事务、行为模式和社会风尚。时尚基于一定的经济社会发展水平和社会历史文化背景而形成,依托理念、技术、模式等

创新设计,通过服装服饰、珠宝箱包、汽车、电子消费品、特色美食等有形的时尚产业以及音乐舞蹈、美术摄影、体育健身、外出旅游等时尚类行为,引领一段时期内流行的消费习惯、生活方式以及社会文化。根据对麦肯锡《The State of Fashion 2019》报告全文进行词频分析,与"时尚"(fashion)相关的高频词汇有:产业、品牌、服装、消费、新的、科技、价值等,"中国"则是报告中提到的出现频率最高的国家。

图 2-1 与"时尚"相关的高频词汇

资料来源:课题组根据《The State of Fashion 2019》整理

时尚产业萌芽可追溯至14世纪的欧洲宫廷,发源于法国和意大利的服装制造业。得益于工业革命带来的生产力跨越式发展,以表达自身生理和精神需要、对人体进行装饰和美化的服装服饰业作为核心时尚产业迅速崛起,向与之相关的箱包鞋帽、珠宝首饰等行业加速渗透。到19世纪下半叶,世界时尚产业已具有成熟基础。全球制造能力的广泛提升,以及信息技术产业的迅猛发展,信息传播速度及方式日益提升,人们在满足人体装饰美化需求之余,向家居环境、审美表达及生活方式持续延伸,时尚产业由核心的服装服饰业拓展至家居装潢、文化娱乐、饮食旅游等行业。

依托于城市的发展、技术的进步和业态的创新,时尚产业与相关产业的融合日益紧密,产业边界被逐步打破。当前,时尚产业已成为将生产性服务业、创意产业和现代服务业涵盖其中的新兴产业,与第二、第三产业深度交融,属于典型的都市工业范畴。时尚产业是跨越高附加值先进制造业与现代服务业产业界限的多产业集群组合,具有高创意、高市场掌控能力和高附加值的特征,成为引领消费流行趋势的新型产业业态,是伴随着社会经济发展进程,人的消费理念、消费行为持续升级的必然结果。

表2-1 时尚产业层次划分

产业层次	主要特征及相关行业
核心层	对人体进行装饰和美化的个人时尚用品 时装、鞋帽、皮具、服饰配品、美容美发、箱包伞具、眼镜表具、珠宝首饰等
扩展层	家用纺织品、家居用具、家具寝具、家居装潢等
延伸层	提供体现流行审美情趣和消费理念的精致化、美化的消费品或消费服务 手机、数码相机、动漫、电玩、影视等
边缘层	对与生存和发展相关的事物、情状进行装饰和美化的环境时尚化工程,包括时尚社区、时尚街区乃至时尚城市的营造

2.时尚产业的发展特点

(1)服装制造是时尚产业的基础与核心

"时尚产业"的概念诞生于法国和意大利的成衣、服饰业。

工业革命使服装制造业成为先驱,为成衣大规模工业化制造提供了基础条件。到19世纪中叶,欧洲高级时装的问世成为现代时尚诞生的开篇。服装服饰与人们日常生活的关联最为紧密,最能直观反映了人的基本需要、功能需要、审美需要、炫耀需要等不同需求层次。因此,服装服饰通常由面料来体现保暖、健康等基础性、功能性的内涵,由色彩及纹样图案表现审美品位,由设计完成个性表达。服装是时尚元素的载体,是时尚最直观的外在表达方式。

（2）时尚产业体现领先技术

时尚产业是先进制造技术的集中体现。从历史发展来看,单线和双线缝纫机的完善以及机械化水平发展,使服装服饰面料、刺绣、花边等辅料的工业化生产成为可能。二战前夕,尼龙丝在美国诞生,使短裙、丝袜应运而生。工业化带动加工能力的大幅提升,推动着时尚产业"亲民化"的进程:以服装服饰为主体的时尚产业,由原先为上流贵族的高级定制,转变为模仿高级时装缝制的成衣,再到大批量生产,直至开启人人可穿、人人可得的大众时尚。

从产业链最上游的纤维环节,到面料、下游的服装和家纺产品,先进的制造技术总如影随形。如原材料上,符合消费者特定穿着需求的功能性、绿色纤维快速成为纺织服装纤维需求的新增长点,纳米、碳纤维新材料在纺织服装领域应用,功能性纺织品和成衣制造加速了纤维与服装终端产品的结合,实现了在纤维端能够满足消费者多样化的需求。功能上,服装服饰细分领域持续增加,功能性服装、智能服装应运而生。研发设计方面,大数据、互联网、VR技术的应用,变革了服装服饰的设计工具、平台及手段,持续提高了时尚设计能力。服装行业已步入大规模个性化定制时代,强调了设计环节对服装产品附加值的影响力。

当前,以移动互联、物联网、云计算、人工智能、虚拟现实为代表的信息技术已渗透到设计、研发、生产、营销、服务等纺织价值链各个环节,使时尚产业价值提升不再局限于服装加工环节,而是贯穿于研发设计、功能细分、品牌文化、营销管理全价值链,并在组织模式、生产模式和管理模式呈现出根本性变化。例如,互联网金融与物流技术的进步,丰富了时尚消费新业态。网络社交的繁荣,带来网红、微商营销的火爆;传媒技术对时尚潮流传播的参与及贡献度不断提升,加强了品牌发展的时尚感。

(3)是都市经济的重要表现形式

与传统制造业相比,时尚产业最主要的特点之一,在于依托都市经济形态而发展,呈现较强的地域分布特征,多集聚于经济相对发达、城市规模较大、基础设施完备、信息流动性较强的城市,与居民的生活息息相关。时尚产业与经济、文化、教育高度融合,是新时期城市发展的脉搏和城市生活的方式,是引领城市发展的风向标。时尚产业并非独立的产业门类,而是对各类传统产业资源要素进行整合、提升、组合后形成的一种独特产业链,是多产业集群的组合。

城市汇集了时尚流行的诸多元素,是时尚文化碰撞融合的焦点,是时尚产业交互发展的枢纽,是时尚消费实现的依托所在。有"时尚之都"之称的米兰、伦敦、纽约、东京以及我国香港和上海等国际化大都市,时尚消费发达,时尚产业是这些城市的重要象征,构成了这些城市经济活动最重要的组成部分。时尚产业拥有较长的产业链,覆盖第一、第二、第三产业,是都市经济的重要组成部分和有益补充,极大地增强了都市经济的发展动能,并促进城市总体风貌的持续增强,也造就了现代化都市经济的重要内涵。

(4)创意设计表达精神需求

人们思想观念的变化总是通过行为及着装风格体现,服装设计是个人需求及社会功用两方面属性的结合。由19世纪初维多利亚时代社会上层贵妇引领的厚重烦琐着装时尚,历经百年的变革,形成工业革命时期简约着装革命、20世纪40—60年代的"T恤革命""迷你裙革命""比基尼革命",再到21世纪以来日益多元的时尚革命进程,时尚产业的发展都围绕"以人为本"的理念有条不紊地推进,为更好地满足人们心理需求和审美需求、不断满足人们对美好生活新期待提供支持。创意设计是时尚产业链中的高价值环节,涉及文化创意、艺术创新、审美心理等要素,在设计理念、设计技术与应用上具有超前性,以创造新产品、新工艺、新技术为目的,体现了人们个性化的审美特点及精神表达。这些审美及精神表达的传递,既通过外在的服装造型语言、材质语言、色彩语言和工艺制版语言等在细节上全面展现;也通过服装服饰中的灵感、情感、思想、价值观和精神境界等内在语言给予深刻的表达。社会发展更新着人们的价值取向,生态保护、资源节约理念在全社会的推广,促进了服装产业共享经济、循环经济等模式的发展,加速了服装服饰时尚设计的推陈

建设重庆国际消费中心城市研究

出新。

(5)传媒扮演重要角色

由于时尚产业自身的"超经济"文化特征显著,传统媒介对时尚产业发展的影响力不言而喻,并愈加突显。在承载时尚信息、制造时尚、引导时尚、推动时尚等方面,传媒不断变革时尚传播的维度、内容信度、渠道宽度、终端速度,最终影响时尚产业链。网络时尚传播已跃居成为当下时尚流行的主要传播方式。媒体主要通过品牌定位、影响再现和传播渠道塑造时尚和流行趋势。虽然服装设计师可以预测并制造某种流行趋势,但将塑造出的流行趋势与真正受众需求进行对接并非易事。但传播媒介通过最新的媒体技术与影像效果,以时尚杂志、时尚大片等脍炙人口的方式向公众进行直观展示,形成"所见即所得"的视觉冲击。虚拟现实展示既是服装服饰时尚传播的重要方式,也是国内外时尚网络传播的重要趋势,当下各类网站及 App 平台都致力于虚拟现实的展示方式,不仅对时尚产品进行介绍,而且创造了一个可供消费者全方位欣赏体验的虚拟空间。

3. 时尚产业发展的影响因素

(1)经济因素

时尚产业是一国经济水平发展到一定程度后,由于居民消费水平持续增长,消费需求层次日益提升,进而带动产业结构加速升级的产物。随着一国经济水平的持续发展,消费者不再满足于服装服饰的保暖基础性层次较低需求,而逐步向表达审美价值、个人精神追求、文化价值观等方向延伸,成为传统的纺织服装业向时尚产业领域升级最为直观的表现。

（2）历史文化因素

历史文化是一国时尚产业在特定时期发展的重要原因和依据。如20世纪40年代，受第二次世界大战影响，"战时实用原则"使军装式套裙、工作服和长裤等代替香奈儿、薇欧奈、伊莎夏帕丽等时装成为新风尚，中性、简约风潮影响着人们服饰、家居、生活等各个方面。二战后，全球工业化进程稳步推进，西方经济加速发展，中产阶级持续扩大并成为主流的社会阶层，对时尚的追求已不再是稀缺的资源追逐，亦褪去了"为上流社会所独有"的色彩，逐渐形成平民化、大众化发展的基础。

（3）地理区位因素

时尚产业的发展具有明显的地理区位选择倾向，地理位置对于时尚产业发展具有重要影响。有世界"时尚之都"之称的伦敦、巴黎、纽约、东京、米兰均有明显地理区位优势：市场经济发达、交通条件完善、政府政策支持、人才资源雄厚等均成为时尚产业发展和布局提升经济效益的最为重要的因素。优越的地理区位条件，也可使时尚产业获得向外部辐射的窗口，进而加强与周边国家地区及城市之间时尚产业的联动互补。

（4）政策引导因素

时尚产业的形成和发展，政府导向、行业协会和企业组织等诸多外部推动性因素也不容忽视。时尚产业的发展在各阶段都离不开政府政策支持、协会组织的管理以及企业组织的高度自律。政府、协会和企业组织协同发力，可使时尚产业有序向预期目标推进。有力得当的政策导向、行业协会引导产业内部开展有序竞争、健康发展，协调时尚与相关产业的关系。协会组织在促进中小企业与政府和社会沟通方面发挥着难以替代的重要作用,可积极争取并调动更多社会资源向时尚产业流动,提升资源配置效率。

(5)对外开放因素。

经济全球化与贸易自由化增进了各国间联系,使世界时尚产业日益成为不可割裂的整体。各国时尚产业和时尚都市的发展,都包含了来自世界各地的时尚元素。改革开放的契机使当时中国几乎一片空白的时尚产业产生了萌芽,花格衬衫、喇叭裤一度成为20世纪80年代我国年轻人的时尚风向标。以中国传统文化为核心的传统技艺对我国乃至全球时尚产业的贡献度在日益加深,特别是进入21世纪后,全球开始逐步刮起"中国风",以唐装、旗袍为代表的中国纺织服装时尚元素在世界风靡涌动。随着国内外时尚交流合作的深入,中国传统文化元素和东方美学备受关注。中国风品牌时装开始在国际时装周上亮相。与此同时,国外设计师不断尝试从中国文化中寻找灵感,中国刺绣、传统纹样和图案等东方元素被更多地应用到国际时尚大牌中。

4. 时尚产业的主要发展模式

全球时尚产业的发展模式主要有四种:消费拉动型、生产制造型、政府主导型和市场导向型。总的来看,时尚产业由萌芽走向成熟,消费拉动模式通常是其基础和初始模式,是企业主动适应时尚消费需求变化的被动阶段。随着市场经济发展逐步走向完善,企业在市场竞争中形成更长足的发展动力和竞争力,时尚产业以消费需求拉动为主将逐步向企业自主推进变革,发展成为相对高阶的以企业为主体的生产制造型和市场导向型模式。

受到我国经济所处发展阶段、区域发展不平衡等客观因素制约，我国的时尚产业起步较晚，产业发展的成熟度仍存在较大的差距，必然处于多种模式相综合、吸取多方所长的发展路径之上。

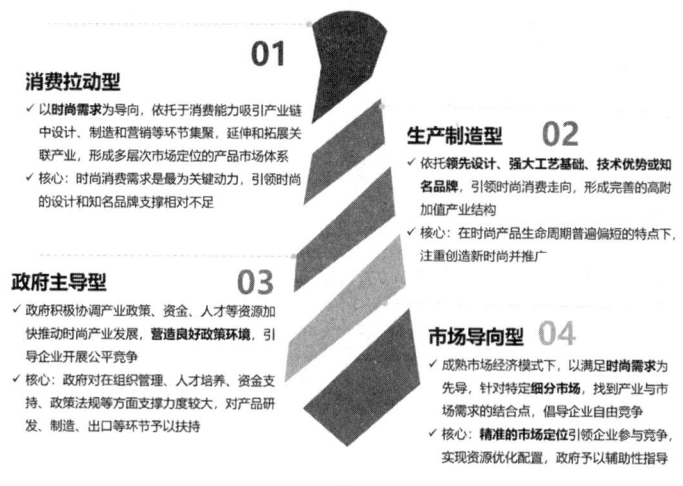

图2-2 时尚产业的4种发展模式

5.本课题研究范围

基于地理区位、经济发展水平、文化及社会环境等差异，现阶段，重庆在吸取国际前沿元素、消费能力支撑、实体产业基础、人才集聚程度等方面的条件与上海、北京、深圳、广州等一线城市客观上存在差别，其时尚产业的发展也必然有别于这些城市着眼于国际前沿时尚、文化时尚、精英时尚的发展路径。考虑重庆的经济基础、时尚资源及地域文化特色，重庆时尚产业发展主线将定位于大众消费时尚，通过时尚产业载体将国际、国内前沿时尚理念广泛普及到城市大众消费群体，提升大众的审美品位、消费水平与生活幸福感，将重庆打造成为国内时尚普及度最高的城市。以发展大众时尚产业为核心，促进相关制造、服务产业

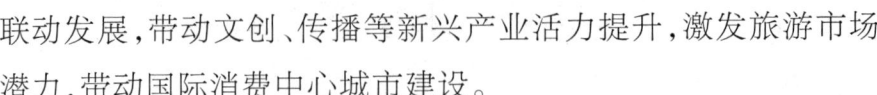

联动发展,带动文创、传播等新兴产业活力提升,激发旅游市场潜力,带动国际消费中心城市建设。

(二)重庆发展时尚产业的必要性和内在动力

以发展纺织服装为核心的时尚产业为切入点和抓手,充分发挥其创造流行趋势、引领时尚潮流、繁荣城市经济、创新产业融合、促进时尚消费以及美化市民生活功能,是创建国际消费中心城市,建设现代经济体系、增强经济内生动力的有效途径,是更好参与国际经济合作,建设国际化大都市的必由之路,也是重庆彰显独特城市风貌,打造"开放包容、热情奔放"大众时尚城市名片的必然选择。

1. 重庆市引领时尚消费,更好满足国内消费需求,建成国际消费中心城市的必然选择

发展时尚产业,有利于重庆引领时尚消费,满足新型工业化、城镇化背景下,人民群众不断升级的美好生活需要。近年来,重庆市作为我国中西部地区中心城市,经济社会发展稳中向好,居民收入不断改善,消费能力及水平持续提升,消费结构由满足生活必需型向休闲娱乐、健康养生、个性潮流等高端消费领域升级,服装鞋帽、珠宝箱包、美容美妆等消费品被赋予的时尚价值已逐步高于其使用价值。

发展时尚产业,可有效联结时尚产业链上以服装服饰、家具建材、皮具箱包为代表的传统制造业与零售贸易、创意设计及展示传播等现代服务业,共同引领、创造及拓展新型消费需求,培育并促进"引导生产、促进消费"新功能,巩固消费在重庆市长期经济发展中的基础性作用与地位。

发展时尚产业,将带动解放碑等各具特色的城市商圈充分发挥时尚消费中心的引领作用,丰富大型购物中心、特色商业街、酒店餐饮等时尚消费场所的数量及铺设密度,塑造标识性时尚消费场景,推动时尚旅游、餐饮住宿、休闲娱乐等时尚消费服务体系加快形成,有效促进相关产业要素与资源优化配置,发展与创建国际消费中心城市目标相适应的新技术、新产业、新业态,奠定创建国际消费中心的核心基础。

2. 重庆市发展时尚经济,优化经济结构与发展动能的重要途径

时尚产业链横跨一、二、三产业,是具有广泛影响力、引领时尚潮流,能够产生集聚效应与黏合效应的产业集合。通过发展涵盖设计、制造、消费、文化、传播等内容的广义时尚产业,能够有效整合重庆传统优势商贸资源,依托制造服装纺织等制造产业基础,融合服务业,带动传统产业升级,巩固现阶段"三二一"产业结构分布格局,使重庆立足于传统工业基地优势,加快向以第三产业为经济增长主要驱动力的国际化大都市经济结构转变。

发展时尚产业,有利于重庆优化经济发展空间结构,围绕核心产业和主要功能进行空间布局。城市中心区是时尚产业发展最为集中的区域,也是城市商业、金融服务和各类高端要素聚集区。通过时尚产业载体,对内为本地居民提供商业零售、文化传播及各类公共服务,对外吸引全球时尚消费者及文化、设计、品

建设重庆国际消费中心城市研究

牌等时尚元素加快聚集,引导时尚产业链各环节有序分布,发挥推动城市经济增长的引擎作用。

发展时尚产业,是重庆精准对接国内、国外两个市场,兼顾满足国内需求及实施国际化发展战略部署,形成开放式市场结构、多元化市场主体的重要途径。时尚产业发展为纺织服装骨干企业发挥制造及品牌优势提供了高水准平台,并与中小微企业形成产业链优势互补以及良好协作,带动辐射各类市场主体参与其中,充分焕发市场活力。

发展时尚产业,是重庆在工业化后期优化产品供给结构,提升产品附加值,创造国际化竞争新优势的重要手段。时尚产业将推动时尚消费品开发与自主创新,向设计研发、文化创意、技术革新及营销服务等高价值环节攀升,推动形成以时尚为核心的整体经济体系、市场体系和消费体系,贯穿于重庆市经济社会发展的各个领域。

3. 繁荣时尚文化,营造良性文化生态的必由之路

重庆是我国著名历史文化名城、巴渝文化的发祥地。巴渝文化是我国长江上游最富鲜明个性的地域性文化之一,源于其深厚的历史积淀,并繁衍出渝派川菜美食文化、"红岩精神"抗战红色文化,以及川剧、蜀绣为代表的民间文化,颇具展示独特性及城市魅力的独到性。重庆历史文化遗产众多,全市共44项国家级非物质文化遗产,蜀绣和荣昌夏布是其中纺织类的杰出代表。

发展大众消费时尚产业,能够强化"巴渝文化"在重庆时尚元素中的核心地位,进而充分挖掘时尚消费内涵,推动养成时尚生活方式,增强国内外消费者对重庆时尚的价值认同。使得以

多元文化为基础的流行时尚更易于在重庆立足植根,也使得重庆时尚消费更易形成独具地域特色的风格。此外,将时尚文化与各种传统文化、工艺美术、商圈规划以及景区建设有机融合,可促进重庆工业旅游及时尚旅游消费,打造时尚文化发展新平台,以高品质的设计产品、高水平展销展示以及高密度创意活动,推动"巴渝文化"乃至中华民族优秀传统文化面向全国、走向世界。

4.打造时尚都市,倡导时尚生活,提升城市品质的重要方向

时尚是作为都市产业最重要的表现形式,与经济、文化、教育高度融合,是新时期城市发展的方向与城市生活的重要方式。发展时尚产业,能够促进开发与时代发展相适应,能够引领社会生活、文化娱乐与消费潮流,突显重庆市整体经济体系和城市风貌,从而提升重庆市作为我国中西部中心城市的品牌影响力。

同时,发展时尚产业,可将国际、国内前沿时尚理念广泛普及到城市大众消费群体,促进大众审美品位、消费水平与生活幸福感的持续提升,倡导有品质、有品位的时尚都市生活,使重庆跻身于国内时尚普及度最高城市之列。

(三)重庆市发展时尚产业面临的外部环境

满足人民美好生活需求是我国及重庆未来经济社会发展的根本目标,也是发展时尚产业的根本目标所在。重庆发展时尚产业也在国内外复杂多变的发展环境下面临着机遇与挑战。

1. 发展机遇

一是国内外时尚消费市场动力正在持续增强。目前,作为全球时尚产业重要组成部分的奢侈品消费已有三分之一来自中国,2019年中国时尚消费市场总规模超过美国,居于世界首位。随着我国经济社会的持续发展,居民收入不断改善,中等收入群体不断扩大,国内时尚消费需求潜力不断释放,居民消费升级趋势更为突显,对于服装服饰为主题的时尚产品在审美品位、个性表达、文化传承等方面的精神层面需求不断增多,高品质的时尚消费、品牌消费已成为国内时尚消费的主流。新零售、文化创意跨界加速融合以及科技创新的赋能,推动各类时尚消费新业态、新模式不断涌现,为未来时尚消费市场的持续稳定扩容注入了全新的动力。

二是时尚产业的发展环境持续优化。近年来,我国加快建设创新型国家,科技创新环境与基础条件更加优越。以移动5G为代表的新一代移动互联技术及基础设施条件位居世界前列,为商业模式及业态创新提供广阔空间。国内创新体制更趋完善,跨产业、跨界融合更加高频高效,为时尚产业创新发展提供重要基础。国内营商环境不断改善,制度、市场、资源、技术、人才、资金等制约民营企业经营发展的关键环节加速优化,在基础设施、人力资源、金融服务、政务环境、普惠创新方面均取得积极进展。我国区域发展的协调性不断提升,成渝双城经济圈、粤港澳大湾区以及长三角城市群建设更进一步,加速推动创意设计、商贸物流、文化娱乐、休闲养生等各类时尚要素在区域内及区域间自由流动,实现时尚要素投入对产出效率的提升,形成开拓区域经济的新增长极。我国对外开放与国际化发展水平不断提升,将为产业发展带来更加丰富多元的优质要素,不断提升资源配置效率,并为我国本土时尚、自主品牌走向世界创造更为有利的国际环境。

三是文化自信基础不断改善。我国"90后""00后"新一代消费者已逐步担当内需消费市场主力,更加推崇自身生活方式和文化传承,孕育了中式时尚以及国产品牌为代表的"国潮"的概念。尼尔森《2019年第二季度中国消费趋势指数报告》显示,68%的中国消费者偏好国产品牌,其中一、二线城市消费者对于传统美学和本土文化的偏好更明显。另一方面,我国传统技艺及各类非物质文化遗产活跃在大众视线之内,如"汉服"文化、故宫文创产品以及李子柒古风美食短视频的快速走红,都成为时尚产业讲述中国故事的重要表现形式。伴随着我国国际影响力的提升,中国自主品牌将更多走向国际舞台,使备受青睐的"中国风"打破欧美时尚集团主导的国际时尚品牌传统格局。

四是多元化社会发展理念深入人心。当前,关注全球气候变化、绿色发展和可持续发展理念已成为普遍的社会发展共识,日益影响人们生活方式的选择及生活品质的提升。全球时尚界开始积极探索绿色的时尚表达方式,如开发功能性纤维,选用新型生态环保面辅料,开发绿色纺织服装时尚产品等,满足消费者亲近自然、追求健康的时尚消费需求,进而促进时尚产业与绿色发展理念加速融合。以人为本理念的深化,使时尚产业在供给侧开始形成"按需生产"的转变,个性化、定制化时尚消费及相关服务也带动服装鞋帽产业由传统制造向服务型制造转型升级。

2. 外部挑战

一是时尚消费需求存在波动。近年来,全球经济复苏动力逐步减弱,我国宏观经济增长同步放缓,加之地缘政治不稳定、贸易紧张局势加剧等风险因素持续增多,国内外时尚消费需求发生波动,并面临收缩态势。麦肯锡全球时尚指数(MGFI)预测,2020年全球时尚产业增长率将放缓至3%—4%,低于2019年预期。2020年,新冠肺炎疫情在全球范围内爆发蔓延,商业活动及居民出行受到限制,全球主要经济体陷入衰退,市场需求一蹶不振,对时尚产业的打击尤为明显。麦肯锡预测2020年全球时装业(服装和鞋类行业)收入将同比下滑30%,个人奢侈品行业(包括奢侈品时尚、奢侈品配饰、奢侈品手表、奢侈品珠宝和高端美容等)收入同比下滑35%—39%,并预计在未来12—18个月内,将有大量的全球时尚公司濒临破产。时尚消费需求趋冷使全球时尚产业面临前所未有的挑战。降低风险、应对不确定性,同时在整个价值链上以及多个市场领域中谋求变革成为全球时尚产业转型发展的当务之急。

二是国内外产业竞争更趋激烈。一方面,全球时尚产业链和价值链的高端环节仍然由美欧日等发达国家掌握,这些国家时尚产业基础雄厚,产业成熟度高,在全球范围内形成了强大的品牌集团竞争格局,提高了我国时尚自主品牌的准入门槛。另一方面,上海、北京、广州、深圳、杭州、武汉等国内诸多一线、"新一线"城市均提出发展时尚产业、建设国际时尚都市的目标,将带来国内较为激烈的产业竞争。

三是跨产业资源整合难度较大。由于时尚产业所涉及的资源及各类要素分属不同行业,横跨一、二、三多个产业多个部门,不同地区时尚产业禀赋也存在一定差异。产业部门间缺乏横向资源合作对接,区域间时尚产业元素缺乏有效联动,导致时尚产业在创意设计、制造、营销等产业链各环节间协作不紧密,教育培训、媒体宣传、文化展示等相关产业的支撑力度不足,区域间各类时尚要素难以充分自由流动、实现取长补短,造成时尚资源及要素的产出不高,制约了时尚产业的深入发展。

三、重庆时尚消费市场研究

(一)重庆服装消费基础良好

1.重庆本地服饰消费增长基础稳固

重庆居民是重庆时尚消费的主体,重庆市常住人口稳步增加,收入稳定增长,衣着消费支出占比高于全国水平,均为重庆打造时尚消费中心奠定基础。

重庆市是我国人口最多的直辖市,常住人口在2015年突破3000万人后稳定增长,2018年常驻人口达到3102万人,人口自然增长率为3.5%,未来几年,随着二胎政策的延续实施、医疗设施的完善和养老产业的发展,常驻人口仍将稳定增长。

重庆城镇化率为65.5%,高于全国城镇化率5.9个百分点。如今,农村居民可以便利地通过互联网购买时尚产品,但由于收入水平和消费观念的限制,城镇居民依然是时尚消费的主要力量,城镇化率较高是支撑重庆打造时尚消费中心的积极因素。根据重庆市城乡发展规划,2020年城镇化水平将达到70%左右,是时尚消费的潜在增长力量。2018年,重庆城镇居民人均可支配收入34889元,增长8.4%;农村居民人均可支配收入13781元,增长9.0%。

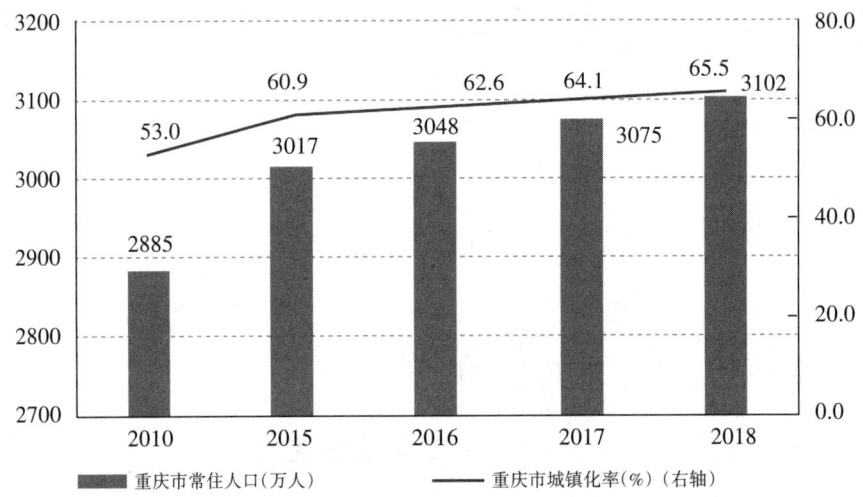

图3-1　重庆市人口及城镇化率

数据来源:国家统计局

重庆居民消费意愿较高。重庆居民人均可支配收入与人均消费支出基本同步增长。2018年,重庆居民人均可支配收入26385.8元,根据重庆市十三五规划年均9.5%的增速,预计2020年人均可支配收入将突破30000元。2018年,重庆居民人均消费支出为19248.5元,占人均可支配收入比重为73%,高于全国平均水平2.7个百分点。2018年,重庆新零售业态快速发展,包括阿里盒马鲜生、永辉超级物种在内的68个品牌首次入驻重庆,全市社会消费品零售总额增长8.5%,最终消费对经济发展贡献率为48%左右。

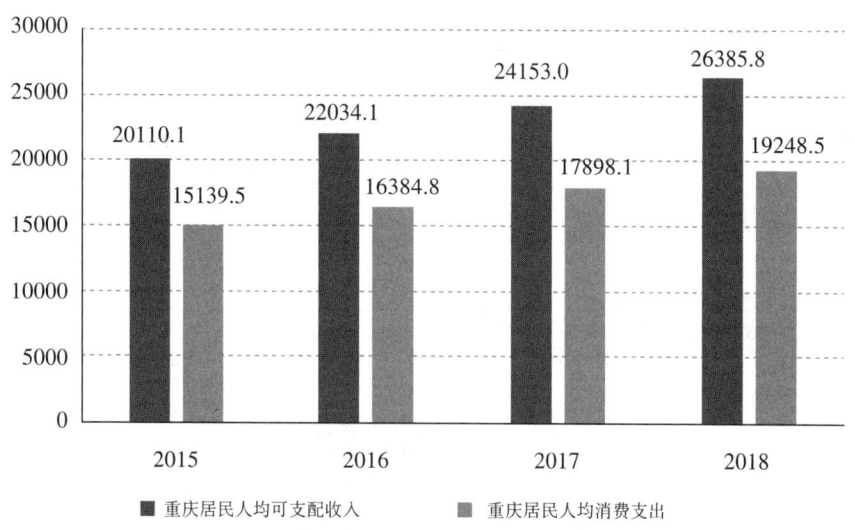

图3-2 重庆居民人均可支配收入与消费支出(元)

数据来源:国家统计局

重庆居民不仅消费意愿高,偏好服装消费的特征更为明显。2018年,重庆居民衣着消费支出为1454.5元,高于同期全国居民衣着消费支出12.8%,占重庆人均消费支出的比例为7.6%,高于同期全国居民衣着消费支出比例1.1个百分点。从长期发展规律看,随着经济发展水平提升,居民消费将更多地投入到耐用消费品以及文化娱乐、医疗健康等领域,衣着消费支出占比通常在达到11%左右后将出现回落趋势,重庆居民2013年衣着消费支出比例达到12%最高值,随后逐年下降,符合历史规律。从另一方面说明,重庆居民消费升级特征明显,处于消费改善需求旺盛的阶段,对于个性化、功能性、差异化的时尚消费产品具有较好的接受度。

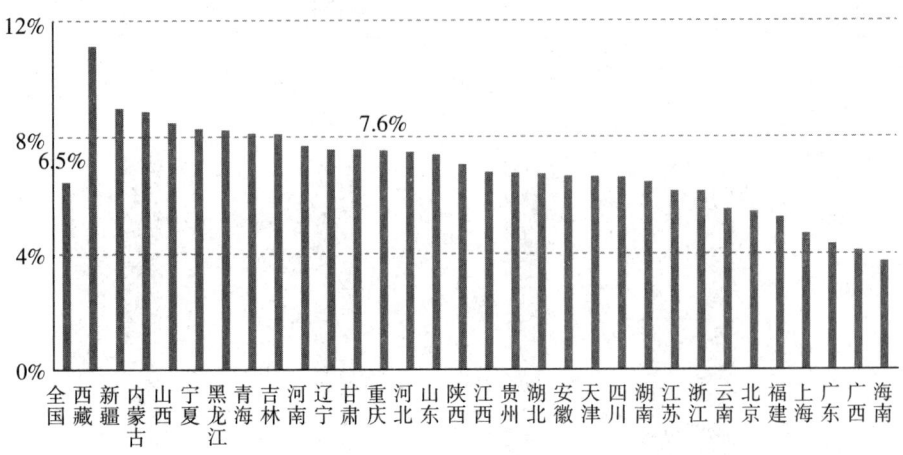

图 3-3　2018年全国及各省市衣着消费支出比例

数据来源：国家统计局

时尚服装在重庆时尚消费中具有较好的基础。课题组调查显示[①]，76%的重庆受访者认为服装是时尚消费的首选，高于全国比例（73%），也明显高于选择箱包（63%）和化妆品（58%）的比例。根据重庆商报-慧聪邓白氏2010重庆居民"十一"黄金周预期消费调查显示，重庆居民十一期间最可能购买的百货商品是服装（60.3%的居民选择购买服装，位居第一），并且64%的居民表示最能让人产生愉悦心情的百货商品是服装，60.6%的重庆居民对当地商场零售的服务满意度最高。虽然调查数据是2010年采集的，但是可以说明服装消费是居民愉悦自己的首选，服装消费偏好明显。

重庆居民幸福指数较高，有利于激发对时尚消费的内在需

---

①课题组针对全国开展时尚消费调查，共收回有效问卷476份，其中41%受访者来自重庆，27.1%来自北京、江苏、浙江、广东和山东4省占比12%。

求。重庆位列中央电视台发布的2018—2019年度美好生活指数前10个城市中,位列第7位(前6位依次是南京、长沙、合肥、广州、昆明、呼和浩特),说明重庆居民在个人生活和工作、公共服务、社会治理等方面的满意度和获得感较高。清华大学社科学院幸福科技实验室通过各地居民在社交媒体上表露出的情绪,从快乐、投入、关爱、意义和成就五个维度,根据正向词和负向词出现的频度进行加总,发布了2019年"幸福中国白皮书",重庆的幸福指数排名位列第7(前6名依次是江西、江苏、浙江、福建、广东、湖南)。

重庆在消费者心中具有较高的时尚地位。课题组调查显示,在全国受访者中,上海、北京和深圳是排名前3位的时尚消费城市,重庆在受访者心中的时尚地位超过成都、杭州、青岛和大连,除北上广深外排名第1,25%的受访者认为重庆应居时尚消费城市前3名。

2. 对长江经济带具有一定辐射能力

2019年11月5日,习近平总书记在第二届中国国际进口博览会开幕式上向世界宣告,我国将继续完善开放格局,继续推动长江经济带发展,增强开放联动效应。重庆被定义为长江经济带上的重要节点城市,且协同发展能力有所提升,对经济带沿线省份具有较强的辐射与影响力,经济带的人口与消费能力均将支撑重庆打造时尚消费中心城市。

人流集聚是时尚策划、发源与传播的先决条件。长江经济带城市协同发展能力指数(2019)发布,重庆在经济带110座地级及以上城市协同发展能力排名中位列第6名(前5名依次为上海、南京、杭州、武汉、成都),较2018年提升1名,是具有辐射带动作用的高级区域中心城市。从全球性城市的功能看,重庆在创新活跃度、综合实力等方面与上海、杭州存在一定差距,但可以像瑞士的日内瓦和洛桑等城市一样,成为以优美的环境、高品质的生活吸引国内外游客、商业机构和文化产业聚集的全球性城市。

长江经济带总人口59873万人,占全国比重42.9%,社会消费品零售总额161574.1亿元,占全国比重42.9%,蕴含着接近全国一半的消费能力。2019年前三季度,全国有7个省市GDP增速达到或超过8%,其中有6个处于长江经济带,综合经济实力较强,是未来拉动时尚消费的积极支撑。重庆是西部地区中唯一具有公路、铁路、航空、水运综合交通运输优势的特大城市,已经成为十大热门高铁旅游目的地之一,2019年,铁路部门优化开行多趟"长江经济带"跨省概念列车,增开了上海—重庆始发终到列车,为重庆吸引更多消费力提供了良好的基础设施条件。根据携程旅游大数据分析,2019年国庆期间,重庆入选国内自由行人气目的地,热度位于北上广深四大城市和成都之后,自由行游客在重庆单次人均花费达3171元,超过北京和上海。2018年,重庆全年旅客运输总量6.36亿人次,比上年增长0.5%。旅客运输周转量905.50亿人千米,增长4.1%。空港完成旅客吞吐量4287.58万人次,增长8.1%。

长江经济带11省市中,东部地区的上海市、江苏省和浙江省城镇化率位列前3,重庆在其余中西部省市中城镇化率排名第1,其余省份城镇化率仍有增长空间,随着城镇居民人均可支配收入水平提高、消费升级需求提升,经济带将释放更多高品质消费的能力。

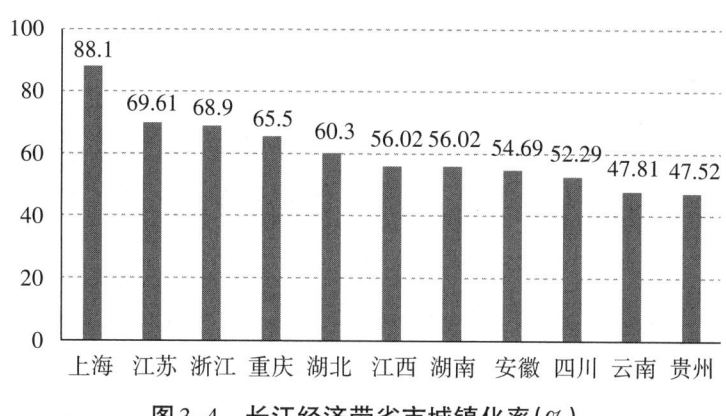

图3-4 长江经济带省市城镇化率(%)

数据来源:国家统计局

3.旅游资源丰富有利于吸引境外消费

重庆以美食和温泉享誉海内外,拥有30个市级非物质文化遗产和239个国家A级景区,山水城市、长江三峡等旅游名片均是吸引境外游客的绝佳资源。在世界旅游业理事会(WTTC)发布的《世界城市旅游影响力报告》中,重庆已连续两年位列国内旅游业增长最快的城市,无数旅游商机正在这里被发现和挖掘。2018年,重庆全年接待入境旅游人数388万人次,旅游外汇收入21.9亿美元,分别增长8.3%和12.4%。2019年春节长假,重庆共接待境内外游客4725.98万人次,同比增长10.26%,游客量在全国城市中排名第一。重庆物价相对较低,也是吸引境外消费的有利因素,春节期间游客在重庆的人均消费仅381元,而海南、上海、北京等地人均消费均在千元以上。

重庆拥有吸引境外消费的良好交通条件。2018年,重庆江北机场旅客吞吐量达4160万人次,位列全国第9位,国际及地区航线通达61个城市,航线数量82条,已基本完成欧洲、美洲和澳洲的战略性布局,开通了多个与世界时尚之都的直飞航线,目前可直达纽约、洛杉矶、伦敦、巴黎、罗马、莫斯科、悉尼、墨尔本、奥克兰等主要城市,东南亚也已开通越南河内和胡志明、泰国合艾、柬埔寨西哈努克港、尼泊尔加德满都直飞航线。2019年,重庆市政府印发《重庆国际航空枢纽战略规划》(2019—2035年),明确重庆国际航空枢纽建设目标:到2035年,重庆主城区都市圈将形成全球知名的多机场体系,成为引领内陆开放的国际航空枢纽。

重庆积极开展城市形象海外推广,加快引进来步伐。举办了重庆全球旅行商大会;重庆文化旅游国际传播中心ICHONGQING全英文网站和海外社交媒体矩阵聚焦重庆独特文化与精品旅游,总粉丝数超一百万;重庆文化旅游境外推广中心规模持续扩大,涵盖洛杉矶、纽约、明斯克、洛桑、东京、罗马等17个城市;赴全球30多个国家和港澳台地区,实施旅游海外"百城"推广计划。

重庆不断优化入境旅游市场政策。在一揽子入境旅游市场鼓励政策的基础上,对原有奖励政策进行了修改完善,并将重点推出外国人144小时过境免办签证等政策。2019年,重庆市文旅委印发了《入境旅游提质增效三年行动计划(2019-2021年)》,重庆将以"山水之城·美丽之地"旅游核心品牌为中心,以"行千里·致广大"为载体,充分挖掘重庆自然生态美和历史人文美,深度提炼重庆旅游品牌元素,塑造精彩重庆标识,突出"三峡""山城""人文""温泉""乡村"等特色品牌。到2022年,全市将建成集世界温泉谷、温泉旅游度假区、温泉康养旅游示范基地、星级温泉旅游企业、温泉旅游景区于一体的温泉养生旅游目的地,年接待游客达到5000万人次。

(二)重庆具有时尚消费的文化根基

1.重庆居民对于时尚的接受度和包容性强

时尚在消费者眼中千人千面,时尚服饰的气质各有千秋。一个城市的时尚服饰风格与城市气质密切相关,巴黎的抽象高雅、纽约的简洁自由、伦敦的严谨绅士、米兰的热情华丽都已经与城市的艺术气质融为一体。而我国的北京、上海、杭州、广州等地的时尚风格也不尽相同,或京华或海派,或优雅或复古。国际时尚消费城市的时尚内涵必是多面的,而重庆的历史文化赋予重庆居民较强的包容性,能够提供时尚在重庆立足的前提。

多元是时尚的应有之意,包容性也越来越受到时尚品牌的关注。尽管许多奢侈品牌关注多元化发展是基于应对涉嫌种族歧视的危机,但是国际品牌尊重每一种文化,关怀来自世界各地的潜在消费者是必然趋势。Prada在2019年初成立了多元包容委员会,建立资助多种族设计人才的赞助基金和培训项目,旨在帮助时尚行业更好地反映我们所在的世界,Gucci、美国时尚协会、PVH集团、H&M也都采取了类似的策略。The Fashion Spot从2014年起,每年都会发布两次多样性报告,最初,报告中只包含种族这一项指标,之后又增加了尺码、年龄、跨性别者比例等衡量标准,在可预见的未来,指标的类别会越来越多。

自然环境和历史环境共同造就了重庆人豪爽、开放的性格特征,使得重庆人对多元文化具有超强的接受能力和包容能力。重庆历来水路交通发达,是长江和嘉陵江的交汇处,历史上码头文化盛行。南来北往的文化交织形成了重庆人对其他文化所持有的开放态度,并保持着持久不衰的生命力。重庆市区是目前历史最近200年内移民形成的五个特大城市之一(其余4个为香港、上海、深圳、石家庄),重庆自古就有移民文化,古有巴人聚族涉水而上,迁居于此,在经历了湖广填四川、抗战江浙沪内迁、三线建设三次大规模移民潮后,主城区内移民占到总人口的80%多,大多是广东、湖南、上海、江苏、安徽籍移民的后代。移民文化造就了重庆开放的风气,造就了重庆人开放的心态,不管是国际品牌、民族品牌,抑或是渝派服装的本地品牌,在接受度方面均较周边省份具有优势。

2. 重庆的文化和社会因素赋予时尚快速传播的良好条件

重庆文化中市井味浓厚,社会中没有明显的阶级分层,居民性格大多率真,敢于表达自我,重庆女性经济和社会地位较高,街头文化盛行,均有利于时尚服饰的快速传播。

时尚消费是社会风貌的载体,也是社会风貌的产物,能够反映政治形势的变化、经济的繁荣与衰退、文化的禁锢与解放等等。虽然从表面上看,着装只是单纯的个人行为,但它同时也是一种社会行为。近代以前,服装除了使用价值外,还被当作一种政治符号,如封建统治阶级通过建立严密的服饰制度规范官员与百姓的行为。类似的情形也见于欧洲,王室贵族与神职人员也是通过服装界定上下尊卑的等级。例如,在16世纪弗朗索瓦一世统治之下的法国,曾经专门颁布法令,禁止当时逐渐兴起的中产阶级穿着特定的布料与颜色。在近代以前,无论在西方还是在中国,个人的着装自由都曾受到限制,服装不能充分地反映个人意志,也不能完全地反映由个人意志合流而成的社会意识。直到18世纪,随着资产阶级革命在欧美各国相继爆发,强调个人权利的市民社会纷纷拉开序幕。服装开始逐渐脱离政治与阶级的限制,向个人选择自由的方向发展。于是,服装的流行、服饰的变化就逐渐作为一种社会现象,在西方世界开始备受关注。北上广深等一线城市房价都经历过高速增长,涌现出一批依靠房产致富的富豪阶层,此外,中产阶级和官员阶层规模相当,这些城市的阶层较为分明,时尚消费风格大相径庭,而重庆房价相对温和,低于杭州、武汉和成都,贫富差距相对较小,没有明显的社会分层,由码头文化延伸而来的市井气息也助推时尚具备在重庆快速传播的条件。

  女性对于时尚有着特殊的贡献,在课题组进行的时尚消费调查中,参与调查者71.9%都是女性,女性参与时尚相关活动的活跃度明显高于男性。重庆女性地位较高,经济自主权较大,有着与生俱来的自信,泼辣独立,爱憎分明,积极乐观,敢穿敢说,整个社会氛围使重庆女性乐于以大气、果敢的时尚服饰表达自我,愉悦自己和观赏者。重庆市妇联2018年发布了第二期《重庆妇女社会地位调查白皮书》,回收调查问卷3225份,结果显示重庆女性社会地位、家庭地位和经济地位都很高。在"购买自用贵重物品"上，有94.9%的女性表示基本可以自己做主，在"自助自己父母"方面，有95.1%的女性表示完全可以以自己的意见为主，在"家庭投资或贷款"决策中，夫妻共同商量及主要由妻子决定的比例达77.3%；在已婚女性中自己拥有房产和与配偶共有房产的比例分别为22.5%和33%，分别高于全国平均水平9.3和5个百分点；大多数女性能得到丈夫的理解和支持，夫妻关系和谐，85.5%的已婚女性对自己的家庭地位表示比较满意或很满意，88.6%的女性对自己能力有信心，89.9%的女性在生活中主要靠自己，很少依赖他人；重庆女性比较乐观，72.7%的重庆女性认为目前我国男女的社会地位差不多，高于全国13.2个百分点。

重庆地处长江上游，巴渝文化是其民族文化之一，古时巴人生活在大山大川之间，交通不发达，不适合农耕，重庆人在恶劣的自然环境中上坡下坎、乘风破浪，山上挑担，水中拉纤，从山水中开辟一条条通道，勇敢地与自然环境搏斗，练就了一种顽强、坚韧和剽悍的性格，重庆居民性格大多热烈奔放，对于时尚敢于大胆尝试，勇做时尚的弄潮儿。"美女"已成为重庆的一张名片，性格中的顽强果敢使得重庆女性敢于追逐潮流，最前卫、最时尚的风格总能出现在重庆街头，并且随处可见对各种风格的改良与混搭，不断衍生创造出新的时尚。各种时尚潮流在重庆汇集，促进了流行的传播速度，也为设计创造提供了良好的素材。这种传播并非是对时尚单纯的抄袭与模仿，而是弥漫着各种时尚文化的结合与再造，而后融入本土文化，加入了重庆人的自我风格，实现对时尚的兼容并包，进而创造出新的时尚潮流。

3.特有的文化底蕴赋予重庆独特的时尚风格

城市的时尚风格与城市的气质息息相关。纵观世界,罗马的恢宏气度、伦敦的绅士风度、巴黎的神秘浪漫、首都的京华文化、上海的海派包容、苏杭的江南水乡、成都的悠闲散淡,都是历史沉淀下来的城市味道,成为各个城市时尚产业的灵魂。

《美国国家地理》杂志在《下浩老街:长江南岸的旧重庆》一文中称重庆是中国最有性格的城市,它粗粝磅礴又市井精巧,这也恰恰是重庆时尚文化的灵魂。重庆消费者的包容能够接受国际大牌的前沿风尚,也能够让潮牌、街头LOOK、白领时尚快速传播,更为具有重庆特色的渝派服饰打造了得天独厚的时尚江湖。

上海的时尚服饰风格更加国际化,是国际大牌的首选入驻地,消费者更加注重品牌、搭配,整体较为精致;北京由于部委机关较多,整体时尚服饰风格比较沉稳、简洁、大气,注重品质;江浙的时尚服饰风格较为温婉、柔美、怀旧,注重细节;重庆消费者性格豪爽果敢,加上重庆的建筑多为灰瓦白墙的干栏式风格,因此渝派服饰多偏爱明快的饱和色彩,款式上既有粗犷的结构线条,又善用花纹、蕾丝、流苏、褶皱等元素来表达娴雅、浪漫、飘逸等风格。消费者调查显示,重庆居民将购买服装作为愉悦自己的首选方式,在时尚消费中更加注重性价比、绿色环保和高品质,与全国消费者相比,更加偏爱"吸引眼球,与众不同"的时尚风格,因此重庆时尚服饰比较适合价格亲民、色彩明快、风格明媚、装饰较多、品质中上、换新频率较快的平价时尚风格。

随着国人展现文化自信的精神需求不断提升,国潮风深得消费者喜爱,时尚服饰也应注重挖掘当地的历史文化,体现独具特色的时尚风格。重庆消费者对于传统文化在时尚服饰中的体现更为重视,调查问卷显示,重庆受访者中认为时尚应该体现传统文化的比例为44.4%,高于全国比例2个百分点。渝派服饰可以进一步从巴渝文化中获取丰富的素材,民俗铜梁龙舞、黔江摆手舞、石刻题材和场景、声乐(小河锣鼓,川江号子)、吹打(接龙吹打、金桥吹打),秀山花灯,九龙楹联,梁平三绝(梁山灯戏、梁平竹帘、梁平年画),川剧(变脸、喷火、巴剧、渝剧)、川江号子、蜀绣、龙门阵、重庆方言、川菜、三峡风光和古迹等都是巴渝文化的提炼元素,这些元素为渝派服饰赋予了特色,也是不可多得的差异符号。抗战文化吸引全国的文化人都纷至沓来,给重庆注入了小资情调,徐悲鸿的画作《巴人汲水》,郭沫若的话剧《屈原》《虎符》,老舍的《四世同堂》,臧克家的诗歌《泥土的歌》等,这些都给重庆带来了文化的繁荣。对这些文化进行提炼,虽然不能通过直接移形的形式应用于渝派服饰,却为寻求品牌差异和品牌内涵提供了基础,成为渝派服饰的特征之一。

重庆某旅游文化发展有限公司的首席创意官将杨丽萍舞蹈的形象作为文化元素用于服饰上,受到消费者认可。

图3-5 舞蹈形象及用于服饰的舞蹈元素符号

重庆綦江农民版画被国际艺术界誉为"东方毕加索"原生态艺术,綦江也被授予"农民版画之乡""中国现代民间绘画之乡"等荣誉称号,重庆设计师杨露将綦江的文化符号用于服装中,用线条的方式重新解构北渡鱼,白色底结合黑色线条,跃于肩颈两侧,左右呼应围绕"綦"字在中间,设计简洁大方,登上了2020春夏纽约时装周舞台。

但除了文化符号的表达,时尚产品不能只停留在文化图形化的阶段,更应注重挖掘文化本身传达给消费者的是什么含义,什么价值观和处世原则等等,能够与消费者产生什么样的情感共鸣,以及产品在应用上如何创新等方面。

(三)重庆发展时尚产业已经具备一定基础

1. 重庆时尚街区发达

大多数消费者认为时尚都市应有具有时尚艺术气息的街区,重庆的步行街文化发达,能够为时尚消费提供良好的购买环境和体验。

步行街是重庆一大特色。与全国其他各大城市不一样的是,重庆主城区各组团都有一条以上的大型步行街,比如解放碑步行街、观音桥步行街,杨家坪步行街,沙坪坝步行街。重庆主城区的各条步行街不管在数量还是销售额上都在全国排名前列,一度是其他城市争相学习的榜样。除主城区大型的步行街以外,区县商业步行街发展也加快,如万州区笋塘步行街和合川区久长路步行街等。近日,重庆发布通知将在常态化疫情防控中持续推进步行街创新升级发展。积极开展市级示范试点,复制推广解放碑步行街等全国11条首批试点示范步行街建设经验,推动建设观音桥、三峡广场步行街等一批市级示范步行街。着力深化商圈建设,依托现有以中央商务区为龙头、主城区核心商圈和远郊区县城市商圈为骨干的"1+19+30"商圈发展格局,通过步行街改造提升,带动商圈转型升级发展,在全市构建起多层次城市商业体系,着力提升消费能级,促进消费潜力有效释放。

对于时尚产业发展的意义:购物场所集中,国际品牌较多,能够直接传达时尚消费趋势。除购物外,美食、休闲娱乐场所较多,能够吸引消费者,产生购买力。高端商场集中,消费体验较好。部分商场举办时尚活动,大众参与度高。

(1)解放碑步行街

解放碑位于重庆主城渝中区民权路、民族路和邹容路交会处,是重庆标志性建筑物,是全国唯一的一座纪念中华民族抗日战争胜利的纪念碑。解放碑商业街是中国西部最大的步行街,因此有"中国西部第一街"之称。周边有民权路、邹容路、和八一路好吃街,还有重百大楼和太平洋百货,可以实现一站式吃喝玩乐。

目前日均人流量超过50万人次，集聚大型商业体15个，商业设施面积262万平方米，聚集了国际一、二线品牌100余个，形成了LV、GUCCI等多个"亿元品牌"，是重庆首个零售额突破500亿元的步行街。2019年，重庆解放碑步行街与北京王府井、上海南京路、广州北京路等11个省市的知名步行街一同纳入全国首批步行街改造提升试点项目。当前，解放碑正大力推动高品位步行街建设，打造国际消费中心城市先行区。解放碑将通过构建"一核四区"发展格局，实施优化消费供给"三大计划"，实施城市综合品质提升"八大工程"，开展市政设施三项清理、市容秩序七项整治行动等，实现"服务重庆、辐射西南"。

未来，更多的"品牌首店"和"亿元品牌店"将在此亮相。预计到2020年，解放碑步行街将建成特色街区5条，地区生产总值突破800亿元，社会消费品零售总额突破700亿元，国际知名品牌数量超过200个，区域年旅游人次突破6000万。重百大楼等传统零售百货将全面转型升级，变"大而全"的百货商场为"小而美"的精致型购物中心；国泰PARK108等新兴购物中心将大力集聚首入店、旗舰店，成为年轻人社交聚会、体验前沿时尚的高地；世贸大厦等空置商场则将加快盘活，探索"品质+折扣+人气集合店"等新模式，将激发购买力进一步释放，预计到2020年客流量达到2.3亿人次。

图 3-6 解放碑步行街

(2)观音桥步行街

观音桥步行街是重庆最具现代化气息的新派步行街,一头是金碧辉煌的天街,主打高端购物;一头是热闹非凡的不夜城九街,主打美食圣地,是外地游客必打卡的步行街。位于江北金融中心,周边有新世纪百货、星光68、大融城商场等,可以满足各个年龄段的逛街需求。地下不夜城是观音桥步行街的一大亮点,不夜城内酒吧、咖啡馆、KTV、演艺场以及重庆美食应有尽有,充满文艺气息,是文艺青年去观音桥步行街必去的地方。

观音桥商圈也将"全国知名 西部领先"的国际化时尚消费中心作为目标,进行了扩容升级,商圈核心面积将由1.5平方公里拓展至3平方公里,商圈将布局更多的体验业态,聚集国内外高端一线品牌。商圈的高端购物中心星光68广场,引进了更多国际体验式商业形态,包括亚洲最大的室内单体水族馆以及面积约1万平方米的重庆中心互动体验式书城等,将形成近10万平方米的集群效应,增加优质消费品供给。

图 3-7　观音桥步行街

（3）南坪步行街

南坪步行街位于重庆市南岸区,有商社电器、江南商都、浪高百盛、重百南丰商场等20个大中型商场、超市等,是日常购物和休闲的好去处。步行街有美食、商店、服装、饰品等许多店,不仅适合年轻人购物,还适合老年人散步,是时尚的核心。

图 3-8　南坪步行街

（4）三峡广场步行街

三峡广场步行街是沙坪坝的核心商业街,依托于周边高校,朝气蓬勃,活力十足。学生是主要消费者,地下商场数不清的格子铺足以容纳少女心和御姐范,价格便宜。周边有新世纪百货、重百商场、王府井百货、凯德广场,偏中档消费水平。

图3-9　三峡广场步行街

(5)杨家坪商圈

杨家坪是九龙坡区的商业中心,步行街、老字号美食、百货店充满老重庆韵味,比较年长的重庆人喜欢在这里逛街。万象城、龙湖西城天街等大商场已经入驻。

图3-10　杨家坪商圈

2.时尚活动丰富多样

(1)重庆时装周

中国重庆国际时装周从2014年起已举办5届,由重庆市纺织工业联合会、重庆服装行业协会、重庆服装设计师协会联合主办,通过香车、名模、服装、服饰、珠宝饰品、手表、眼镜、箱包、鞋帽等元素,用时尚、文化、创意设计、色彩等现代表现手法,打造国际时尚盛宴,在西南地区具有一定的影响力。通过多年的发展,重庆时装周愈发重视突出地域特色和跨界融合。2016年,时装周创新了活动形式,推出亲子秀专场、名模快闪、时尚达人街拍等新颖时尚活动,吸引了重庆全民参与互动;同时,时装周系列活动更通过阿里巴巴闲鱼拍卖和淘宝直播让重庆时尚与全球互联。2017年,积极应对时尚市场的快速变化,推动重庆本土童装品牌与儿童时尚产业发展,时装周举办了首届中国重庆国际少儿时尚周、中国超级童模精英赛决赛以及新锐设计师&海外留学生作品秀等活动,还举办了重庆服装行业十大品牌服装买手秀。在2019年的时装周首秀上,展示了京绣、蜡染、盘绣、黎锦、巫绣、夏布等非遗手工艺术作品服饰,细金线绣制的龙纹图案、富有民族特色的传统绣片等具有中国元素的服饰给观众留下深刻印象。

当前,我国已经有北京、上海、深圳、广州、大连、宁波、青岛、杭州、重庆、成都、哈尔滨、厦门等十余个城市举办时装周,其中上海时装周和中国国际时装周得到了广泛认可。新华社中国经济信息社发布的《全球时尚产业指数·时装周活力指数报告

(2018)》[①]显示,上海时装周和中国国际时装周排名分别升至第五和第六位,组成亚洲时尚力量的"第一方阵",正在奋力追赶国际"四强"。全球排名前十的时装周依次是:巴黎、纽约、伦敦、米兰、上海、中国国际时装周、东京、首尔、俄罗斯和孟买。相比上一期,米兰由第二降至第四,但前四强总体优势依然显著。

重庆时装周为渝派服饰提供了展示平台,举办了重庆服装行业十大品牌服装秀,更加贴近当地消费市场。未来,重庆时装周仍需进一步明确定位,更多挖掘地域特色,针对重庆本地及周边西南市场,培育本地设计人才,真正激发广大消费者的时尚觉醒,让重庆特色的时尚服饰被接受、喜爱并发扬光大,甚至在国际知名时装周上崭露头角。如2018上海秋冬时装周期间广受好评的香槟色绸缎布料,给2019纽约秋冬时装周带来启发,相关设计元素在纽约被多个品牌吸纳运用。

表3-2 时装周活力指数(2018年)

排名	时装周	得分	排名	时装周	得分
1	巴黎时装周	0.8707	6	中国国际时装周	0.2780
2	纽约时装周	0.7001	7	东京时装周	0.2605
3	伦敦时装周	0.6643	8	首尔时装周	0.1499
4	米兰时装周	0.5188	9	俄罗斯时装周	0.1024
5	上海时装周	0.3413	10	孟买时装周	0.0444

数据来源:新华社

[①] 活力指数排行榜从媒体传播度、商圈辐射度及要素聚集度三个维度构建评价模型,包含3个一级指标和10个二级指标,用以客观综合评价全球时装周的活力价值。

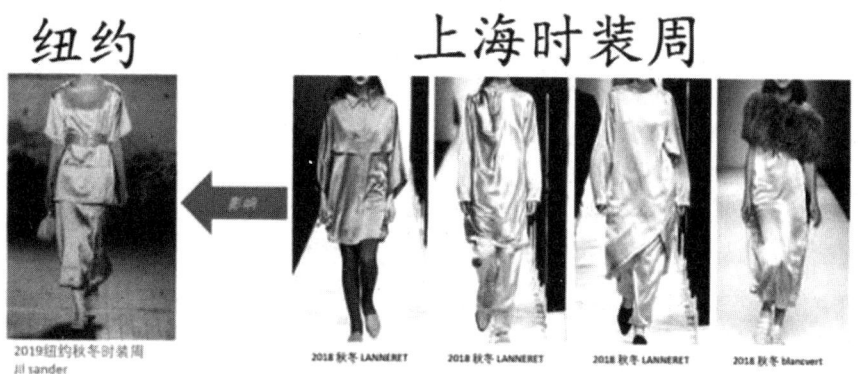

图3-11 纽约时装周从上海时装周获得的启发

(2)时尚产业博览会

重庆于2019年举办首届中国西部(重庆)时尚产业博览会,以"时尚赋能 消费升级"为主题,集商贸洽谈、渠道拓展、资源整合、潮流发布、跨界合作、资本对接为一体,邀请专业买家、买手等参观、洽谈、采购,并配套开展主题峰会、商贸对接、秀展互动、时尚体验等活动,助力重庆国际时尚之都建设。展区分为独立设计师品牌、品牌服装、时尚婚纱、时尚配饰、时尚运动、非遗等多个板块,非遗展区可体验荣昌夏布手工编织技艺,三峡绣、蜀绣、朽木虫雕、烙画、荣昌折扇、梁平竹帘、夔州蚕丝画等非遗手工艺制品制作。时尚传播活动迎合当下消费者喜好,开展了"十大时尚品牌"评选、"无抖音 不时尚"话题互动和淘宝直播活动,除主流媒体和网络媒体外,组织了《商界时尚》《新女报》、搜狐时尚Sohu、TOPYS、太平洋时尚网、YOKA、你有NEEU、轻芒App、小红书、轻奢网ileehoo、潮流先锋等专业媒体进行报道,扩大影响力。

(3)网红打卡地

2018年,重庆市突然成为一座游客们眼中的"网红城市"。各大社交媒体、短视频平台上热传着洪崖洞、李子坝"穿楼"轻轨、长江索道等景点,而这些景点也重新塑造着一个新的重庆城市形象。网红打卡拍照可带动时尚服饰搭配,网红景点艺术气息浓厚,有助于重庆城市时尚气质的培养,有助于提高消费者时尚素养。文化创意产业发达,带动原创设计产业发展。

涂鸦一条街。涂鸦一条街位于九龙坡区,可以欣赏涂鸦画作、拍摄酷炫大片,参观川美校区、参观重庆美术馆。

图3-12　涂鸦一条街

中复北仓文创园。中复北仓文创园位于江北区,是观音桥闹市中的文艺静谧之地。北仓由以前的一座纺织厂打造而成,保留着当年遗留的工业痕迹,涂鸦作品较多,适合拍照,与北京798相似。可以打卡网红北仓图书馆。

图3-13 北仓图书馆

金山意库。金山意库前身为两江新区出口加工区厂房，改造后总建筑面积约13.7万平方米，以"创意办公+文化休闲"为主体，以"文化商业休闲公园+漂浮的创意盒子"作为设计灵感，于2016年至2018年分三期开园，园区建成后进驻的文化、创意设计等各类企业约300家，创意设计、文化艺术、观光休闲类企业数量占80%以上。

图3-14 金山意库

501艺术基地。501艺术基地位于九龙坡区，是重庆首个画家村，是适宜拍照的艺术孵化园。跟北京的798相似，是工业区改造的艺术区,其中有开放式的涂鸦作品,还有美术作品展览和艺术成就展览。

图3-15 501艺术基地

重庆广播影视文化创意产业园。重庆广播影视文化创意产业园由重庆广电集团与九龙坡区、高新区合作打造,依托高新区标准工业厂房近3000平方米场地,发展涵盖电视栏目、栏目剧和电视剧策划、制作、销售发行,以及展示交流、商演开发、大型活动承办、电视购物、商品贸易流通等影视创意相关产业。产业园设计将整合产业链,引进网络内容制作、广告创意策划、文创教育培训、动漫创业孵化等相关产业,打造出西南地区最具引领价值的影视文化核心枢纽。

图3-16 重庆广播影视文化创意产业园拍摄地

（4）品牌店铺、商场与消费者互动

各种品牌通过与重庆消费者增加互动来宣传品牌价值和倡导的精神，迎合细分消费者的价值观念，另一方面也说明诸多品牌关注到了重庆时尚消费的潜力，肯定了重庆的时尚地位。如发源于纽约布鲁克林的潮流品牌PONY在重庆打造结合互动、舞蹈、艺术涂鸦等街头元素的快闪店铺，吸引数千街头潮人亲临现场打卡互动，让年轻人更好体会PONY"乐于尝试，无畏所失"的品牌精神。

图3-17 （1）丝网印刷定制PONY T恤 （2）消费者在体验帆布鞋涂鸦

建设重庆国际消费中心城市研究

阿迪达斯品牌认为重庆是一座凝聚着创造力的城市，重庆人热情似火、拒绝被定义的个性，与阿迪达斯崇尚创造力的品牌基因不谋而合，于2019年将中国西部地区首家品牌中心部署在重庆，邀请知名人士分享自己与品牌之间的故事，制作带有重庆本土元素的专属T恤，创造运动场景让消费者与品牌互动，消费者在购物过程中，能够在专业服务和设备区域体验健身课程、加入跑步俱乐部，还能在店内定制跑步机上亲身体验阿迪达斯运动表现系列产品，向消费者表达重庆和阿迪达斯"逗是耍"的新奇感受。

根据课题组调查，超过六成的重庆消费者通过时尚活动发布渠道获取时尚流行趋势，超过七成的重庆消费者认为时尚消费中心除购物外应该提供商品体验和品牌沙龙活动。消费者的这些需求已经得到了商场的响应，重庆各大商圈的商场不定期举办时尚发布活动，有助于提高消费者时尚素养。星光68广场每年国庆期间举行冬季时尚发布活动。2019年以"绮境风尚"为主题，使用代表浪漫风情的枫叶和枫树装点秀场，邀请12位新锐模特代表和40位星光品牌消费者参与走秀，展示来自10大品牌的多个系列服装，普通消费者和专业模特一起参加秀前培训并由专业造型师、服装师打造整体形象，大大提高了居民的时尚参与感。

(5)其他时尚相关活动

时尚沙龙。赢商网重庆区域2019年举办"我眼中的重庆，我眼中的时尚"主题沙龙，邀请各位时尚达人、知名设计师、时尚品牌创始人及购物中心高管等走在时尚前沿的人共话时尚。

手帐生活节。新光里·重庆首届手帐生活节以手帐文化为核心,结合文具文创、书籍、家居生活等载体,给大家传播一种积极阳光、对生活抱有热情、精致的生活方式。手帐生活节一共吸引了近2000名手帐爱好者前来参与、打卡。新光里作为一个年轻、有活力的城市复合空间,聚集了商业文化、生活文化、城市文化,用体验式消费来吸引大众,更想给重庆的年轻人们带来更多带有温度的生活方式。

熙街音乐节。熙街秉承"记录青春,唤醒热爱"的浪漫愿景,通过领先的商管团队、商业生态体系的营造,街区空间的场景运用、商业文化挖掘等途径,结合众多品牌商家、主力业店的经营全面联动,从生活、精神、情感全方位深入年轻客群,打造独一无二的交互式艺术文化体验。熙街音乐节以音乐文化为载体,将其变成一场有关城市与年轻人交流的音乐文化节。熙街音乐节的文化IP已经深种于重庆文化艺术的土壤中,亦是大众音乐创作不可或缺的一部分。赛事晋级阶段超过25万人次参与网络投票为选手加油助威,吸引周边大量学生、上班族及居民参与现场互动。

街头文化艺术节。JOYBOY街头文化艺术节汇集改装车、涂鸦、说唱、街舞等众多的街头文化元素,现场同时举办了JOY IN BOTTLE涂鸦作品展、JOY IN FLIP滑板街头秀、JOY IN MOTOR改装车展、JOY IN NOISE街势制噪说唱专场和江小白JUST BATTLE重庆分站赛等活动。街头文化的速度、造型、色彩,以及极限的肢体动作美,众多粉丝纷纷合影,并与大咖玩家交流互动。众多元素形成的聚合,给了观众一个全方位了解和感受潮酷文化的机会,也让中秋节在传统节日意义之上,又被赋予了一层属于潮流和年轻的含义。

3.时尚产业具有较好的发展氛围

国际四大时尚之都时尚产业的发展均离不开相关人才的教育与培养。法国文化部每年给奢侈品行业的工匠颁发一次艺术与文学骑士的勋章,表彰工匠们的高超技艺,鼓励年轻时尚从业者继承并发扬优良传统;米兰创办对外贸易委员会(ICE),组织专人掌管时尚产业发展,政府创办和开展各类时尚专业学习,增加人才储备并提高相关从业人员素质;伦敦拥有最前卫、最时尚的设计艺术学院,比如艺术大学的中央圣马丁艺术与设计学院、伦敦时尚学院等;纽约给时尚学院学生创造进入相关企业参观、与企业管理者直接交流的机会,纽约时装学院提供时尚设计师商业化培训平台,让设计与商业更好地结合。

重庆的四川美术学院在时尚设计、艺术、美学等方面培养了大量人才。四川美术学院是我国八大美院之一,现设有本科专业22个,形成了造型类、设计类、影视动画类、艺术理论类四大本科专业群,拥有艺术学理论、戏剧与影视学、美术学、设计学四个硕士授权一级学科,其中美术学、设计学获批"十三五"重庆市一流学科。四川美院联合国际多所艺术院校[①]共同发起"全球艺术设计优才培养计划",在服装设计、配饰设计、鞋类设计、戏剧

[①] 海外参与院校有英国的邓迪大学、金斯顿大学、诺丁汉特伦特大学、利兹艺术大学、格拉斯哥美术学院、普利茅斯艺术学院、威尔士三一圣大卫大学,爱尔兰国立艺术设计学院,加拿大安大略艺术设计学院、加拿大艾米丽卡尔艺术与设计大学,美国创意设计学院、蒙特克莱尔州立大学。

服装设计时尚相关专业开设了中英联合培养国际硕士实验班,旨在通过提供国际化创新的艺术与设计类学科培养及教学模式,引进海内外优质的学术和教学资源,结合创新教育的丰富经验,培养出在全球竞争环境下具备国际化视野的创新型、复合型,以及产业实践型艺术设计新人才。

重庆市政府非常重视时尚产业的发展,为人才培养提供了较好的环境。重庆国际时装周专门开辟大学生服装设计秀专场,组织四川美术学院设计艺术学院、重庆师范大学美术学院、西南大学纺织服装学院、重庆第二师范学院美术系、重庆工商大学设计艺术学院、重庆交通大学人文艺术学院、重庆文理学院、重庆城市管理职业学院、重庆工商职业技术学院、重庆航天职业技术学院、重庆文化艺术职业学院以及重庆工贸职业学院的12所专业院校的在校生参与服装设计新秀大赛,由业内专业人士、时尚界名人、商界名流等权威专业人士担任评委,从参赛学生中评选出十佳新人,评选出的十佳新人携获奖作品进行专场发布,从而选拔、挖掘优秀设计人才,不断提高服装服饰研发设计水平,加快时尚创意及专业人才队伍建设。

重庆政府出台了一系列政策支持时尚产业发展。重庆市"十二五"期间,每年设立5000万元纺织服装产业发展专项资金。支持研发设计,企业为开发新技术、新产品、新工艺产生的研发费用,未形成无形资产计入当期损益的,在按规定据实扣除的基础上,按照研发费用的50%加计扣除;形成无形资产的,按照无形资产成本的150%摊销。对经国家权威机构认定的服装设计师,以个人或公司名义在重庆注册并实质性运行的,给予

30万元一次性补贴;贷款金额300万元以内的,给予一年期贷款基准利率贴息。支持组织开展"重庆十大服装品牌"评选活动,对获选品牌予以表彰并给予20万元的一次性奖励。支持企业申报重庆名牌产品和中国驰名商标,对获得市级及以上名牌产品、著名商标称号的企业,给予一次性奖励。支持企业参加展会,对参加重庆市举办的国际性、国家级和市级会展以及参加市政府或相关行业主管部门组织的境内国际性、国家级专业会展的企业,给予50%的展位费补贴;对组织参加境外国际性专业展会的企业,给予70%的展位费补贴。

四、我国与国际时尚消费趋势

(一)我国及重庆时尚消费趋势

1.我国时尚产业市场空间广阔

中国时尚产业将进入快速发展阶段,巨大的时尚消费需求将为重庆发展时尚产业提供较好的市场条件。Fashion DeepBlue首席创意官表示,全球时尚产业的主力市场由过去集中在西方国家,到2018年东西方市场占比"对半分",预计2019年中国时尚消费市场总额将超越美国,跃居全球首位,德国、日本、英国、印度紧随其后分列三至六位。高档服饰在奢侈品消费中占据重要地位,根据智研咨询研究数据,2012—2018年高档服饰消费额增长23.3%,在化妆品、箱包、手表、鞋、珠宝品类中位于第一。奢侈品消费是时尚产业的重要组成部分,目前全球1/3的奢侈品消费者都来自中国,且发展势头非常强劲,市场份额有望在2025年达到800亿欧元,贡献全球奢侈品行业近一半的销售额。

2.国潮方兴未艾

中国消费者更加青睐国产品牌,赋予重庆发展时尚产业较好的机遇。近年来,国潮的概念已经从小众的设计师品牌发展成大众化的消费行为,全球化监测和数据分析公司尼尔森发布的2019年第二季度中国消费趋势指数报告显示,随着民族情怀的上升,68%的中国消费者偏好国产品牌,即使有62%的消费者会购买国外品牌,但国产品牌仍是首选。情怀以及消费者对品牌的认可度是国产品牌崛起的主要核心驱动力,其中男性和一、二线城市消费者受情感驱动更明显,一、二线城市中67%是因为热衷传统美学(热爱中国的传统文化和符号以及和它们相关的衍生元素);60%是文化渗透(国货和中国风已经成为他们的一种生活方式)。根据《百度国潮骄傲大数据》报告显示,2009—2019年间,国产品牌关注度从38%提升至70%,其中服装国产品牌的10年间提升了24%。

3.重庆居民时尚服饰消费意愿和时尚参与感较强

重庆居民普遍认可本土服饰,消费意愿较强,为本土特色时尚服饰提供了较大市场空间。根据课题组开展的"重庆服饰时尚风格调查",在满足生活必需品消费后,有接近20%的居民选择服饰消费支出比例达90%以上(若有100元,会有90—100元购买服饰),占比第一,且超过一半的居民选择换季必买服装;超过三成的重庆居民认为渝派服饰本土特色鲜明,未来5—10年重庆本土品牌与国际大牌发展潜力相当;13%的重庆居民偏好在重庆本地购买服饰,仅低于选择网络购物的比例。

超过七成的重庆消费者希望参加特色服饰DIY和品牌沙龙活动,近七成的消费者希望参与大众走秀活动。在重庆本地,消费者喜欢去观音桥、解放碑、天街等步行街商圈和淘宝购物。重庆消费者对于上海、成都和广州的时尚地位比较认可,且认为重庆的时尚气质最接近上海和广州。在时尚消费调查中,女性、18—25岁参与者比例均超过八成。根据以上调查结果,鉴于重庆城市风貌和文化氛围,重庆应发挥时尚消费的"示同"作用,走大众时尚路线,让重庆特有的巴蜀文化与多元化国际化的青年文化猛烈撞击,形成重庆特有的潮文化潮消费。一方面应加快改造提升步行街,提升时尚消费体验,策划大众广泛参与的时尚活动,一方面创新零售业态,抓住直播经济、网红经济发展红利,提高大众对重庆特色时尚的关注度。借鉴上海、广州女装的设计元素与时尚精髓,实施渝派女装风格再造工程,提高川渝地区乃至西南地区对于渝派女装的认可度。

图4-1 重庆服饰时尚风格调查中购买衣服首选地选择情况

(二)2020年全球时尚消费趋势

麦肯锡和尼尔森等国际知名市场研究咨询公司根据消费者调查和品牌商调查,做出了一些消费趋势和时尚产业发展领域的趋势预判,能够为重庆发展时尚服饰产业的重点方向提供借鉴和参考。

根据麦肯锡最新发布的2020年时尚产业报告,由于全球经济贸易形势前景黯淡、政治动荡等,2020年全球时尚产业将增长3%—4%,较2019年3.5%—4.5%的增速略微放缓,从地区上看,亚洲相对乐观。时尚产业面临的三大发展机遇分别是可持续发展、数字化和创新。

消费层面将出现一些趋势变化:

发挥社交平台的作用。约70%的时尚玩家将会增加在新媒体平台和传统平台上的探索支出。品牌商将会在不同的市场部署不同的社交媒体平台,并采取具有号召力和行动力的策略,平台上必须有购买支付链接。

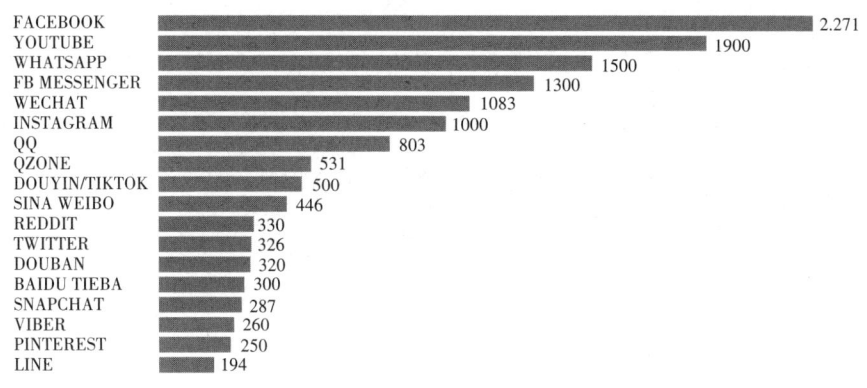

图4-2　2018年社交平台用户数量(百万)

铺设社区实体店。55%的品牌高管认为部署本地化的实体店将是趋势之一。由于消费者购物需求向着便捷化和即时化发展，要求零售商们在主要购物区域外的社区和郊区增加特色化的实体店以满足消费者需求。

可持续性优先。受访者认为可持续性是时尚产业发展面临的最大挑战和最大机遇。时尚产业虽然在可持续发展方面取得了一些成绩，但仍然在能耗、污染和资源消耗方面有很大改善空间。时尚玩家需要付诸实际行动，遵守法规，满足消费者对于环境友好、资源节约等一系列可持续性发展的要求。

尼尔森数据显示，在穿衣方面，一、二线城市的消费者更加注重服饰的颜值和口碑。31%的消费者更注重做工精良，29%的消费者更倾向于选择设计大气的品牌，注重口碑的消费者高达32%。国产品牌想利用国潮崛起致胜营销，在策略上不仅是靠"回忆杀"，还需大胆跨界做消费场景创新，扩大口碑效应。在一、二线城市消费者中，49%的消费者认为各种跨界合作的国货很有吸引力，61%的消费者对产品和服务创新有强烈的兴趣，还有37%的消费者会因为喜欢的偶像明星用或者代言而选择国产品牌。此外，国际品牌要想真正做到"入乡随俗"，要融入的不只是中国元素，更是文化传承。有65%的一、二线城市消费者表示，融入中国元素的国际品牌产品对他们来说非常有吸引力。

麦肯锡根据品牌商高管调查,得出一些时尚产业发展的趋势变化:

原料革新。67%的受访者认为采用创新的可持续性的原料对于公司来说非常重要。品牌商们将会探索研究满足可持续性发展的原料,包括对原有材料的再造以及在美学和功能性方面更有优势的高科技材料,研发的重点将聚焦在纤维、织物和纺织品创新方面,并在将来大规模使用。

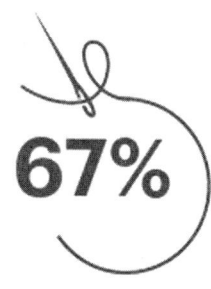

包容性文化。调查显示,时尚高管中男女比例是7:1。时尚品牌的消费者和时尚公司的雇员将会要求品牌倡导多元性和包容性文化。很多公司将会在组织架构和聘用中提升多元和包容的优先级,但公司是否采取实际行动还是要看忠诚度审查和考核结果。

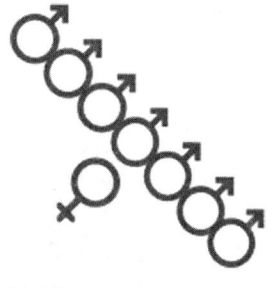

跨境挑战。亚太地区的B2C跨境电子商务交易额同比增长37%。亚洲地区的制造商和中小企业已经转型成功,通过电子商务直接把商品卖到全球消费者手中,现有的品牌商和零售商面临着竞争压力。亚洲的供应链管理者如果能够设计出受欢迎的商品,用消费者可以承受的价格在网上平台完成跨境交易,那么现有的品牌商们的竞争压力将会加剧。

直面消费者。未来的交易更加数字化,品牌商需要调整消费群体,从制造到设计都需要带给消费者更有新鲜感的流行趋

势和创意。直接面向消费者的交易将会增多,品牌商们需要调整策略适应新的形势,比如缩短时尚产业链条、数字化、调整消费群体,从而适应新的角色。为了标新立异,或者直接说为了生存,品牌商将会提升面向消费者的吸引力,向传统的企业客户提供更好的服务和体验,从而改善品牌与消费者客户、企业客户之间的关系。

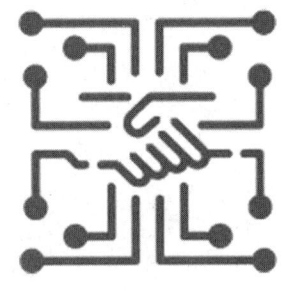

数字化战略的再调整。在过去2年中,时尚科技公司的市值从IPO(首次公开募股)后减少了27%。尽管已经采取数字化战略的品牌公司成功IPO,也扮演了独角兽角色,但是投资者的情绪正在恶化。投资者担心的是这些品牌如何盈利,包括纯线上、线上线下结合、直接面向消费者以及采取数字化优先战略的零售商。

五、国际时尚产业发展案例

世界五大时尚之都塑造了各具特色的时尚文化与时尚经济,成为举世公认的世界级时尚中心,在时尚产业链中,时装产业是贯穿始终的核心,担负着时尚不断变化的时代风标和外在表达。

(一)巴黎时尚产业

巴黎地处法国北部塞纳河西岸,是法国的首都和最大的城市,也是法国的政治、经济、文化中心,是与米兰齐名的时尚之都,同时又是四大世界级城市之一。巴黎作为法国的心脏,不仅拥有悠久的时尚历史,而且集聚了许多国际上公认的顶尖服装品牌设计和营销总部,被誉为"服装中心的中心"。巴黎拥有领先的女装技术,巴黎时装是法国经济的支柱产业。

1858年查尔斯·沃斯在巴黎和平大街开设了"沃斯与博贝夫"时装店,是历史上第一个高级定制服装店,这一里程碑式的事件标志着设计师时代的到来,巴黎逐渐形成了以上流社会的高级顾客为对象的高级时装业。沃斯的出现奠定了法国高级时装在时尚界的地位,他被后世誉为"高级时装之父"。但好景不长,二战使高定客户大量减少。二战后50年代到60年代末是高级定制最后的黄金年代。一大批享誉国际的时装大师活跃在世界时装舞台上,代表人物有皮埃尔巴尔曼(Pierre Balmain)、于贝尔·德·纪梵希(Hubert de Givenchy)、克里斯汀·迪奥(Christian Dior)、巴黎世家品牌创始人克里斯托巴尔·巴伦西亚加(Cristobal Balenciaga)等,此时巴黎确立了时装之都的地位。战后初期,巴黎成衣产业已存在但没有达到商业化和规模化发展。Dior和Balenciaga辞世之后,高定时装屋接连关闭或者停产,年轻风暴席卷全球,设计师们开始接受成衣产业发展的大潮流,纷纷推出成衣系列,高级成衣业迅速崛起。

1973年,第一场巴黎时装周在凡尔赛宫开启。这场名为

"The Battle of Versailles"(凡尔赛之战)的时装周是为凡尔赛条约筹款所做的爱国主义时装表演,由纽约时装周的创始人Eleanor Lambert、时任凡尔赛馆长Gerald Van der Kemp共同策划。The Battle of Versailles至今仍是时装界的一个骄傲,成为历史上黑人模特的转折点。巴黎时装周是全球四大时装周的压轴,已经成为巴黎时尚的一个标志。米兰和伦敦时装周偏爱本土设计,对外来设计师接受度有限,纽约时装周商业氛围浓重,而巴黎时装周吸纳全世界的时装精英。

法国绝大部分品牌是设计师品牌,设计师是品牌的灵魂人物,把握时代潮流,起到时尚风向标的作用。品牌为高级时装的研发提供了资金和技术后盾,同时品牌向海外市场扩张也为巴黎时装打响了知名度。例如法国全球最大的奢侈品生产和零售商LVMH集团,旗下囊括包括Louis Vuitton、Dior、Givenchy等在内的50多个奢侈品品牌,数万名员工遍布全球。

政府设置机构引导时尚产业的发展,1994年成立欧洲工会联合会,为纺织服装员工提供专业化在职培训。2008年法国财经就业部在法国工业发展战略总司下设立了纺织服装和皮件工业发展处,专门负责规划相关产业政策和制定发展战略,整合产业生产资源和产业供应链,服务范围覆盖到小微企业。行业协会在时尚产业发展中提供了更加专业的服务,法国高级定制和时尚联合会(FHCM),前身是创立于1868年的法国高级时装协会,由高级时装协会、高级成衣设计师协会以及高级男装协会三个联合会组成,业务范围涵盖时装周承办、新兴品牌发展和时尚教育等多项事业,其创办的巴黎服装工会学院和法国时装研究所,是全球时尚界的两大知名学府。2019年FHCM开展Paris Good Fashion活动,希望提高业内人士对可持续发展的积极性,到2024年将巴黎打造成全球首屈一指的环保时尚之都。

巴黎是最早成为时尚中心的城市,法国也是第一个注重时尚传播的国家。18世纪法国宫廷的贵族举办艺术沙龙是早期时尚流行传播的重要方式。在巴黎高级时装繁盛的时期,《ELLE》和《时尚装苑》两本杂志极大影响着时尚界的发展趋势。欧洲的第一本女性时尚杂志《L'OFFICIEL》也出现在巴黎。它们最早都是以时装为主,逐渐发展成包括时装、美容、休闲等多方面的引领生活时尚杂志。时尚媒体不仅是世界时尚界了解法国的窗口,也是世界时尚的标杆。服装设计教育被誉为处于时尚金字塔的塔尖,巴黎是"时装圣地",建有法国时尚学院(IFM)、巴黎高级时装学院、巴黎MOD'ART国际时装艺术学院等知名时尚学校,汇聚了全世界众多优秀服装设计师。

(二)纽约时尚产业

纽约是美国第一大都市、第一大商港和人口最多的城市,也是全世界最大的都会区之一,影响着全球的经济、金融、媒体、教育、娱乐与时尚界。纽约的经济不仅具有明显的总部经济特色,而且其经济以中小企业为基础,这种经济实力使其自身也产生了旺盛的时尚需求。纽约时尚在发展中形成了以牛仔文化为代表的大众成衣,同时纽约也是四大时装周城市中最早举办时装周的城市。

19世纪,纽约主要是劳动密集型的制衣作坊。1920—1930年期间,纽约的服装产业取得长足发展,美国各大城市也在快速步入工业化进程中。女性社会地位和经济地位的转变同样推动服装需求量的增长,服装工厂形成了拥有完备生产线的成衣总部,零售业快速发展,时尚保持周期性循环。二战期间巴黎时尚地位岌岌可危,纽约成为新的时尚中心,1943年由于受二战影响,时装业内人士无法到巴黎观看法国时装秀,在埃莉诺·兰伯特的组织下,一场名为"媒体周"的展示会诞生了,这是纽约的第一个时装周,意在将人们的时尚注意力从巴黎转向纽约。纽约时装周风格偏重商业休闲,且集合了众多美国新生代设计师力量。

被誉为"时尚圣经"的《Vogue》创刊于1892年,是美国康泰纳仕集团的时尚杂志,随着纽约时装周逐渐取得成功,原本充斥着法国时装报道的《Vogue》也开始加大对美国时装业的报道。纽约本土的时尚杂志在更广范围内激起大众对于服装的兴趣,服务于时尚摄影的时尚广告大量出现,为培育全美大众消费市场发挥至关重要的作用。

纽约的大众成衣业诞生于19世纪末工业化的浪潮下,带有鲜明的美国特色。纽约生活节奏快,人口密度大,城市文化的更新速度和包容性较强,时尚在寻求每季变化的同时也尽可能地满足不同人群对服装的不同需求,而大众成衣的最显著特点就是成本低和批量生产。20世纪70年代以后,纽约时装已经形成典型的美国风格,趋向大众化、平民化,经久耐穿,价格多元,运动休闲风格的服饰成了活力展示,大众开始热爱牛仔裤、夹克和拖鞋。

从产业链发展来看,纽约时尚产业兴起于制造部门,而后向产业链的两端延伸,重视设计和营销,完成了传统产业的链内升级。鉴于航运优势,产业最初分布在曼哈顿岛的东南部,而后向北发展集聚于服装区内,目前服装区仍是纽约时尚产业的核心地区。第七大道是纽约服装产业的聚集区,与之相毗邻的第五大道更是世界闻名的百货商品零售区。全球化分工影响下,产业的低端部分大规模转移至第三世界国家,个性化的生产和产业链的高端部分,产品设计、零售营销等产业中技术和资本密集型的部分仍保留在纽约。

作为产业连接的纽带,设计师和设计师协会在时尚体系中的地位至关重要。纽约知名的时装设计师大多都拥有自己的品牌,是潮流趋势的制造者和发布者。创建于纽约的世界品牌有卡尔文·克莱恩(Calvin Klein)、蔻驰(COACH)和唐可娜儿(DKNY)等。产业发展初期,纽约成立了服装产业工会,代表时装企业保护设计知识产权、解决劳动纠纷、对外联络、投放广告、举办时装发布会,同时也为设计师提供财政支持。1962年成立美国设计师协会(CFDA),网罗优秀设计师,培养和挖掘新生力量。另外,纽约教育力量雄厚,集聚了纽约大学、帕森斯设计学院、纽约时装学院、普瑞特艺术学院、纽约视觉艺术学院等时尚顶级学院,培养了大批时尚创意设计人才。

(三)伦敦时尚产业

伦敦是英国的首都、第一大城市和第一大港,也是世界文化

建设重庆国际消费中心城市研究

名城、艺术之都和世界最大的金融贸易中心之一,这为伦敦成为时尚之都奠定了独特的文化底蕴。18世纪末的工业革命推动了英国经济的发展,伦敦的纺织业和时尚业也快速发展,雄厚的经济实力是国际时尚中心形成和发展的物质基础。伦敦具有悠久的纺织业传统,是经典男装的制作中心,源自伦敦的猎装曾长期风靡全球,20世纪60年代又率先出现了超短裙。即使时代变迁,伦敦始终走在时尚的最前沿,以创意和前卫著称。Burberry是英国经典的奢侈服装品牌。

伦敦最初的时尚仅限于贵族阶级的奢靡生活,棉织品的出现成为当时的时尚,英国的棉毛纺织业逐渐壮大,这为伦敦时尚产业的出现提供了良好的物质环境条件。二战之前是英国的全盛时期,工业革命进一步提升了伦敦的政治经济地位,确立了英国作为"世界工厂""纺织中心"的地位。同时英国男装摆脱了烦琐华丽的特点,吸收军服的优点,形成"简洁、整齐"的英伦风格,伦敦进而成为世界男装中心。二战之后,英国受到重创,时尚产业的发展也停滞不前。直至20世纪80年代,英国政府才重新重视时尚产业。1983年成立了英国时尚协会(BFC),1984年正式举办了第一届伦敦时装周,同年举办了首届年度最佳设计师奖。BFC作为英国行业协会,还举办了素有"时尚界奥斯卡"之称的莱卡英国风尚大典,这是英国年度顶级的时尚盛典。伦敦时装周是国际四大著名时装周之一(即米兰、巴黎、纽约、伦敦时装周),它秉承着时尚、流行的原则,以另类的服装设计概念和奇异的展出形式而闻名。但相对其他三个时装周,伦敦时装周无论是规模、影响力、成交额等都屈居最后。

伦敦长期保持时尚之都地位，也得益于其拥有最前卫时尚的设计艺术学院，如伦敦艺术大学、中央圣马丁艺术与设计学院、皇家艺术学院、伦敦时装学院等一些世界级名校。世界各地才华横溢的设计师或艺术家来到伦敦深造，培养发掘出一批批的新锐设计师，为伦敦时尚产业源源不断的补充新鲜血液。

（四）米兰时尚产业

米兰是意大利的第二大城市和重要的经济中心，也是欧洲三大都会区之一，控制着世界4%的艺术珍品，城市因建筑、时装设计、艺术、制造业和金融业而闻名。在时尚圈里流行着这样一句话："时尚从英国起源、法国发迹，于意大利变成艺术，却在美国成了最赚钱的工具"，可见意大利在时尚界的至高地位。米兰时尚产业依托于纺织服装业、皮革制品和鞋类行业，以成衣制作、面料研发和展览业为发展核心，是高级成衣发源地和世界一流的面料制造基地。

二战之前，法国主导着米兰的服装产业，米兰没有大规模的工业化服装生产行业。二战爆发后，米兰为了在时装行业赢得市场竞争力，需要提出创新性的发展方向。此时法国已有高级定制，美国大力发展大众成衣，而米兰在美国的经济援助下，牢牢把握"时尚平民化、服装成衣化"的历史潮流，创新性地发展了高级成衣。1967年意大利高级成衣诞生，并形成规模化发展，同年非营利组织意大利时尚协会（IFC）创立米兰时装周，米兰作为世界性的时装之都开始崛起。米兰时装周作为目前国际四大著名时装周之一,是唯一的非首都城市时装周,也是唯一的服装生产基地诞生的时装周,它在四大时装周中起步较晚,却成了世界时装设计和消费潮流的"晴雨表",更是世界顶级品牌、大牌设计师以及全球买手的超级聚会平台。

米兰拥有许多国际一线的时尚品牌,是世界半数以上时装大牌的总部所在地,乔治·阿玛尼、范思哲、古驰、瓦伦蒂诺等世界顶级服装品牌均诞生于此。米兰时装业迅速发展也得益于其风格独特的布料和一流的印染技术。米兰时装与巴黎高级定制相比,具有更持久的商业化实践和更强的适应消费升级需求的能力,吸收并延续了巴黎高级定制的精华,同时融合了米兰特有的文化气质,时装展现出高雅、精致的风貌,充分反映了民族性的艺术风格及简洁利落的实用功能。

米兰注重时尚产业后备人才力量的培养,将教育与产业结合,推动文化产业发展,使之成为国际时尚圣地。1935年建立的马兰戈尼设计学院,是米兰私立服装设计学院,致力于培养时装和设计行业的专业高级人才,与当地服装企业紧密联系,同时又是乔治·阿玛尼、范思哲、古驰、瓦伦蒂诺等意大利和世界顶级时装公司的合作单位。米兰理工大学是意大利最负盛名的工业大学,1994年开设了意大利第一个工业设计本科班,如今这个专业已成为培养优秀设计师的摇篮,学生和教师的数量位居全国同类学院之首。1982年建校的多莫斯设计学院以工业创意过程研究和专业培训独树一帜。人才的积累最终为米兰从传统产业逐渐蜕变为时尚产业打下了坚实基础。

米兰的时尚产业以小企业为主,大、中、小型企业形成一个完整的产供销一条龙产业链体系,政府、行业协会在时尚产业发展中起到了重要的协调作用。政府注重本土品牌的培育,大力扶持小型企业,集中精力为企业做好软硬件设施建设,开设提高劳动力技能的培训。

(五)东京时尚产业

东京不仅是日本的首都,也是日本最大的经济中心。同时作为世界金融中心城市之一,东京对世界经济也有很大的影响力。东京时尚产业在五大时尚之都中起步的最晚,但随着日本时尚文化的传播和产业快速发展,日本东京形成了表参道、原宿、涉谷、代官山、银座等诸多时尚集聚区。东京是东西方文化交汇融合的时尚之都,是新潮流文化与城市青年新文化的发源地,拥有自己一流的设计和品牌,同时发展高品质的时装加工业,比较知名的时装品牌有三宅一生(Issey Miyake)、BAPE、Evisu、优衣库等。《non-no》《JJ》等流行服饰杂志也是东京成为时尚新势力的重要传播媒介。

日本早期穿着是跟随欧洲流行趋势,二战结束后美军进驻日本,给日本时装界带来崭新视野。而后随着发展诞生了《POPEYE》杂志,它的创刊也被称为日本流行文化的革命性事件,打开了日本青年世界潮流资讯的大门。20世纪80年代,日本经济进入泡沫期,潮流青年把目光聚集到逐渐崭露头角的本土设计师身上,他们的服装风格特征是隐藏身体线条,剪裁简单大胆,不规则的破洞、褶皱都是加工重点。这种颠覆了西方服装界重视剪裁和体型的传统概念的独特表现手法,于1982年巴黎时装周展出后,在设计界引起轩然大波,被称作"来自东方的冲击"。川久保玲、山本耀司、高田贤三、三宅一生等一众日本顶尖设计大师进军巴黎时装界,改变了国际时装格局,颠覆了西方人传统的审美认知。

原本20世纪90年代能够挤进第五位的日本时装周也是因为近些年的不济而落得终被淘汰的地步,每年也只是一些一线大牌为了维护日本本土上流社会的客户而不得不将某一季的新款发布安排在日本东京举行。目前的东京时装周更多的是迎合本国产业需求,国际参与规模相当小,海外受邀嘉宾仅占少数,未来的发展之路充满挑战。

日本东京政府大力支持服装产业发展,对时装周的支持尤为突出。为了有效搭建日本服装对外宣传推广平台,2007年日本时装战略会议策划委员会专门成立了东京时装周促进机构,此后日本政府每年专门划拨6亿日元,用于持续举办日本东京时装周的各项活动,帮助企业挖掘培养服装专业人才,加强国内纺织服装信息的交流与合作,形成协同效应。此外,日本还建立了发达的时装教育体系,占全国人口0.3%的人受过服装方面的专业教育。东京集聚了日本文化服装学院、东京艺术大学等时尚学府。

(六)五大时尚之都的经验与启示

目前,巴黎、伦敦、米兰、纽约和东京被公认为拥有成熟时尚产业的地区,这五大国际时尚之都具备相似的基础,重庆时尚产业的发展与建设可参考借鉴他们的成功经验,再结合本地特色因地制宜,建立具有重庆标志的时尚产业。时尚之都的建立,本质上需要融合经济、人文、产业与政策在内的整体时尚生态,完成从产品到服务、从生产到消费等价值聚合和价值实现。根据对五大国际时尚之都的发展经验分析,发展时尚之都需要具备一些基础条件。

1. 时尚地理基础

五大时尚之都所在城市都具有良好的区域背景,综合实力和国际地位较高。

2. 时尚产业基础

国际时尚之都拥有雄厚的时尚产业基础,发展历程都是由纺织服装的制造业基础演变而来,是工业化和城市化发展成熟阶段的产物。重视设计与营销,产品制造向外延伸,保留核心设计与制造技术,控制产业链的关键环节。注重打造时尚产业集聚区和消费街区,提升产业集聚效应。

3. 时尚品牌文化

五大国际时尚之都积极打造时尚品牌,协助企业推动品牌化发展,品牌的影响力决定着时尚潮流的话语权。五大国际时尚之都的时尚产业都形成了一批代表性的世界级品牌,聚焦本土的时尚文化风格。巴黎以优雅的高级女装著称,纽约是以牛仔文化为代表的大众成衣发源地,伦敦是著名的男装中心,米兰是公认的高级成衣之都,东京是东西方文化结合之都。巴黎、纽约、米兰、东京等城市注重发展设计师品牌,形成了克里斯汀·迪奥、卡尔文·克莱恩、乔治·阿玛尼、三宅一生等国际一线时尚品牌。

4. 时尚传播能力

注重时尚传媒载体建设,打造具有本土地域特色的时尚发布会及展会等时尚活动,形成具有影响力的时装周,吸引国际买手的关注度,巴黎时装周、伦敦时装周、米兰时装周、纽约时装已发展成为全球四大时装周,在世界时尚界具有极大影响力。同时,他们大力发展时尚杂志等传播媒体,打造时尚传播的助推器,将其潮流趋势和时尚文化辐射至全世界。

5. 时尚人才与院校

国际时尚之都注重产业后备人才力量的培养,拥有大量时尚设计创意人才,建立了众多高端时尚教育院校,如巴黎的巴黎高级时装学院、法国时尚学院,纽约的纽约大学、纽约视觉艺术学院,伦敦的中央圣马丁艺术与设计学院、皇家艺术学院,米兰的马兰戈尼设计学院、米兰理工大学,东京的东京艺术大学等,将教育与产业结合,为当地时尚产业培养了源源不断的设计与创意人才。

6. 政府与协会支持

国际时尚之都的建立依托于政府的大力支持和有效管理,将时尚产业定位为城市经济发展的重点产业,出台各类政策推动时尚产业发展。政府加强行业协会的建设,各时尚之都皆成立了时尚相关协会,对时尚产业发展提供引导与帮助,促进时尚之都建设。例如,法国财经就业部设立机构负责时尚产业政策规划和战略等,法国高级定制和时尚联合会(FHCM)承办时装周、品牌发展和时尚教育等多项事业。纽约成立服装产业工会和美国设计师协会,以培育优秀人才,提供产业和财政支持。英国时尚协会举办伦敦时装周、莱卡英国时尚大典等各类时尚活动,推动时尚产业发展。意大利时尚协会(IFC)创立米兰时装周,政府注重本土品牌培育,大力扶持企业发展。日本成立了东京时装周促进机构,提供资金与人才支持。

六、我国时尚产业发展案例研究

(一)我国主要城市发展时尚产业案例

1. 上海时尚产业

国务院批复的《上海市城市总体规划(2017-2035年)》中明确指出上海的城市性质:上海是我国的直辖市之一,长江三角洲世界级城市群的核心城市,国际经济、金融、贸易、航运、科技创新中心和文化大都市,国家历史文化名城,并将建设成为卓越的全球城市、具有世界影响力的社会主义现代化国际大都市。同时,上海也在着力建设国际设计之都、国际时尚之都、国际品牌之都。

政府积极推动时尚产业发展,出台了产业发展及专项资金扶持政策,包括《关于加快本市文化创意产业创新发展的若干意见》(简称"上海文创50条")、《上海市促进文化创意产业发展财政扶持资金实施办法》、《上海创意与设计产业发展"十三五"规划》、《促进上海创意与设计产业发展的实施办法》等一系列相关政策。政府关注时尚服装业转型升级,重点布局环东华时尚创意产业集聚区、上海国际时尚中心、尚街LOFT、时尚谷等,推进重点平台建设。"上海文创50条"指出,要培育促进时尚消费,把上海时装周打造成为具有国际影响力的中外时尚设计师集聚平台、时尚品牌国内外发布推广平台和时尚产业"亚洲最大订货季"平台;加强上海时尚之都促进中心等平台建设;推进时尚设计咨询、贸易流通、时尚传播、流行趋势和指数发布等时尚服务业发展。

2015年上海市政府与中国纺织工业联合会签署《共建上海国际时尚之都战略合作框架协议》,共同推进国家级时尚产业基地"中国纺织服装品牌创业园"等载体建设,打造了新天地、田子坊、8号桥等时尚创意地标,设立中国时尚趋势研究院,引入了一批重点展会。中国国际服装服饰博览会自2015年起移师上海,是亚洲地区最具规模与影响力的时尚服装专业展会。

2016年,上海市被国际时尚联盟认定为全球成长最快的时尚之都。通过每年举办设计之都活动周、上海时装周、中国国际工业博览会设计创新展等主题活动,从不同角度和行业需求,为企业搭建产业合作交流平台。为推动上海纺织时尚产业转型,2001年成立了上海时装周,目前拥有多个具有不同细分定位的发布平台,既有关注先锋独立设计师群体的展示,也有侧重商业成功的时装品牌发布。上海时装周也注重跨界合作,观众群体趋于年轻化,是全球最有活力的时装周。作为中国原创设计师起步及商业化的重要官方组织,上海时装周创造了设计师成长发展的重要生态环境,近年来逐渐成熟,明确了自我定位,成为亚洲最大订货季,全球新品首发地。

此外,上海国际时尚联合会于2014年搭建了中国第一个致力于推动高级定制事业的推广与展售平台,同年10月创办了一年两季的"上海高级定制周",旨在振兴、重塑上海都市高级精品手工业,助力本土时尚产业发展。

上海纺织业具有深厚的历史底蕴,借助长期积累的工业基础优势,上海建立了若干个纺织服装时尚基地(园区)。以上海国际时尚中心为例,是由原十七棉纺织总厂改建,总建筑面积达14万平方米,具备时尚多功能秀场、创意办公、精品仓等功能,园区内的专业秀场已作为世界知名品牌的发布地。

上海独立设计师品牌集群特点显著,多集中在以外滩18号、新天地、聚集地(INSHOP)为代表的上海中心高端消费区域,也出现在尚街LOFT、红坊创意园区等新概念创意地产和时尚园区,还有品牌驻扎在富民路、长乐路、田子坊等老上海租界的弄堂小路里。同时上海聚集了全国以及全球尖端的时尚媒体和时尚策划人,吸引了大量的时尚买手和时尚博主;地域上毗邻我国南方纺织行业的重要基地,不仅压缩了品牌成长期,经济效益也比较显著。HELENLEE、Pari Chen、UMA WANG等品牌已经入驻国际买手制商店,与CHOLE、ARMANI、PRADA处在同样的展售平台上。

上海时尚产业相匹配的教育资源丰富,拥有东华大学、复旦大学、上海交通大学、上海视觉艺术学院等具有时尚相关专业的院校,为时尚行业源源不断的培养优秀人才。

上海在开埠后受西方文化的影响,在中国江南传统文化(吴越文化)的基础上,形成了上海特有的文化现象——海派文化,其基本特征是具有开放性、创造性、扬弃性和多元性。具有上海特色的海派服饰保持着鲜明的海派特征,追求精致、优雅、时髦、灵巧、讲究做工质量,注重服装的细节及服饰搭配。作为中国时尚业的重要发源地,以及中国时尚品牌培育诞生的摇篮,上海在历史上涌现出了一大批享誉全国、蜚声海外的知名时尚品牌,如培罗蒙、三枪等。

2. 北京时尚产业

根据《北京城市总体规划(2016年—2030年)》,北京战略定位是全国政治中心、文化中心、国际交往中心、科技创新中心。北京作为中国的首都,具有源远流长的古都文化、丰富厚重的红色文化、特色鲜明的京味儿文化,北京发展"时尚之都",可以把这些融合共生的文化元素作为推动时尚产业发展的本源力量,以"时尚+文化"助推北京时尚之都建设。

北京市发展时尚产业具有良好的政策环境和产业支撑体系,政府先后出台了《北京市促进文化创意产业发展的若干政策》《北京市文化创意产业提升规划(2014—2020年)》《北京市文化创意产业功能区建设发展规划》《北京"设计之都"建设发展规划纲要》《北京市促进设计产业发展的指导意见》等一系列政策文件,指导北京时尚产业发展。2018年,北京市委、市政府印发《关于推进文化创意产业创新发展的意见》,指出发挥"设计之都"资源汇聚优势,大力发展产品设计等行业,使北京成为传统文化元素和现代时尚符号汇聚融合的时尚创意之都。推进创意设计与其他产业融合发展,打造北京设计、北京创造品牌。此外,北京集聚了北京服装学院、清华美术学院、中国纺织科学研究院等国内知名时尚、艺术类高等院校及科研院所,培养了大量时尚产业发展所需的各类人才。

北京时尚展会业发展规模不断壮大,持续举办了中国国际时装周、北京时装周、北京国际设计周、北京时尚消费月、"时尚北京"系列活动、中国国际青年设计师时装作品大赛等时尚展示和行业赛事活动,主推时尚文化与创意设计融合发展,积累时尚产业发展资源,进一步提升了北京的国际时尚影响力。中国国际时装周创立于1997年,经过20多年的发展与完善,现已成为中外知名时装、成衣及配饰品牌展示新设计、新产品、新技术的主流渠道和国家窗口,成为时尚品牌和设计师形象推广、市场开拓、商品交易、专业评价的国际化综合服务平台,每年固定设置北京时尚论坛板块,聚集服装时尚产业焦点,深度探讨交流。

北京市建设了一批时尚创意产业园区(基地),BIFTPARK(中关村北服时尚产业创新园)和751D·PARK(北京时尚设计广场)是北京时尚创意产业的重要集聚区域。BIFTPARK被认定为首批"北京市文化创意产业人才培养基地",目前入驻企业和机构达60家,园区构建大学生及青年设计师创意创业中心,设置了设计师资源中心,打造时尚微型产业链;专属App"梧桐时刻"打造服装设计人才和企业聚集平台,帮助企业输送优秀设计力量;以聚集全球青年时尚创意创新人才为主要内容,建设时尚产业公共服务平台,时尚产品设计师创作及创业孵化基地,助力北京乃至全国时尚创意产业的蓬勃发展。751D·PARK每年以751国际设计节、时装周为特色的常态活动,吸引了众多国内外时尚设计群体,每年约有两百余场高端品牌国际会展及新品发布活动,园区时尚与传统共存,创新与转型并重,合理利用一五期间国有老厂的工业资源,打造国内工业资源再利用转型文化创意产业园区的标杆。

在品牌建设领域,北京拥有爱慕、雪莲、铜牛、雷蒙、天坛等服装品牌,很多都是历史悠久的传统服装品牌,是工业化时代的产物,在市场竞争激烈的大环境下,这些传统品牌也都着力转型升级,加强设计研发、渠道建设、市场营销等方面工作。此外,为支持北京地区非首都功能疏解工作,动物园服装批发市场、大红门服装批发市场两大代表性商圈已经完成腾退搬迁。

3. 深圳时尚产业

深圳是粤港澳大湾区四大中心城市之一、国际科技产业创新中心和中国三大全国性金融中心之一。2019年8月,中央出台《关于支持深圳建设中国特色社会主义先行示范区的意见》,深圳的定位从"特区"到"先行示范区",新定位肩负着新使命。意见将高质量发展高地作为五大战略定位之一,明确提出支持深圳大力发展创意文化产业,构建高水平的现代文化产业体系。到2035年建成具有全球影响力的创新创业创意之都。2019年9月,深圳正式印发的《深圳市建设国际消费中心城市行动计划(2019—2021年)》,提出了打造消费创新的"全球重镇"、国际品牌的"重要驻地"、中国制造的"世界橱窗"、引领潮流的"时尚之都"的发展目标。

政府出台了一系列针对时尚产业的扶持政策。福田作为深圳时尚品牌总部集中区域,近年来,福田区委区政府相继出台了《福田区"十三五"时尚产业发展规划》《深圳市福田区支持时尚产业发展若干政策》大力推动"时尚+"发展模式,扶持时尚产业发展。2019年又发布了《湾区时尚总部中心发展规划》(以下简称《规划》),规划建设湾区时尚总部中心,打造"世界级湾区时尚中心"。根据《规划》要求,福田区通过建设"福田湾区时尚总部中心"的引擎作用,将车公庙片区打造成为一个基地和五个中心("1+5")的发展模式,即时尚总部基地、时尚发布传播中心、时尚价值链集聚中心、时尚人才培育中心、精致生活体验中心、粤港澳时尚交流中心。龙华区计划每年拿出1个亿的专项扶持资金,支持时尚产业的发展,将大浪时尚小镇作为六大重点产业片区之一,并出台了产业资助政策《龙华区关于扶持大浪时尚小镇产业发展的若干措施》。

深圳服装产业拥有研发设计、中试、生产制造、展览展示、集散销售、总部经济等完整产业链条,形成了各具特色的产业园区。大浪时尚小镇原是服装生产基地,现已由生产制造向时尚设计、展示、交易和文化中心、总部经济的时尚产业集群发展。南山荔秀服饰文化街区由原来的"三来一补"服装加工生产基地向时装创意产业园区转型,已成为集品牌服饰创新展示中心、时尚服饰国际交易中心和服饰新媒体传播中心为一体的原创女装品牌创新设计基地。

深圳服装品牌产品因款式新颖、面料独特、色彩时尚和工艺好、档次高的格调独自形成"深派"服装。深圳服装尤其是女装在设计理念、款式创新、面料选用、加工工艺、市场营销等方面走在全国的前列,"深派"女装得到国内外消费者青睐。福田区服装业是深圳服装产业的主力军,仅品牌企业已达600多家,拥有玛丝菲尔、歌力思、影儿、娜尔思、珂莱蒂尔、爱特爱、纳帕佳等众多一线服装品牌。

作为中国女装最重要的服装品牌发源地,深圳举办了诸如深圳时装周、中国(深圳)国际品牌服装服饰交易会、中国(深圳)国际品牌内衣展、中国(深圳)国际时尚科技周等知名会展活动。2019深圳时装周活动中还举行了首届粤港澳大湾区时尚产业高峰论坛。

4. 国内其他城市的时尚产业

国内多个城市都大力发展时尚产业,凭借当地的产业基础,举办各类时尚活动。厦门凭借城市雄厚的时尚产业基础,从2013年开始举办厦门国际时尚周,囊括了时尚内涵外延的各个产业,吸引了众多优质时尚资源,已成为南中国独具创意和个性的国际化时尚节庆活动。

大连时尚产业发展历程相对较长,已举办了中国(大连)国际服装纺织品博览会、"大连十佳服装设计师"评选、"大连杯"国际青年服装设计大赛等系列时尚活动。中国(大连)国际服装纺织品博览会是经国务院批准的国家级专业展会,截至2019年已举办30届,是我国最早举办的服装纺织行业展会之一。

青岛迄今为止已连续举办了19届中国(青岛)国际时装周,

时装周中还设置了最佳新锐设计师奖、最具科技创新奖等奖项，此外，青岛还举办了青岛世界大学生时尚设计大赛。产教融合方面，青岛与北京服装学院合作创建了北服青岛时尚产业园，打造时尚领域产教融合发展创新新生态。青岛市南区还出台了系列人才支持政策和产业发展政策，为创意人才培养与时尚产业发展营造良好的发展环境，提供长期发展的资源平台。

郑州市政府也着力打造了郑州国际时装周，以时尚之名，开启郑州服装产业新高度。时装周以时尚郑中心为圆点，以"设计驱动、产业振兴"为宗旨，贯穿丝绸之路国家经济带，搭建中国中西部最高时尚发布阵地，在汇聚国内外时尚品牌、设计师的同时，突出本地产业特色、助力郑州城市时尚发展。郑州女装行业发展较好，形成了一些本土知名品牌如梦舒雅、娅丽达、逸阳、领弟、烟花烫等。

（二）新兴时尚产业基地发展案例研究

1. 大浪时尚小镇

（1）小镇概况

大浪时尚小镇位于深圳市龙华区大浪街道，前身为深圳市服装制造产业聚集地，现在已成为制造业向时尚产业集群转型升级的示范区域。面积776公顷，核心区域面积302公顷，累计完成投资超百亿元，现有人口10万人，规划居住人口20万人，规划就业人口40万人。在促进片区深度融入"穗—莞—深—惠—汕"经济圈的交通建设上发挥着至关重要的作用。小镇成立两周年来,先后荣获"国家自主创新示范区""国家外贸转型升级示范基地""全国时尚服饰产业知名品牌示范区""时尚产业集群区域品牌建设试点""广东省首批特色小镇创建示范点"等国家、省级荣誉。大浪服饰占全国一类商场服装类销售额近三成,形成"全国女装看深圳,深圳女装看大浪"的产业格局;特别是女装品牌在中国大城市一类市场的占有率接近五成,初步成为时尚创意产业集聚、企业总部汇聚的"原创之都,时尚硅谷"。

大浪时尚小镇已形成时尚企业总部集聚区,重点布局高端品牌服装服饰、时尚文化等创意产业,作为龙华区六大重点产业片区之一,已列入深圳首批城市设计试点项目。小镇加大招商引资力度,截至目前,入驻小镇的时尚企业及配套企业总数达500多家,包括玛丝菲尔、影儿、沐兰、梵思诺、卡尔丹顿等一批时尚品牌企业,各龙头服装企业集产品设计、品牌经营与生产零售于一体,成为具有一定经济规模的完整时尚产业链综合体。

(2)发展措施

一是政府给予政策扶持。企业扶持方面,围绕打造时尚创意、时尚发布和品牌消费三大中心的建设目标,深圳市龙华区出台了《龙华区关于大浪时尚小镇产业发展资金扶持的若干措施》等一系列企业扶持政策,在强化小镇规划引领、加快时尚产业集聚、推进时尚产业创新、加强时尚人才集聚、打造时尚品牌、完善产业配套等方面给予大力支持。

二是构建公共服务平台。大浪时尚小镇建立了公共服务平台,是全国首家"政府主导、公益为主"的时尚创意公共服务平台,集创意设计、品牌展示、孵化培育、教育培训、检验检测等多种功能于一体,目前已引入国家面辅料馆、深圳市质检院检测中心、打样中心3个子平台。同时也为深圳乃至全国的时尚企业、独立设计师提供入驻空间。

为将大浪时尚小镇打造成为时尚文化传播中心及时尚产业高地,龙华区政府与深圳清华大学研究院紧密合作,充分利用研究院在品牌、平台运营经验等方面的优势,积极整合清华美术学院等相关学科、产业和校友资源,充分调动文化创意领域相关的合作关系、社会资源,全面实现服务的专业化、平台化、市场化和产业化,逐步将大浪时尚小镇公共服务平台建设成为时尚产业的"时尚之芯"。2019年10月15日,小镇大力打造的"浪巢"原创设计师孵化平台也正式启动。"浪巢"旨在提升设计师品牌的成功概率,规划了"浪巢"会员—独立设计空间—大浪时尚小镇园区、商业街的一站式成长路线,制定了从研发、供应链到销售端资源的经营模式,配备专业秀场、设计物理空间和生活休闲的运营服务,提供参加国内外时装周及展会、媒体推广和行业协会资源的推广传播渠道。

三是组织系列时尚活动。仅2018年,大浪时尚小镇已成功承办、协办或保障各类时尚走秀、时尚发布、时尚讲座等百余场次,报告厅举办专题报告20场次,接待人数逾5万人,直播在线观看人数超过100万人。

四是加强人才建设。对标国际时尚都市发展要素,大浪时尚小镇还进一步加强了人才平台建设。李当歧、计文波、罗铮、赵卉洲、彭晶、任艺、龚航宇等一批国内顶尖设计大师,纷纷在小镇设立工作室。截至2019年1月,小镇共引进国际服装设计师

52名、国内服装设计师308名、商品陈列师等创意人才43名。通过连续举办9届"大浪杯"中国女装设计大赛,大浪时尚小镇培养了一批中国原创设计师,提供他们赴英国圣马丁学院、德国服装学院学习深造的机会。

下一步大浪时尚小镇将以建设世界级时尚产业集群为目标,依托大浪女装时尚品牌优势、深圳时尚科技优势、粤港澳大湾区的国际商贸流通和消费市场网络优势,突出创意设计能力,着力打造"两区三中心",即时尚企业总部集聚区、时尚创意人才集聚区、时尚创新中心、时尚发布中心和时尚消费中心,逐步建成时尚总部聚集、设计师汇聚、品牌荟萃、活动突出、消费活跃的时尚产业集群和以原创、设计为特征的世界知名时尚中心。

2. 艺尚小镇

(1)小镇概况

艺尚小镇,位于杭州市余杭区,G60科创大走廊、杭州城东智造大走廊的交汇点,距沪宁高铁余杭站和杭州一号线地铁站仅一步之遥,同时也紧邻杭甬高速的出站口,距萧山机场约25分钟车程,区位交通、产业氛围、互联网三大优势突出。艺尚小镇利用周边强大的专业市场优势,形成了现代纺织产业集聚区,以促进产业转型升级为目标,集中引入文创元素的模式。

艺尚小镇以服装、时尚为主导产业,规划面积3平方公里,现已形成"一中心四街区"的空间格局,即以文化艺术中心、东湖为中心,串联布局时尚文化、艺术、历史、瑞丽四大街区,坚持"国际化+高端化+科技化"紧密结合,着力打造中国时尚新地标、杭州时尚文化的世界窗口、中国时尚产业全球话语权主阵地。自2015年启动建设以来,艺尚小镇已集聚时尚企业855家、国内外顶尖设计师24名、原创设计师2650名,实现税收12.8亿元。小镇成为中国服装·杭州峰会、亚洲时尚联合会中国大会永久会址,先后被授予中国服装行业"十三五"创新示范基地、省级标杆小镇、全国首批纺织服装创意设计试点园区、亚洲时尚设计师中国创业基地。

2015年6月入选浙江省首批特色小镇创建名单,艺尚小镇开始发力服装产业的主导权,出台优惠政策,吸引优秀的服装设计师入驻,形成服装创意源头。小镇拥有湖州丝绸基地、桐乡毛衫基地、海宁皮革城、柯桥轻纺基地、萧山化纤产业集群、余杭纺织印染基地、杭派女装基地等专业市场,良好的产业基础可满足创意设计到产品加工的全流程生产。搭建时装发布、服装会展、高端论坛、电商交易等多元化平台,为服装新品提供展销平台,引领产业发展。

(2)发展措施

一是政府出台扶持政策。为推动特色小镇发展,政府出台了《杭州市人民政府关于加快杭州市特色小镇规划建设的实施意见》、《浙江省财政厅关于印发特色小镇财政政策实施办法(试行)的通知》等系列政策,在财政支持、人才引进等方面加大政策扶持力度。纳税政策利好,当年增收上交市财政部分,前3年全额返还、后2年返还一半给当地财政。

二是加强国际化交流。小镇积极步入国际化轨道,主动对接"一带一路"国家战略,成功举办了亚洲时尚联合国中国大会、中国服装杭州峰会、中国时尚大会等重大活动,累计接待来自美国、法国、意大利等40余个国家地区以及全国各地的近两万名时尚从业者。通过搭建平台,招引来自加拿大、日本、韩国和上海、北京等一批国内外顶尖设计大师携项目入驻,先后引进亚洲设计师中国基地、港澳青年实习创业基地、韩国3D服装设计总部等一批平台,打造国内外设计师交流学习实践的大本营。

三是引进高端化人才。艺尚小镇作为"一体一镇"区级高端资源集聚平台之一,发挥重要的引领作用。以高品质的环境配套招引高层次的设计人才、时尚品牌,打造时尚引领高地。坚持以市场力量引育人才、以政府力量配套服务,出台、落实支持时尚产业发展的优惠政策,建立知识产权保护平台、推出1.1万方人才公寓。目前,已招引杭州钱江友谊奖获得者、北美优秀设计师ROSE,国家"万人计划"领军人才李加林,王玉涛、张肇达等5名金顶奖设计师和13名中国十佳设计师,小镇高端设计人才总量居全国同类园区前列。

近年来,艺尚小镇相继与中国服装协会合作,建设中国服装科技创新研究院;与中国服装设计师协会合作,启动建设中国服装设计师南方培训中心,推动小镇与法国时尚学院等全球四大名校合作,整合国际时尚学院、国内服装高效力量,集聚全国知名、新锐设计师资源,共建时尚产业人才培养合作基地;与中国美术学院、浙江理工大学等5所在杭高校建立战略合作,挂牌成立4个大学生创业实践基地和孵化基地。

四是向科技化转型。小镇目前已有不少全面运用科技化大数据管理的企业,比如伊芙丽在全国1600多家店实时在线分享数据。在艺尚小镇的伊芙丽智慧门店中,大屏幕上实时展示着各类衣品近三天、近七天等时间段的试衣次数、转化率,根据这些数据,确定服饰的销售策略。另外还有精准的用户画像分析,不但关注顾客在本品牌的消费记录,也关注用户对其他品牌的青睐程度。目前小镇已引进伊芙丽、雅莹等创新型服装区域总部31家。小镇运用互联网、电商助推时尚产业,引入多啦衣梦、云衣间、集控科技等一批新业态领域的平台型企业,为传统服装产业带来新思路。

未来,艺尚小镇要构建深度时尚产业链,形成以物联网为基础设施,融合大数据、云计算、区块链、人工智能等信息技术,贯通时尚产业链各环节。着力招引数字型、科创型时尚企业,实现科技手段管理,在产业布局上发展穿戴科技、设计端的科技、生产物流端的科技,融合3D打印、人脸识别等先进技术,实现新产品、新材料的研发。

3. 成功经验及启示

大浪时尚小镇、艺尚小镇是国内纺织服装行业建立新型时尚产业基地的成功案例,成功各有特色,但也有一些规律可循,其经验可为行业或地方后续建立特色小镇提供一定的借鉴性和示范性。特色小镇建设对经济转型升级、产业升级和新型城镇化建设都具有重要意义。

打造特色小镇,需因地制宜,立足小镇自然生态、区位、交通基础,结合当地现有的专业市场优势、产业基础、人才资源等,发展适合该区域的特色小镇,同时充分发挥政府和行业协会的协调作用,在政策、产业规划、金融、人才引进以及服务平台建设等方面给予相应的扶持与引导。特色小镇建设需厘清发展思路,精准定位,形成清晰的发展目标与独特的小镇风格,善于结合周边专业市场的资源优势,建立自身的产业特色,发挥小镇的空间优势,组织系列化的时尚活动,引进具有市场影响力的品牌企业或创新性企业。以市场化方式,促进小镇公共服务设施配套建设,注重产业升级,引导资源合理配置,优化营商环境,构建具有自身文化特色的小镇,在时尚产业领域树立新标杆。

七、国内主要时装周发展概况

(一)中国国际时装周

中国国际时装周是国家商务部批准举办,由中国服装设计师协会主办的国际性时装设计展示与流行趋势发布活动,坚持"品牌、时尚、创新"主题,按照组织管理标准化、现场服务专业化、经营模式市场化、商业合作国际化的工作方针,旨在促进衣着消费,推动设计创新,加快品牌发展,扶持人才成长。

中国国际时装周创立于1997年,每年3月25日—31日、10月25日—31日分春夏和秋冬两季在北京举办,活动内容由专场发布、设计大赛、专项展览、专题论坛、专业评选等主要业务单元组成。经过二十多年的发展与完善,中国国际时装周现已成为中外知名时装、成衣及配饰品牌展示新设计、新产品、新技术的主流渠道和国家窗口,成为时尚品牌和设计师形象推广、市场开拓、商品交易、流行传播、专业评价的国际化综合服务平台。截至2019年,已有来自中国(含港澳台)、日本、韩国、泰国、新加坡、法国、意大利、美国、俄罗斯、瑞士、德国、荷兰、瑞典、丹麦、英国、澳大利亚等近30个国家和地区的830余位设计师、810余家品牌和机构举办了1636场发布会,每季中国国际时装周都吸引数百家中外媒体参与采访报道。

中国国际时装周设置的设计大赛、专业评选等活动为我国服装行业选拔了一批大师,如张肇达,吴海燕、武学凯、武学伟、计文波等。而中国国际时装周由于北京政治中心的地位,更具有官方性的特点。中国国际时装周的中国本土文化属性是其区别于全球其他时装周最大的差异化DNA,对传统文化的采用是其作为国家级时尚发布平台该有的信念与秉持。此外,中国国际时装周以成熟性品牌为主。近几年随着设计新人不断涌现,以及买手店与showroom的兴起,其内容板块也逐渐变得丰富起来。但因为时装周很难为品牌带来商业转换,因此其每季的名单更新也很频繁。

(二)北京时装周

北京时装周由北京服装纺织行业协会和北京时尚控股有限责任公司共同主办,坚持以"品牌文化力量的推广平台,原创设计思想的交汇平台"为定位,每年9月份在北京举行流行趋势发布、设计之夜、北京时尚高峰论坛、时尚北京展、专业赛事、颁奖盛典等一系列活动。依托北京得天独厚的历史文化底蕴和国际化大都市时尚产业的资源优势,北京时装周坚持开放、包容、合作的理念,以服务品牌为宗旨,立足于国际化、品牌化、时尚化、商业化的专业定位,努力打造时装品牌展示推广中心、时尚流行趋势研究发布中心、商业贸易交易中心,将来成为具有北京文化特色兼具国际影响力的时装周。

北京时装周的发展背景源于北京服装纺织行业协会为了建设北京时装之都品牌发布平台,自2005年起举办"时尚北京之夜"品牌发布暨颁奖活动,助力北京国际时尚之都建设。2012年起,搭载北京国际设计周平台,创立"北京时装设计周"系列活动。2016年,第一届北京时装周启幕,成为中华人民共和国国家旅游局、北京市人民政府主办的北京国际设计周"时尚北京"板块的重要组成部分。2017至2019年,北京时装周于太庙、王府井、水立方、故宫、凤凰中心、中华世纪坛、国家博物馆等首都文化与时尚地标性场地举行,活动规模品质、社会影响力、国际化程度逐年攀升。

以"跨界·融合·消费"为主题的2019北京时装周在水立方、方恒国际中心、方恒时尚中心、清华大学等首都时尚文化地标性场地成功举办,涵盖品牌流行发布、时尚北京展、FASHION BEIJING WEEK UP展、北京时尚高峰论坛、时尚北京国际影像展、时尚北京摄影大赛等60余场官方活动,汇聚国内外200余个品牌华美亮相,近千名明星艺人、网红博主出席活动现场,参与记者400余位,全网直播平台总峰值突破1800万人次,微博发布近50万条,相关话题阅读量超过8000万,网络新闻报道总计6300余篇,得到了行业乃至社会的广泛关注。

(三)上海时装周

上海时装周诞生于2003年,扎根于中国最时尚之都上海。上海时装周始终坚持"立足本土兼备国际视野"和"创意设计与商业落地并重"的特色定位,打造多维细分发布平台、举办商贸订货展会,丰富多元的主题活动,助力拥有出众设计和精良品质的服装服饰品牌扩大市场影响,通过充分发挥时装周的平台效力,形成产业链上下游的协同联动,成为带动中国时尚产业发展和城市经济发展不可或缺的重要助推器。

上海时装周在创办之初就被视为"上海建设国际贸易中心战略目标"的一部分,这一活动被定义为"由商务部支持、上海市政府主办的国家级大型经贸文化活动",获得了上海市政府拨款,属于政府形象工程。上海时装周从2003年运营至今,在这近二十年的发展中逐渐成为代表中国设计和中国时尚本土业态景象的平台,周边的配套设施和相对应成熟的供应生产链,逐渐形成了以上海时装周为核心的时尚生态圈,它们为中国设计师提供了足够充沛的资源和展露平台,也为设计师搭建了本土与国际时尚桥梁。

与中国国际时装周相比,上海时装周更具创新性和融合性,拥有多维细分的发布平台及分支结构。其中包括新天地主秀场,近几年为了响应市场需求,扩大包容度,定位于相对成熟的大众品牌、商业品牌。2014年与川力企划(APAX Group)合作的国际品牌发布(SIFS),旨在引进国际品牌。2016年上海时装周旗下的LABELHOOD诞生,它是由"栋梁一日"升级转变而来,被定义为"第一个面向公众的先锋时装艺术节",其前身是2013年上海时装周和英国时装协会合作推出的"Design By Shanghai"设计师海外拓展项目和2014年与独立设计师平台概念店合作的"栋梁一日"专场活动。LABELHOOD平台呈现多元化:时装演示、艺术展览、快闪店等多种形式,聚焦于新锐设计师,发掘了不少年轻的中国设计师,帮助中国设计师群体不断放大声量,同时配合线下店铺为线上作品作为最终输出,打通声量与市场转化的关系链。

"MODE上海服装服饰展"是上海时装周的官方唯一配套展会,2015年创办以来,致力推进时尚行业产业链的完善,同时满足国内时尚零售市场个性化需求,力图以高匹配度和有效性的服务,多维度整合优势资源,全方位的媒体传播渠道,为来自世界各地的买手及行业人士搭建一个促进商贸对接与合作的商业平台,营造一个全新的展会氛围与体验。根据2020年MODE数据显示,专业观众地域分布呈现出华东地区(58.25%)、东南地区(13.64%)、华北地区(8.45%)、西南地区(5.34%)和华中地区(4.3%)的分布趋势;从专业观众类别比例看,买手和代理商占59.68%,是"MODE上海服装服饰展"的主要专业观众,其他依次为品牌(11.2%)、媒体(9.26%)、行业从业者(5.66%)、金融/商业地产(9.03%);参展品牌国际地区比例中,亚洲品牌占70%,欧美品牌占30%。展会邀请国际上具有引领地位的知名买手店主理人前来观展、采购,他们丰富的行业经验为Showroom和品牌带来宝贵建议,MODE也逐渐成为这些买家关注中国设计的重要窗口。

(四)深圳时装周

深圳时装周是由深圳市人民政府主办、深圳市经济贸易和信息化委员会组织、深圳市服装行业协会承办、联手战略合作伙伴全球时尚业界领袖IMG国际管理公司共同打造的全球性时装周,于2015年创办,每年3月在深圳举办。深圳时装周以"国际平台、原创设计、商业落地、全民时尚"为定位,积极嫁接国际时装周主流资源和系统,纳入全球时装周发布序列,正成为国际时尚版图的重要组成部分。

A/W 2016深圳时装周为期8天,共吸引了100多家国内外权威媒体的跟踪报道,A/W 2016深圳时装周进一步强化了时尚先进力量平台作用,包括要素集聚、国际化合作、着力推动设计创新等方面,在规模和层次进一步提高,吸引来自全球10多个国家和地区的200多个品牌及设计师全新亮相。

A/W 2017深圳时装周开设三大秀场,来自全球10多个国家和地区的200多个品牌和设计师贡献了近80场时尚大秀,看秀观众共计超过6万人次。众多成熟时装品牌深耕细分市场,携旗下年轻品牌纷纷亮相,为多元化的时装市场注入鲜活力量;国际设计力量势头不减,知名海外设计师纷纷借力深圳时装周拓展中国市场,带来原汁原味的异域潮流风尚;此外,中国元素是秀场热门,设计师们从源远流长的中华文化中寻找灵感,并且在材质和设计工艺上有了更多创新,呈现出更丰富立体的东方美学。

A/W 2018深圳时装周以"艺术与时尚零距离"为主题,嫁接国际时装周主流资源和系统,纳入全球时尚发布运作体系,结合深圳产业品牌优势,致力打造时尚、艺术与设计跨界的互联平台,进一步深化深圳国际人文城市的时尚魅力。深圳时装周将艺术与时尚、生活进行融合,致力培育、发现和推广时尚设计与文化创新,让城市和生活充满时尚艺术的美感与活力,完美诠释了城市人文建设的使命。

A/W2019深圳时装周以打造粤港澳大湾区的"时尚引擎"目标,从代表艺术文化传承建设的深圳当代艺术与城市规划馆、到高品质人文旅游、国际创意生活空间中心的欢乐海岸,再到国内外一线时装品牌聚集的大浪时尚小镇,三大会场有来自全球10多个国家和地区的品牌与设计师以华侨城欢乐海岸为主秀场,倾情奉献了80多场时装发布,10多个时尚创意活动,NEXT SHOWROOM衔接"既看既定"新模式,搭建起商业落地平台。深圳时尚大奖是由深圳时装周组委会于2019年设立,包括深圳时装设计的最高奖——"鲲鹏奖"、年度十大时装品牌、年度十佳时装设计师以及年度最具商业价值女装(男装)品牌、年度极具升值潜力时装品牌等在内的一系列奖项,旨在鼓励优秀时尚设计的创作,培育创新设计人才,树立时尚行业标杆,进一步提高时装周专业化,推动中国时尚产业的设计创新、品牌发展与市场拓展。

(五)广东时装周

广东时装周是广东省服装设计师协会和广东省服装服饰行

业协会联合主办的大型时装周,创建于2001年,以"实用商业、接地气"著称,作为活跃在时尚舞台的一个老牌时装周,经过20多届的发展,通过十几年的积淀,时装周已成为泛珠三角地区服装界一年一度顶级的时尚盛会,中国唯一大规模拉动服装产业链条的行业交流平台,也是广东省内生命力最强、影响面最广、举办历史最长的时装周,在国内服装产业中已树立了最高行业商会的声誉和产业展地位。

2019广东时装周有超过300个机构/平台/品牌/设计师参与发布,近60场时尚活动,多元化、全景式地展现了广东服装产业特色。除了品牌及设计师新品发布、趋势发布和订货会外,时装周期间还重磅发布了"湾区时尚创新走廊"共建倡议书,号召"共商共建、共创共享",助力湾区打造"全球时尚中心";非遗、国潮齐上阵,彰显文化自信,创新消费供给,满足不同人群消费需求;其间,还集中展示推介外贸基地发展成果,助推服装产业外贸高质量发展。

(六)重庆国际时尚周

中国重庆国际时装周于2014年创立,2017年更名为重庆国际时尚周,由长安福特汽车有限公司总冠名,重庆市纺织工业联合会、重庆市服装行业协会、重庆服装设计师协会主办。重庆国际时装周致力于引领潮流趋势,以海纳百川的开放姿态,打造成为富有重庆特色,设计师分享创意的交流盛宴、商业品牌推广形象的宣传窗口,同时也为初露锋芒的设计新秀提供更多展示机会。对比六届重庆时装周可以发现,重庆时装周的主冠名商始终是当地最具影响力的汽车企业——长安福特,时装周与长安福特新蒙迪欧紧密结合,打造了以服装与汽车产业跨界融合为载体的时尚平台。

2014首届中国重庆国际时装周以"霓裳重庆·进无止境"为主题,发布场地分布在长江黄金3号邮轮、解放碑CBD广场和南滨路钟楼广场。首届时装周为期7天,总计进行6轮共24场发布,解放碑CBD广场和南滨路钟楼广场共有14场服饰品牌转专场发布会举办,主办方还在南滨路钟楼广场为重庆大学生服装设计新人大赛获奖作品举办专场发布会。

2015长安福特新蒙迪欧重庆时装周以"霓裳重庆·进无止境"为主题,着力彰显"灵性山水·灵动霓裳"的魅力风采,秀场在南滨路烟雨公园、解放碑CBD广场、北碚心景温泉酒店三大核心时尚地标性场地举办,发布品牌24家,整个时装周包括首秀华服、遇见·fashion品牌秀、我型我show品牌秀、感受·nature品牌秀、"天使的蜕变"内衣秀、创新·style品牌秀等6个主题的时装秀以及大学生服装设计大赛优秀作品展。

2016中国重庆国际时装周在重庆南岸区南滨路烟雨广场、渝中区解放碑CBD举办,以"时尚霓裳·山水重庆"为主题,通过丰富多彩的系列时尚活动,向国内外来宾展示重庆独具文化特色的"人、景、情、文"。时装周期间举办首饰嘉年华、车模街拍、亲子秀专场发布、深度对话、车型展示等互动活动,还举办了第三届"尚盟杯"重庆大学生设计新人大赛获奖作品发布会。

2017中国重庆国际时尚周以"世界之窗·巴渝锦绣""新蒙迪

欧之夜"中外著名服装设计师开幕首秀盛大揭幕。本届时装周以"霓裳重庆,进无止境"为主题,跨界联手汽车、旅游及体育等产业,呈献多元时尚文化,九大活动地点、多个主题作品秀。活动定位为文明健康时尚艺术的精彩演绎;新锐靓车潮流时装的完美结合;引领消费的快乐体验;跨界合作的灵感交融;名车名师名模明星的激情聚会。在主推"渝派魅力"重庆服装行业十大品牌服装秀的同时,增加"Go·购·够"重庆服装行业十大品牌服装买手秀以及"购精品·够重庆"重庆小而美服装品牌买手秀,带领市民一睹重庆本土设计师风采,促进重庆本土品牌的宣传推广和与市场接轨。此外还举办了首届中国重庆国际少儿时尚周、中国超级童模精英赛决赛以及新锐设计师&海外留学生作品秀等活动。

2018长安福特新蒙迪欧中国重庆国际时尚周以"城市素描·霓裳重庆"为主题,设置了19项主要系列活动,分别在渝中区解放碑CBD广场、雾都宾馆、朝天门大融汇、鹅岭贰厂文创园;南岸区南滨路弹子石广场和两江新区的华侨城·欢乐谷、际华园等重庆地标性场地举行,实现现代商贸、文化旅游、休闲体育、汽车的跨界融合,打造大时尚圈。与前4届相比,2018中国重庆国际时尚周得到更多重庆市、区政府职能部门,以及社会力量的参与和支持。

2019年第六届时尚周以"山水之城·时尚之都"为主题,以重庆青山绿水人文环境为背景,选择重庆历史文化地标性建筑、最美实景山水秀场作为时尚周活动发布场地。中国元素服饰亮相时装周,京绣、蜡染、盘绣、黎锦、巫绣、夏布等非遗手工艺术作品服饰开启时装周首秀,展现出新时代的中国美。

  2020年第七届时尚周以"时尚就是生活"为主题,着力打造了"泛时尚"合作的典范。时尚周活动选址在有百余年历史的陆安桥周围布景,闭幕式以被誉为"亚洲第一瀑"的万州大瀑布为天然背景。时尚周期间,金顶奖时装设计大师、潮流插画家、跨界艺术家、独立时装设计师、新锐配饰设计师等多位设计达人推出作品秀,反响热烈。考虑新冠疫情影响,时尚周积极运用现代数字云技术,呈现全新云端时尚新场景,打破时空局限。闭幕秀还引入了万州国家级非物质文化遗产——川东竹琴、汉服秀、古琴演奏等地方传统特色,实现了诗意风光、多彩非遗、时尚风情实现完美融合。

八、重庆服饰时尚风格调查报告[①]

  1.新冠病毒疫情发生后,你的时尚消费态度有无变化?
  疫情发生后,受访消费者时尚消费态度绝大多数无变化,变化主要集中在购买能力下降、更加看重实用性等方面。

---

①备注:本报告中的图、表均是呈现相应调查问题的数据统计结果,读者结合数据便于方便、直观地阅读、分析,行文中的图、表未加图注、表题,是因其既不影响阅读又显得重复,因此,本部分图、表无图注、表题。

选项	小计	比例
没有变化	210	82.35%
有变化，请写出最明显的变化	45	17.65%

2. 在满足生活必需品消费后，假如你有100元，你会用多少元来买衣服？

受访消费者服装支出水平较高，占比第一的选项为90—100元，63%的消费者服装支出水平在50元以上，说明受访者服装消费意愿较强。

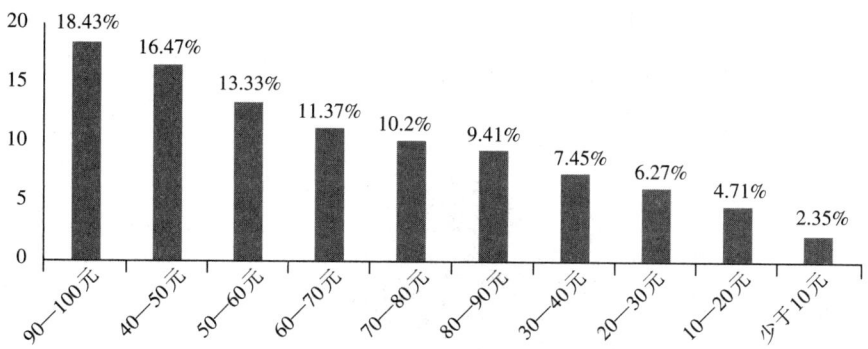

3. 你通常如何获得时尚相关的信息？

时尚传播媒体、品牌时尚发布会、逛街观察是受访者获得时尚相关信息的主要渠道，以上渠道与时尚直接相关，说明受访者对时尚和品牌关注度较高。

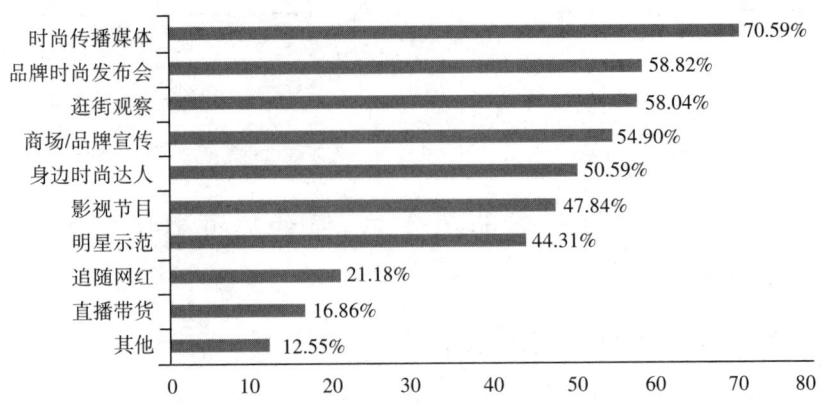

4. 你认为重庆的服装时尚风格更贴近哪一种描述?

受访者对于重庆时尚风格认知较为客观,超四成受访者认为上海、广州等地的流行趋势是主导,超三成受访者认可渝派服饰色彩明快和设计细节较多的特点。

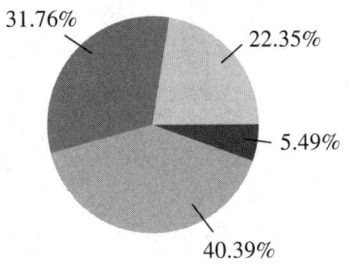

■ 没有自己的风格,基本跟着上海、广州等地的流行趋势　■ 渝派特色浓厚,颜色明快艳丽,细节较多　■ 重庆紧跟前沿潮流,可以代表全国的时尚风格　■ 其他

5. 你认为重庆的时尚气质与风格更接近于哪个城市?

与上题相符,受访者认为上海和广州的时尚风格与重庆最为接近,在其他选型中,成都和韩国出现频率较高。

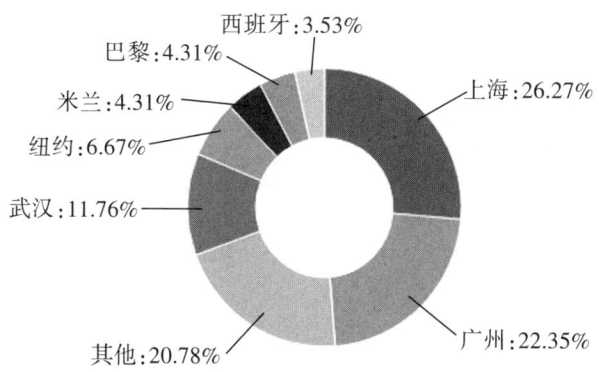

6.你买衣服的节奏大约是?

换季必买是受访者买衣服的主要频率,在其他选项中,受访者表示购买衣服较为随性。

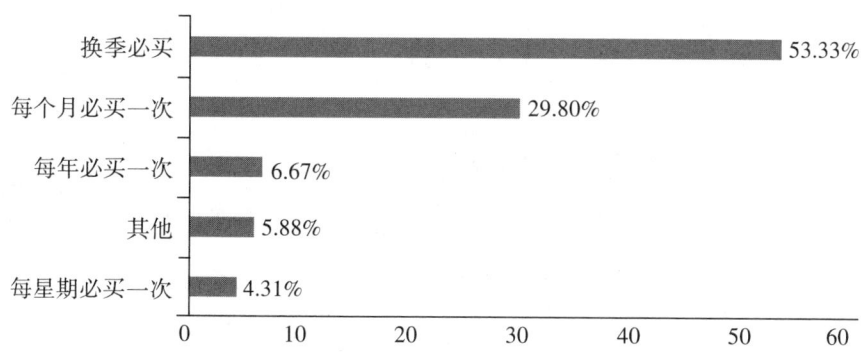

7.请给吃得好、住得好、穿得好、玩得好4个选项排序

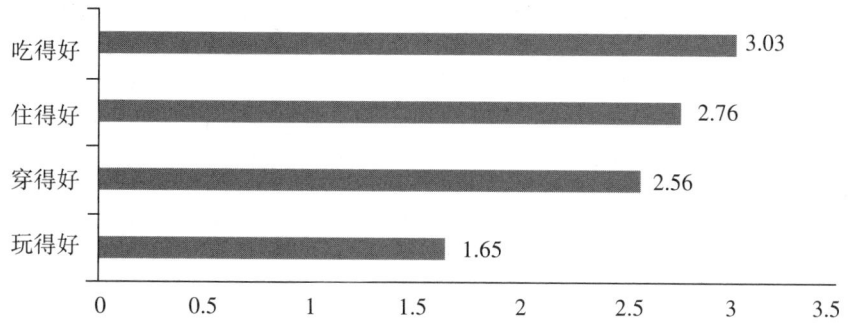

8.你觉得全国哪个城市的人穿的最时尚?请选出三项

并排序。

受访者认为全国城市按照时尚地位排名的前三位依次为上海、北京、成都,受访者普遍认可上海的时尚地位,重庆排名第4。

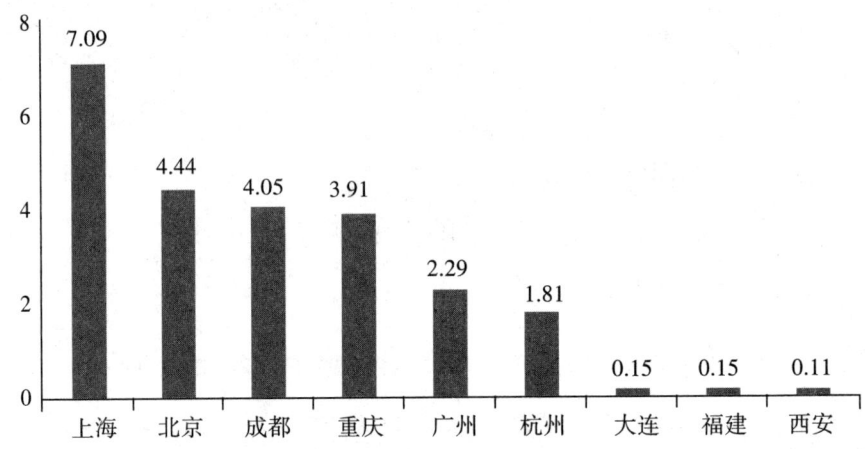

9. 请按照喜欢程度排序

受访者按照喜欢程度给出的排名依次为国际奢侈品牌—国际快时尚品牌—我国知名品牌—重庆本土品牌,说明除了发展重庆本土服饰品牌外,引进国际品牌也是满足消费需求的重要方面。

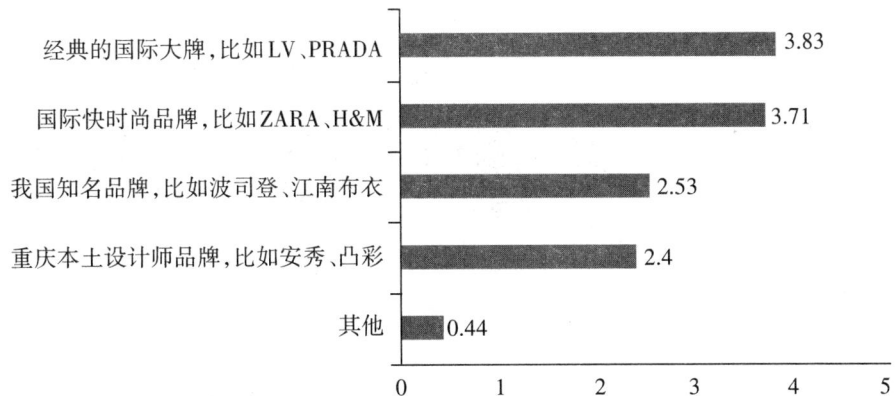

10. 你认为在重庆未来5—10年哪类服装发展潜力最大？请给下列选项排序

随着我国综合国力不断提升，文化自信将随之增强，国潮方兴未艾，受访者认为我国自主品牌发展潜力最大，重庆本土品牌与国际品牌发展潜力不相上下。

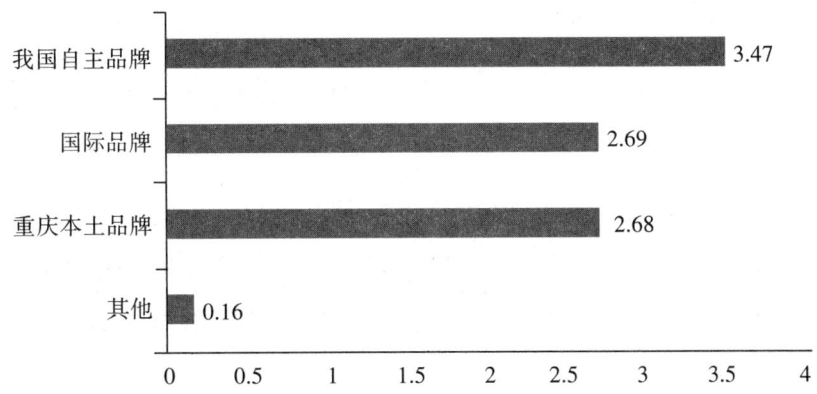

11. 你希望参加什么样的时尚活动？

受访者希望参与的时尚活动主要是特色服饰DIY、品牌沙龙和大众走秀，说明受访者对于服饰个性化需求较高，时尚参与感较强，乐于展现自我，为重庆走大众时尚路线奠定基础。

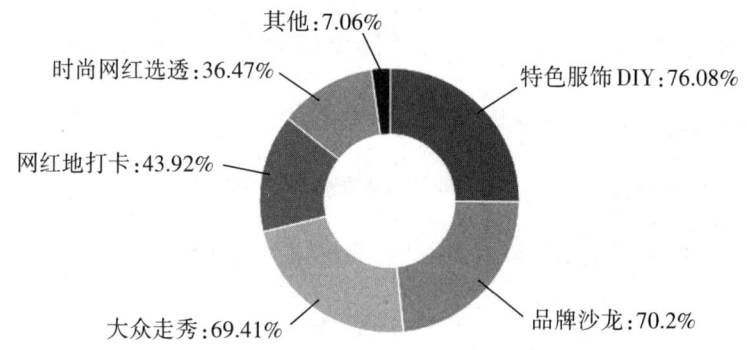

12. 全球范围内,请写出你最喜欢的服装购买地

在255个受访者中,25.5%喜欢在网络上购买服装,13%喜欢在重庆当地购买服装,分列前2位,其余按照喜欢程度依次为广州、法国、杭州、上海、日本、韩国、意大利等。

13. 在重庆,你首选购买衣服的地方

在重庆,受访者首选购买衣服的地方集中在观音桥、天街、解放碑等步行街商圈(包括商场),淘宝也是首选渠道之一。

14. 请你为打造重庆服装时尚殿堂想一句具有感染力的标语。

通过受访者所写标语可以看出受访者对于重庆发展时尚产业颇为自信,特别是对于重庆山水之城、重庆辣妹、巴蜀文化等特色感到自豪。比如"山水之城,时尚之都""重庆乖妹儿,时尚弄潮儿""巴蜀风情,魅力时尚"。

15.受访者基本情况

（1）性别

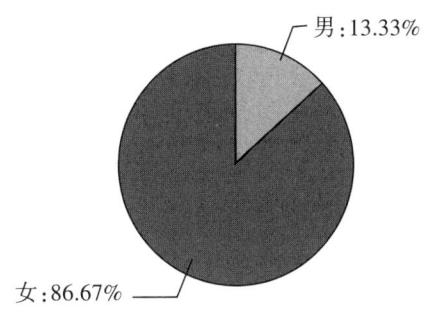

（2）年龄段

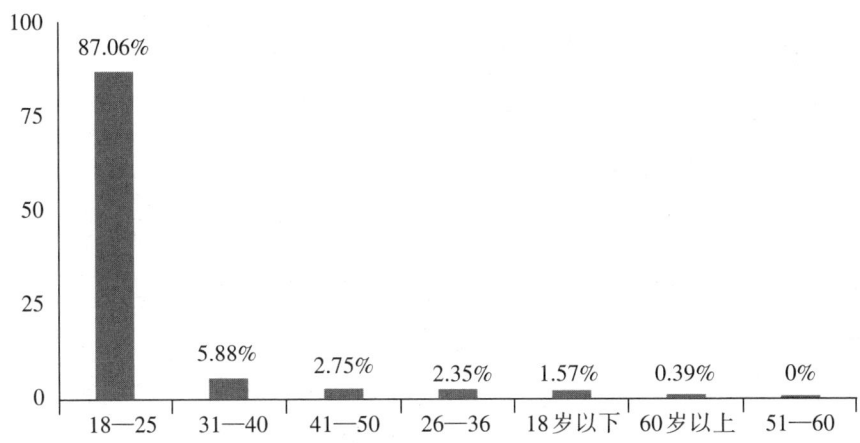

九、时尚消费调查报告[①]

本次时尚消费调查共收回有效问卷476份。

1. 样本基本情况

消费者几乎覆盖全国,主要来自重庆(41%)和北京(27.1%),共计占到全部消费者的68.1%,江苏、浙江、广东和山东沿海4省占比为12%。

年轻女学生是受访主体,也是时尚消费主要潜力。以下选项均位列第1:女性占71.9%,学生群体占37.6%,20—30岁占35.9%,月收入5000元以下占45.4%。

2. 什么是时尚?

在对时尚的认知中,环保理念深入人心,文化自信充分体现,科技控也占较大比例。反映出消费者更加理性,崇洋媚外的现象逐渐消失,对于网红和明星代言不盲目跟风。

在重庆受访者中,传统文化(44.4%)超过绿色环保(40.4%),位居第1,其余排序与比例全国大致相同。

---

① 备注:本报告中的图、表均是呈现相应调查问题的数据统计结果,读者结合数据便于方便、直观地阅读、分析,行文中的图、表未加图注、表题,是因其既不影响阅读又显得重复,因此,本部分图、表无图注、表题。

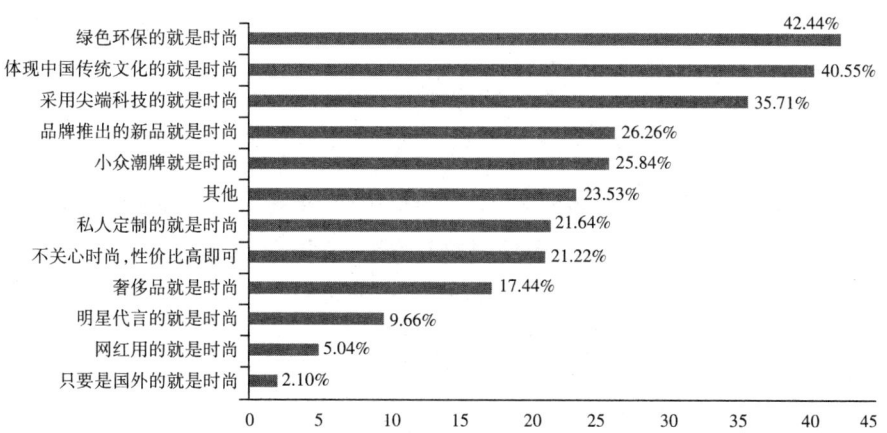

3.哪些消费属于时尚消费?

超过六成的消费者认为时尚是一种态度,在有形的商品中,服装是时尚消费的绝对主体,箱包、珠宝和化妆品占据较大比例。

在重庆受访者中,位居前3位的有形产品分别是服装(76%)、箱包(62.8%)和化妆品(58%),认为时尚是一种态度的比例(58%)较全国略低。

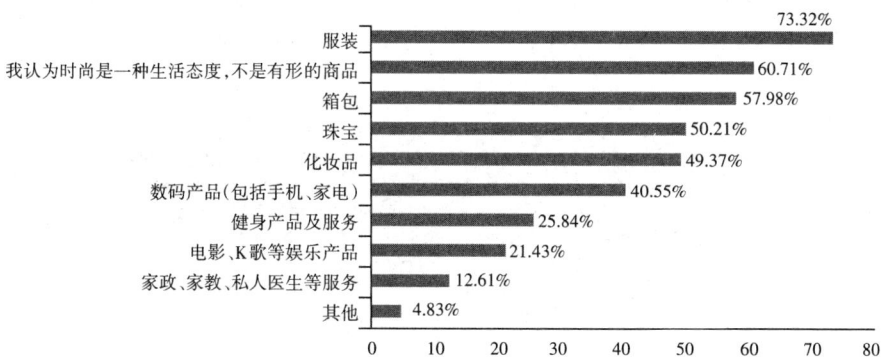

4.消费时尚产品的途径有哪些?

大型综合电商平台和商场是消费时尚产品的主要途径。线上时尚消费近七成,线下时尚消费仍高达52.7%。

在重庆受访者中,途径排序与全国一样,但通过大型电商平台(76.4%)和设计师工作室(45.2%)消费时尚产品的比例明显高于全国。

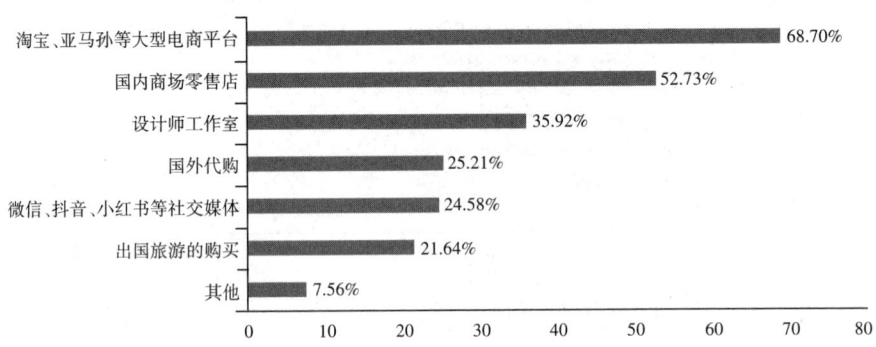

5. 希望时尚产品或品牌做哪方面的改进?

对于产品本身的关注度较高(如功能性提升),品牌内在价值提升同样重要。全产业链信息的透明度以及是否物有所值占比均超过三成。

在重庆受访者中,更多比例的消费者希望品牌故事更加深入人心(48%),产品功能性提升(42%)位居第2位,价格敏感性(33.6%)和网购时间敏感性(28.4%)较全国略强。

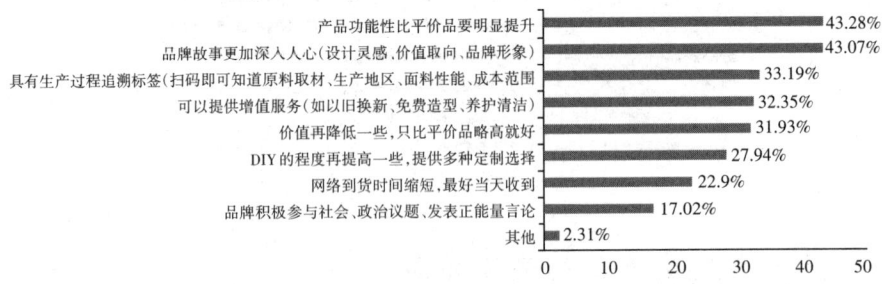

6. 时尚消费受哪些因素影响较大?

经济水平是影响时尚消费的首要因素,消费者素养也是重要的影响因素,品牌本身占比超过一半。

在重庆受访者中,产品本身超过年龄排序,其余排序与占比与全国大致相同。

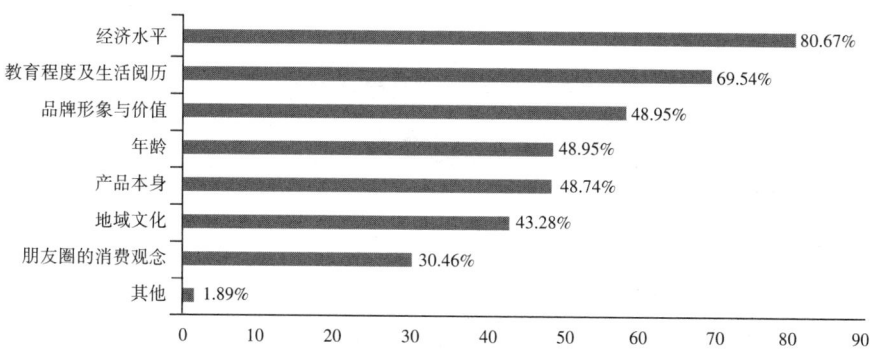

7. 一般从哪里得知时尚流行趋势相关信息?

近六成的消费者从时尚活动发布中获取流行信息,娱乐媒体占比超过五成,品牌微信公众号是新晋的社交推广渠道。

在重庆受访者中,依靠时尚活动发布渠道的比例略高(61.6%),网红、明星的微博等社交媒体(51.6%)排序超过商场品牌专卖店(45.6%)。

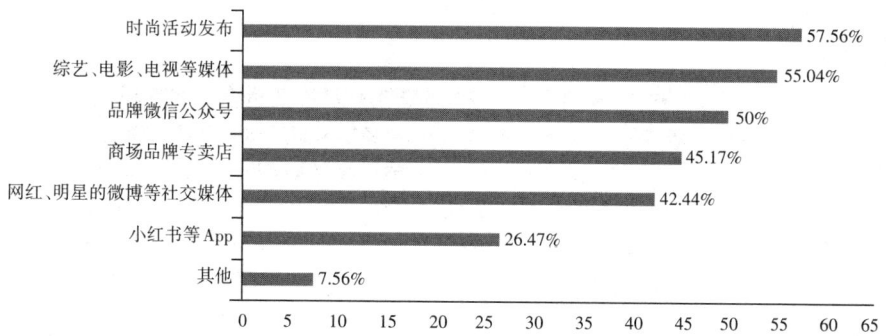

8. 每年的时尚消费大概为?

由于受访者多为月收入在5000元以下的学生群体,年时尚消费额不高,3000—8000元占比位居第1。

在重庆受访者中，时尚消费额偏向中低水平，8000元以上的比例低于全国4.4个百分点。

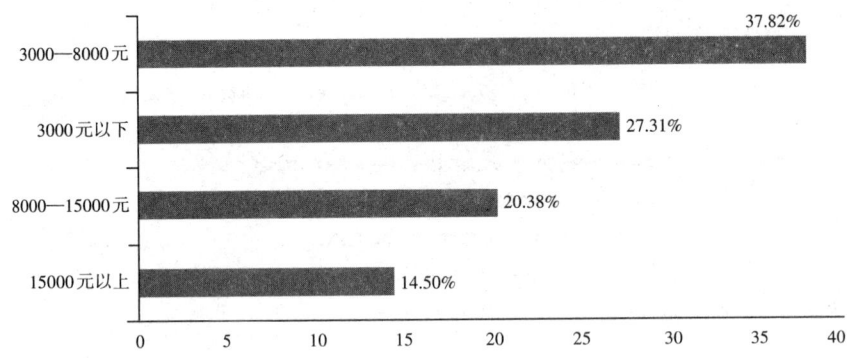

9.哪些描述是时尚消费应该倡导的？

"简洁实用，性价比高"位居第一，与时尚概念调查结果相符，超过七成的受访者认为"环保节约，呵护环境"是时尚消费应该倡导的理念，产品的精良制作占比超过五成。反映出当下时尚消费理念趋向于"简约、绿色、高品质"。

在重庆受访者中，"吸引眼球，与众不同"的比例（45.6%）高于"应用科技，数字生活"的比例（36.4%），位居第4，前3位与全国相同。

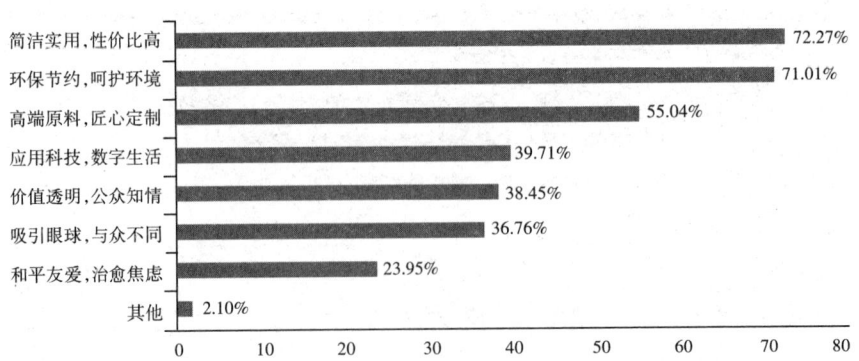

10.时尚消费中心除购物外还应提供哪些服务？

与普通购物中心不同,消费者更加希望在时尚消费中心里获取体验服务,深度参与品牌活动,增加与时尚品牌的紧密度。艺术熏陶需求与品牌体验并列,占据第一比例。社交需求比例也超过六成。

在重庆受访者中,"博物馆、艺术展览"(72.8%)位居第1,其余排序与比例与全国大致相同。

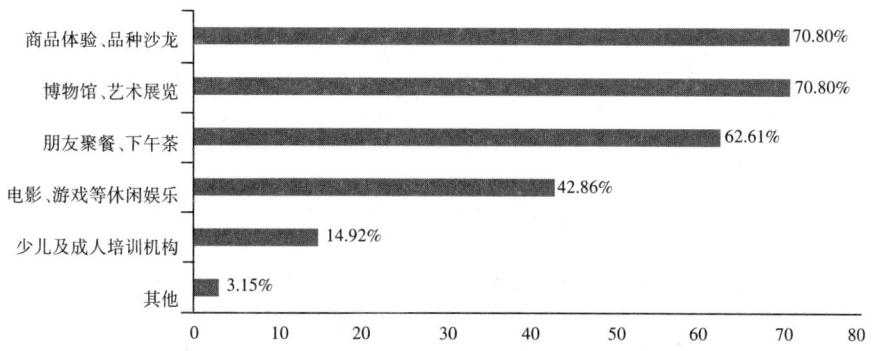

11.时尚消费都市是什么样子的？

绝大多数消费者认为时尚都市拥有具有时尚艺术气息的街区,定期举办时尚活动,并且拥有硬核设计力量,交通、娱乐等基础设施齐全。

在重庆受访者中,"有大师工作室集聚区"(56.4%)超过"交通便利,娱乐设施齐全"(55.2%)比例,其余排序、比例与全国大致相同。

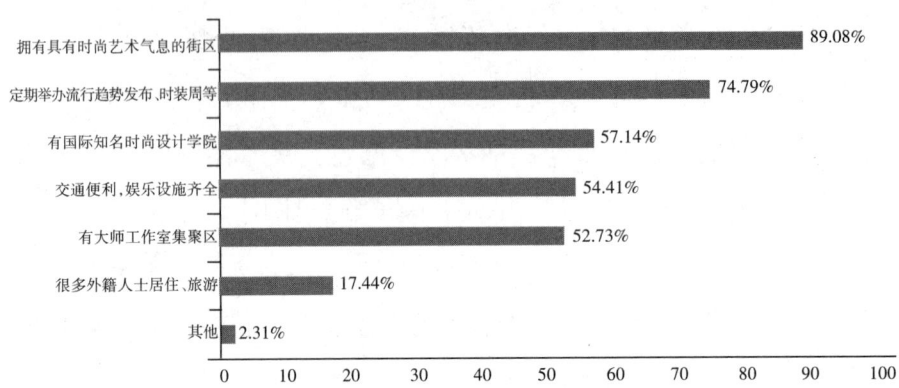

12. 受访者心中排名前3的时尚消费城市是？

上海、北京和深圳位居前3名，超九成的受访者认为上海排名第1，超过四成的受访者认为重庆是排名前3的时尚消费城市，除北上广深外，在其他城市中位居第1。

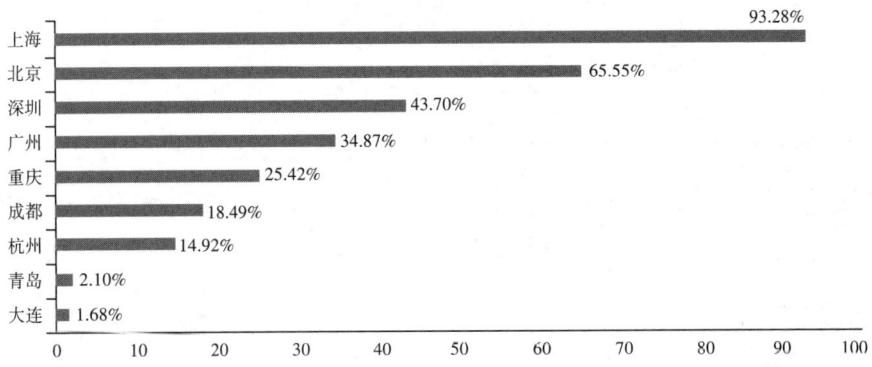

在重庆受访者中，前3名排序与全国一致，其中对于北京的认可度（58.4%）略低。重庆（37.6%）超过广州，成为北上深之外城市中排名第1的时尚消费城市，但低于重庆受访者的比例（41%），说明不是所有重庆人均认可"重庆是全国时尚消费城市前3名"。

打造重庆国际社区问题研究

DAZAO CHONGQING GUOJI SHEQU WENTI YANJIU

打造重庆国际社区问题研究[①]

（2020年12月）

一、国际社区研究

国际社区是来自世界各国的人在一定地域范围内居住、工作、交往、休闲所组成的社会生活共同体，是城市国际化所带来的人员交往的必然结果。良好的"类海外"生活环境，既体现城市的包容性，也体现城市的宜居性，更能展示一个城市的开放度。

重庆是否需要建设国际社区？为此，本课题以实证研究方法为主，调研相关城市、常住重庆外籍人士，形成以下研究成果。

（一）国际社区定义

国际社区是我国全球化持续深化、开放能级提高的必然结果，国际社区建设彰显了开放的成效，国际社区治理不仅关系到社区生活的品质，还关系到城市形象和对外交往，也关系到城市

[①] 课题指导：童小平；课题组组长：张巍；课题组副组长：王明瑛；课题组成员：蒋玲、顾湘、何鹏川、陈雨、张艺萍、胡慧馨、张虹敏。

的宜居性和包容性,需要引起高度关注。

随着我国改革开放的不断深入和城市国际化发展的不断推进,越来越多的外籍人士来到中国,聚居于城市社区,形成了国际社区。本节将从国际社区的定义出发,总结梳理国际社区的特征及要素,阐述本课题中国际社区的要义。

(1)国际社区的定义

早在20世纪90年代,我国就有学者对国际社区进行了研究,但直到2005年,国际社区在国内才有了明确的定义。该定义指出,国际社区是大量不同国籍人士汇集的,在建设、规划、治理和服务上能达到国际标准的,多元文化融合的生活居住区。[1]

随着国内对国际社区认识及实践的不断深入,国际社区的定义有了进一步深化,囊括了人口、服务、配套及文化等多种元素,是以一定地域为基础,社区中外籍居民的数量达到一定比例,社区相应的组织制度、服务体系、环境设施趋向国际标准,包容各类文化和生活方式,不同国家、种族、民族背景的人能够和谐共处的城市社区。[2]

因此,国际社区不只是外籍人士的居住地,应是一个融合各种文化的国际标准社区。北京国际化程度最高的地区之一的麦子店街道,有来自全球90多个国家和地区的7000余名外籍居民,约占当地常住人口的25%。[3]上海以欧美人士居住为主的碧云国际社区,外籍居民约占当地常住人口的30%,上海古北国际社区实有人口逾32万人,外籍居民约占当地常住人口的25%。[4]成都桐梓林社区是境外人士居住最为集中的区域,汇集了来自46个国家和地区的4300多名境外人士,外籍居民约占当地常住人口的20%。[5]

此后，国际社区的定义被延伸到"建设"和"管理"两个方面。前者强调要具有建筑设计的国际性、功能集聚性、时空的开放性、配套设施超前性、公共和服务系统管理的先进性及人性化、多元化的宽容性等主要特点；后者强调国际化社区要形成多元社区文化，以国际标准进行社区建设和服务。国际社区的定义有了进一步的完善。

（2）国际社区特征

基于以上国际社区的相关定义，本课题认为国际社区应具有三个特征：

社区居民的异质性。成员的异质性指的是社区成员来自不同的国籍，即社区外籍人士达到一定比例。国际社区成员的异质性尤为突出，受到不同教育背景、职业、宗教信仰、文化等方面差异的影响。同时，社区中的人不是孤立的个体，而是彼此关联、形成一定社会关系、从事一定社会活动的群体，他们既是社区物质基础的创造者和使用者，也是社会关系的当事人。[6]

社区环境的包容性。社区的包容性主要有两个方面的内容：一是指空间环境的开放，二是指社区文化的包容。社区居民各异的民族、习俗和宗教信仰实现互相尊重、和谐共存，各异的民族文化实现融合发展。

国际一流的社区服务与社区治理。国际社区拥有国际一流的社区服务和社区治理，并对周边形成一定的辐射作用。以国际社区为点，带动城市房地产业及城市服务与治理走向更高发展水平，努力创造高品质生活。

（3）国际社区要素

国际化社区的构成要素通常分为人口、地域、文化、环境和制度五个方面[7]，从当代社会学的角度，其构成要素又被列为人口、经济、社会、地理和心理五个方面[8]。结合学者对国际社区的定义及特征概括，本课题将国际化社区的构成分为制度、人口、地理、环境和文化五个要素。

制度要素。社区既是社区成员相互联系、相互制约的共同体，也是有组织、有秩序的社会实体。社区的发展，很大程度上受管理制度的影响。国际化社区需要制定与实施规范、约束或鼓励社区成员的规章制度，从而更好地管理社区公共事务，保障社区生活正常有序地运行，使社区成为中外居民生活、工作与发展的乐土。[7]

在我国国际社区治理过程中，市级政府应及时将国际社区纳入管理范围，从规划阶段开始，主动参与、指导规划国际社区，避免出现国际社区的自我隔离。例如，北京的望京国际社区、上海的碧云国际社区等。西方国家城市社区治理实践表明，一些未纳入城市管理的社区往往沦为毒品、盗窃等泛滥的场所，对城市治安和社会秩序可能造成负面影响。

人口要素。从本质上讲，国际社区是来自世界各地不同国籍的人们聚居或工作所组成的社区。[9]人是社区生活的主体，国际化社区是中外居民混合居住的生活共同体，外籍居民所占比例要达到多高程度才可称为国际社区，尚无统一的标准。许多城市以外籍人士的居住户数超过20%作为界定国际社区的标准，也有城市的发展规划将此标准设为30%。[10]

越来越多的研究者认识到,不能将国际社区的"国际性"仅限于外籍居民比例这一单项指标,还应考量社区的硬件设施、组织制度、管理模式、服务体系、文化融合、社会参与等方面是否符合国际标准,即社区软硬环境的综合国际化水平。

地理要素。社区存在于特定的空间范围内,有一定的地理边界,社区成员的活动常常依托但不限于一定区域。特定区域的经济环境与生态环境,不仅会影响社区中成员活动的性质与特点,也会在一定程度上促进或制约社区的发展。[7][8]

环境要素。每个社区都有为社区成员提供日常生活服务的房屋、交通工具、商店、幼儿园、学校、图书馆、医院、文化中心、活动室等居住、商业、服务业、文化、教育、娱乐设施。这些物质基础(硬件)及其服务(软件)构成国际化社区环境的主要组成部分。[7]

文化要素。社区文化是一种把社区成员联系在一起的"润滑剂""黏合剂",也是社区得以生存和发展的重要内在因素。一个社区的风土人情、行为模式、邻里关系、价值观念等都体现着社区文化,也是各社区相互区别的一个重要标志。国际化社区的文化应更为包容与开放。[7]

综上所述,根据国际社区的发展实践,本课题认为国际社区有两个要义:

一是国际社区的居民并不仅仅是外籍居民。按照我国国际社区发展实践中的表现,外籍居民一般占国际化社区中居民比例的20%左右,仍有大部分居民是本地居民,呈现中外混居的状态。

二是国际社区的建设并不局限于使外籍人士受益,而是以此为契机,补短板、促发展、求突破,使国际社区发展成果最终惠及全市居民,实现以社区的国际化促进城市的现代化,助推高品质和谐宜居生活社区建设,进一步提升我市人才国际化发展水平,改善城市国际形象。

(二)相关理论

2019年4月17日上午,习近平在考察重庆时,指出:希望重庆在推进新时代西部大开发中发挥支撑作用、在推进共建"一带一路"中发挥带动作用、在推进长江经济带绿色发展中发挥示范作用,在西部地区带头开放、带动开放。

近年来,重庆努力在推进新时代西部大开发中发挥支撑作用,引领西部地区协同发展;在推进共建"一带一路"中发挥带动作用,推动"一带一路"走深走实;在推进长江经济带绿色发展中发挥示范作用,拓展绿色发展路径,不断展现新作为,实现新突破。开放的重庆面临着前所未有的机遇与挑战,在全面融入"一带一路"建设与内陆开放高地建设过程中,在建设国际消费中心城市与西部国际交往中心的过程中,需要逐步提高国际影响力,实现城市国际化。

(1)国际化城市

城市的国际化建设主要包含了经济、政治、社会、基础设施4个方面的内容,而城市国际化建设一定程度上推动了国际化社区的产生,国际化社区则成为城市国际化建设的不可或缺的载体。

①国际化城市的特征

在不同时代,对国际化城市的特征有着不同的认识,考虑相关概念在大体上的一致性,在本课题中"国际化城市"指文献中"世界城市""全球城市""国际节点城市""国际城市"概念的集合。国际化城市特征与衡量指标见表1-1。

总体而言,当代国际化城市具有以下特征:雄厚的经济、政治、社会及技术基础;先进的产业结构与国际性功能的空间;多中心的城市空间结构,腹地深远;完善的基础设施和良好的人居、工作环境;多元的文化环境,国际化的城市管理和开放程度。

表1-1 国际化城市的特征

研究者\研究机构	特征/指标
霍尔 (Peter Hall,1966)[11]	主要的政治权力中心;世界或某一地区的经济枢纽;具有高度现代化的基础设施;主要银行的所在地和国家金融中心;各类专业人才聚集的中心;人口集聚和富人集聚;具有综合性国际服务功能
弗里德曼 (Friedman,1986)[12]	主要金融中心;跨国公司总部(包括地区性总部);国际化组织;商业服务部门高速增长;重要的制造中心;主要交通枢纽和人口规模很大
沙森 (Sassen,1991)[13]	世界经济组织高度集中的控制点;金融机构和专业服务公司的主要聚集地;高新技术产业的生产和研发基地;产品及其创新活动的市场
卡斯特尔斯 (Castells,1994)[14]	信息、货币、人口、物资等流动数量

续表

研究者\研究机构	特征/指标
弗里德曼 (Friedmann,1995)[15]	与世界经济融合的程度;空间组织的协调基点;全球经济的积累地;国际和国内移民的重点;空间和社会计划严重性;较高的社会代价
哥特曼 (Gottmann,1989)[16]	人口;高强度脑力劳动产业;政治权利
伦敦规划委员会 (1991)[17]	良好的基础设施;国际贸易和投资的财富创造额;服务于国际劳动市场的就业和收入增加量;满足于国际文化和社会环境需求的高生活质量
GaWC[18]	以财务、广告、金融和法律为代表的"高阶生产者服务业"供应
全球城市实力指数 (GPCIO)	经济、研发、文化互动、宜居性、环境和方便度

政治特征。政治建设是打造国际化城市的重要维度,是实现城市政治文明的关键路径,对于提升城市政治影响力、克服城市政治弊病、改进城市政府形象具有举足轻重的作用。[19]政治职能是城市的基本职能,政治影响力反映的是城市在国际社会中的政治控制力。[20]在城市的国际交往中,为了促进彼此来往,常与交往密切的国际城市互相建立友好城市关系或友好交流关系,这种关系的程度可作为衡量城市政治国际影响力的有效指标。[21]此外,大使馆会设立在国家的首都,以作为国家间政治交往的机构,同时各国会在具有重要国际影响力的地区或者城市设立领事馆,这也是国际化城市政治建设的重要内容。[20]因此,友好城市数量和领事馆数量是衡量国际化城市政治影响力的有

力表征。

经济特征。经济职能国际化是城市职能国际化的核心,表现为城市经济发展从地区分工走向国际分工,加入国际经济循环。[22]这种循环涉及经济活动的全过程,因此城市职能国际化必然要求生产要素(资本、技术、劳动力等)国际化、生产过程国际化(如国际合作生产)及市场国际化(如贸易国际化)。[23]

人口特征。人口是社会国际化的重要研究对象,城市国际化所带来的直接后果是城市移民的国际化。城市国际化需要国际化人才[24],人口的多样性(出生地为外国的人口占城市人口的百分比)是国际化的一个重要衡量指标,既是城市开放程度和吸引力的重要标志,也是国际大都市进程中必然发生的人口现象[25]。在国际化城市,外籍移民人口比重较大,人口的国际流动也比较大,人口的异质性非常高,这是成为国际化城市的人口条件。

目前,世界公认的国际化大城市,城市人口规模一般在800万—1500万,在许多国际化程度相对较高的欧美城市,外籍人士在城市常住人口中的比重常常可以达到15%—30%。

基础设施。城市的基础设施是城市发展的硬件基础,是城市发挥国际功能的基础条件之一,对城市空间优化、产业布局和人口要素的合理分布具有重要引导作用。国际化城市普遍具有适应城市发展的基础设施体系,完善的基础设施也不断吸引着国际要素的集中,使城市居民的生活更加方便,也使城市经济的持续发展获得推动力。[26]其中,综合交通枢纽的建设和国际社区的建设是国际化城市基础设施建设中的重要部分。

②国际化城市与国际社区

城市国际化一定程度上推动了国际化社区的产生,国际化社区则成了城市国际化建设不可或缺的载体。人口是国际化城市的根本,城市外籍人口的数量、比例直接决定国际化城市的发展基础。城市之间的交流与交往以及各个民族、各异文化及宗教信仰的人之间的交流与交往是国际化城市最本质的特征。

一座国际化的城市,要有国际化的社区人居环境。良好的环境,既体现在文化的包容上,也体现在环境的宜居上。[27]同时,社区的硬件设施与管理水平是否科学,城市是否宜居、以人为本,是衡量城市国际化的重要指标。[4]国际化社区良好、有序的发展,为外籍人士提供了良好的生活条件,为城市国际化奠定了物质基础,两者之间形成了一种互相影响的关系。[28]城市加大对外开放,走国际化发展道路不仅需要加强软硬件的建设,同时还需要加快国际化社区的建设。国际化城市建设需要综合考虑政治、经济、社会和基础设施等要素,国际社区是以上要素在国际化城市建设中的具象体现,国际化城市与国际社区的关系如图1-1所示。

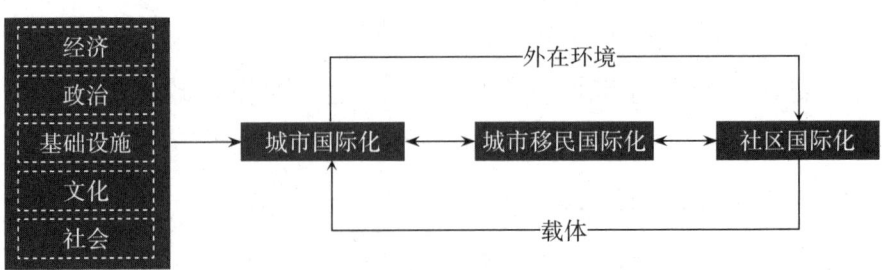

图1-1 国际化城市与国际社区的关系

（2）国际化社区

国际化社区是国际化城市建设的具象体现,对国际化社区的研究主要有国际化社区治理及社区文化两个方面的内容,而对国际化社区的建设相关研究较少。

国际化社区治理。在国外,国际化社区治理更加关注"人"。国外社区治理的理论研究除了地方政府在社区治理中可能发挥的作用和政府与社区的关系研究外,更多的是从社区服务、社区治安、公民参与、土地资源的利用和开发等角度进行研究分析。[29]社区是一个居民利益共同体,其社区治理呈现出政府与社区共同治理、社会各方力量参与的局面,在社区治理中,社区内部的力量占主导地位。[30]而国内研究的焦点主要是在社会层面,着重研究整个社会制度以及在这种制度下政府、市场和社会三者之间的关系。

社区治理模式。在欧美发达国家,国家社区治理模式始终有着以大熔炉为特征的一体化和多元主义两种模式的争议。

1908年,英国赞格威尔首次从文化融合角度提出了"熔炉"的说法:随着时间的推移,与特定种族群体有着密切关系的各种习俗和传统都将随着他们被融入一个更大的文化圈而逐步消亡。在"大熔炉"的背景下,西方社区治理的一体化模式本质上是使外籍人士融入当地主流社会与文化,接纳当地社会的主流价值观,进而完成社会融合;多元主义本质上是外籍人士保持自己的风俗习惯、宗教文化及自己的语言和教育体系,与当地主流社会与文化和谐共存。[31]

在实践中,多元主义社区治理模式在外国人数量不足以对社区产生重要影响时,确实有助于维护他们的权利,然而随着外国人数量达到显著规模,若其文化与当地社区文化差异性凸显,便可能影响到社区治理追求的融合功能。[32]

社区治理主体。社区归属感主要由居民参与的形式产生,居民参与是国际社区治理研究的又一关注点。如美国的理查德·C.博克斯提出在"公民治理时代",要有居民选择和决定社区的愿景,要求居民对自己的社区未来承担更大的责任。但社区治理并不仅仅止步于居民参与。

随着全球化进程的加快,社区治理更加强调政府、市场和社会的多元主体相互协作,合作治理。治理主体主要有政府与非政府组织(社区自治组织、非营利组织、辖区单位)以及社区居民三类[32][33],多元的治理主体相互协作,形成大社会、强政府的治理格局[34],能有效调整和协调社区内不同因素的矛盾、冲突与纠葛,促进社区的和谐与稳定[35]。

我国国际社区的治理。现代意义上的中国国际社区形成于改革开放之后至20世纪末期,这一阶段治理模式的特征为"政府引导—市场主导—社会缺位"[36]。由于这一阶段的外籍居民人群相对单一、相对封闭,因此对其管理主要限于常规的移民审批和出入境管理等方面,社会力量介入极其有限,还谈不上真正意义上的治理思路。进入21世纪,国际社区治理转变为"政府主导—市场驱动—社会参与"模式[36],同时呈现出更加明显的动态性。政府开始从引导角色转变为有意识的主导角色,市场的驱动作用不是唯一的因素,原来缺位的社会因素也开始进场。

在案例研究中,刘中起[37]以S市B社区为例,提出要基于公众参与制度化推进城市社区治理。王名等人[2]以北京市朝阳区为例,认为国际社区应各有特色,同时要优化社区治理结构。菅强[38]以上海市G社区为例,提出国际社区的治理要在政府权力和市场优势之间搭建居民、社会组织、政府三方共建共治的平台。国内国际社区治理实践进一步支持了国际社区治理应有多元主体参与的观点。

国际社区文化。社区文化是国际社区建设研究的又一个重点。范伟达教授在《东西方文化的共存融合》中指出,文化融合不是各种文化机械的累加,而是一种有机的整合。

外国人聚居区独特的文化多元性、流动性强、管理难度大等特点,决定了国际化社区的建设必须以社区文化的建设为突破口,建立本地文化与外来文化相互交融、和谐发展的独特国际性社区文化。[39]

国内对于社区文化融合研究主要从加强精神文化的融合入手,通过中外居民在共同的文化活动中得到共鸣,形成社区归属感。社区工作的重点是社区认同性的整合,终极目标就是社区归属感[40];但社区归属感本身是一种文化心理现象,其产生不仅由文化因素引起,同时取决于政治、经济等一些实实在在的条件[41]。

国际社区文化建设在国际社区建设中处于核心地位,应当遵循注重社会公平、关注个性需求、推动社区融合三个原则。[39]在我国国际社区建设实践中,文化培育普遍通过举办文化类活动来实现,比如深圳沿山社区举办中外趣味运动会,为社区居民提供了交流的平台;杭州滨和社区建立共享书屋,促进了中外文化的交流。

综上所述,国际化社区在宏观上包括国际化基础、国际化制度、国际化文化环境三个方面的内容;硬件建设主要包括生活设施、医疗设施、教育机构和娱乐设施四个部分;软件建设包括社区治理和社区文化两个方面的内容。如图1-2所示。

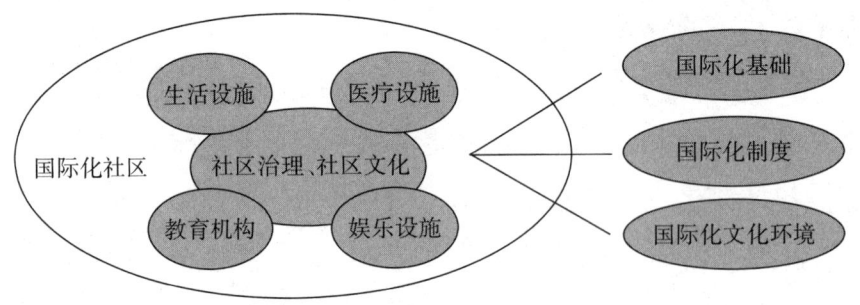

图1-2 国际化社区建设内容

(三) 研究目标与内容

国际化社区不仅是外籍人士与国人共同居住的场所,也是国际化城市建设的载体。本课题将利用文献研究法、问卷调查法等研究重庆在国际化新坐标下打造国际化社区的必要性并提出建设路径。

(1) 研究目标

本课题是重庆抓大开放促国际化,建设具有世界影响力的文化魅力和城市品质的现代化内陆国际大都市背景下,打造国际化社区的决策性问题研究。具体研究目标如下:

研究重庆打造国际社区的必要性;

总结典型城市国际化社区建设经验;

调查分析重庆外籍及我国港澳台人士居住需求；

提出重庆国际社区建设方案。

（2）研究内容与研究框架

本课题研究分为五个部分，主要研究内容有文献及理论研究、现状分析、国际社区建设模式研究和具体的国际社区建设行动方案研究，具体研究内容及过程如图1-3研究框架图所示。

第一部分首先针对本课题的研究对象"国际社区"，明确国际社区的概念、特征及要素，对相关理论加以总结，概括国内外的研究现状，并阐述研究问题及研究内容。

第二部分主要从开放城市的要件、成渝城市群发展的要件、产业创新的必然和教育文化开放的必然四个方面论证重庆建设国际化社区的紧迫性。

第三部分首先阐述本课题问卷设计目的及问卷结构，其次根据问卷数据，对调查结果加以分析，结合访谈内容，总结重庆国际化社区现状，为国际化社区的建设方案提供依据。

第四部分以文献综述的内容为基础，结合调查研究，总结国内典型国际社区的发展经验，为重庆国际社区建设提供思路。

第五部分根据前述研究成果，国内城市国际社区建设、发展经验，结合重庆城市与城市社区的发展现状与特点，提出重庆国际社区的建设原则、建设模式、配套与管理标准，提出相应的政府支持措施。

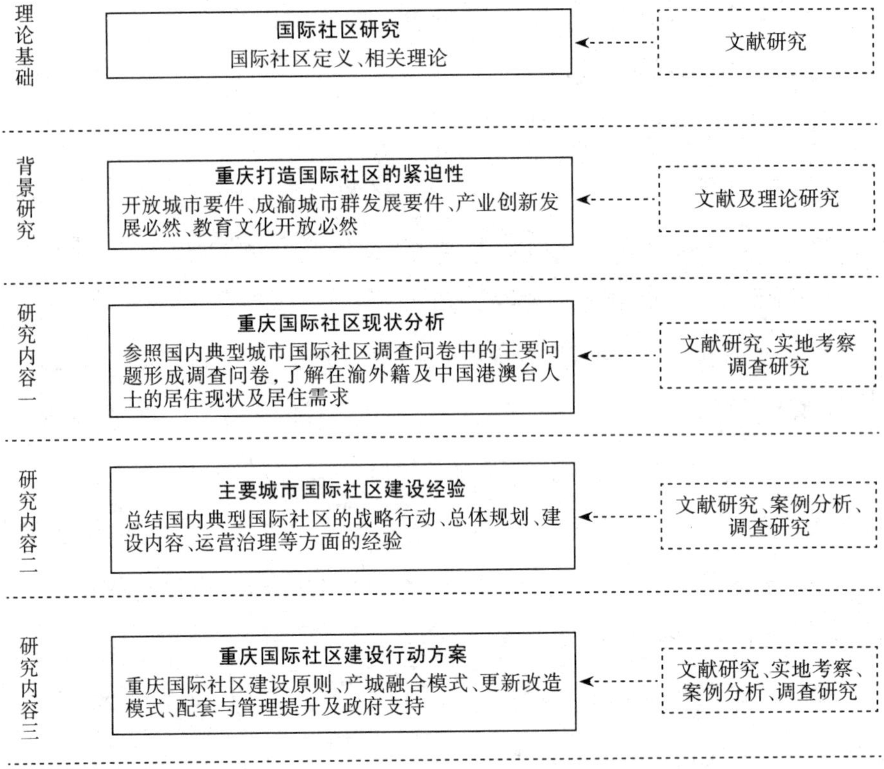

图 1-3　研究框架

二、重庆打造国际社区的必要性

重庆要全面融入共建"一带一路"和长江经济带发展,培育内陆开放新优势,在西部地区带头开放、带动开放,为加快形成陆海内外联动、东西双向互济开放格局做出新贡献。要体现"高地"目标,建设内陆开放高地,塑造具有国际竞争力的城市形象,提升城市综合服务功能。

(一)打造国际社区的基础

开放的城市意味着与国际频繁的交流与交往,意味着城市的国际化。国际社区为开放创造条件,是开放的重要保障,反映了一个城市开放的水平和质量。打造国际社区要基于城市开放的基础,本课题结合重庆开放的现状,主要从人口多样性、政治影响力、经济开放性及交通便利性四个方面,分析重庆打造国际社区的基础。

(1)人口多样性

2019年底,重庆市常住外籍人口19555人,其中:重庆市外国学生9870人(其中外国留学生9220人,外籍中小学生约650人),重庆市外籍教师2140人(包含短期见习老师520人左右)。常住外籍人士数量排名前五的国家分别是:韩国、泰国、美国、越南、印度。

相比国内其他城市,在上海(2019年)工作的外籍人口数量超21.5万人[42],是全国常住外籍人士最多的城市。广州市(2019年)常住外籍人士达8.34万人[43],南京(2019年)常住外籍人口超过2万人,其中53.8%是高校的留学生[44],这部分外籍人士居住较为集中。成都(2019年)常住外籍人口约1.74万人[45],武汉(2017年)常住外籍人口约1.7万人[46](如图2-1)。由此可见,重庆具有人口多样性的基础,但外籍人口基数较我国主要城市仍存在明显不足。一方面,需要建设国际社区以满足当前在重庆外籍人士对居住的需求;另一方面,需要以国际社区优良的环境及优质的服务吸引更多外籍人士来重庆发展。

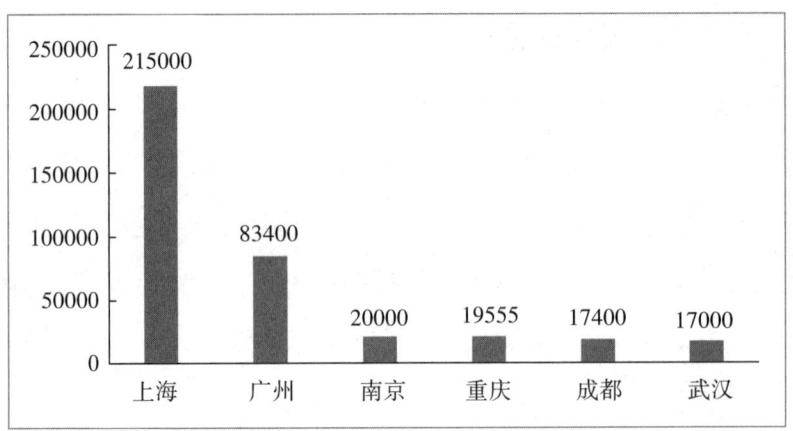

图2-1 主要城市外籍人口数量

(2)政治影响力

本课题从领事馆数量及友好城市数量来考查城市的政治影响力。当前,重庆领事馆数量为11家(见表2-1),在国内位居第五位。前四位依次为北京、上海、广州、成都,其领事馆数量分别为134、76、62、17(如图2-2)。

表2-1 驻重庆领事馆

序号	国家	成立时间	序号	国家	成立时间
1	英国	2000-03-01	7	加拿大	2012-11-27
2	柬埔寨	2004-12-10	8	丹麦	2012-11-27
3	日本	2005-01-01	9	荷兰	2013-09-20
4	菲律宾	2008-12-30	10	意大利	2013-12-30
5	匈牙利	2010-02-04	11	乌拉圭	2019-12-20
6	埃塞俄比亚	2011-12-10			

重庆领事馆数量自2013年12月后,就一直保持在10家,直

至2019年12月才新增乌拉圭领事馆一家。重庆与北京、上海和广州存在着很大的差距,随着对外开放水平的提高,应争取更多的领事馆落户重庆。

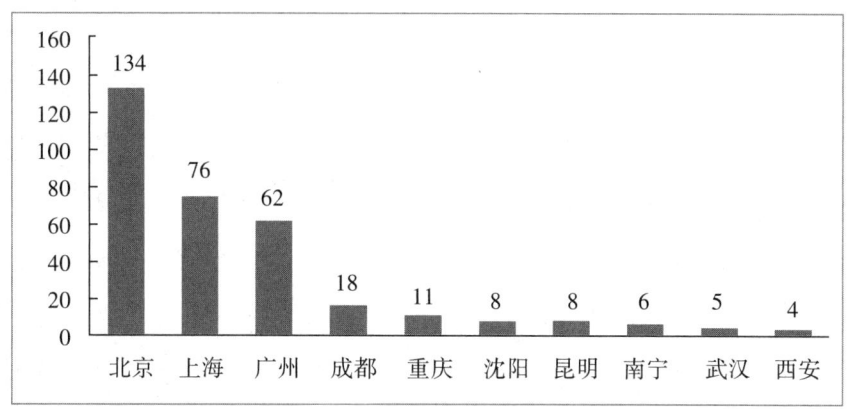

图 2-2 国内主要城市领事馆数量

友好城市数量上,重庆市当前与48个城市结为友好城市,其数量位居国内第二(如图2-3),有明显优势。由此可见,当前重庆市政治影响力良好,具有一定的开放基础。

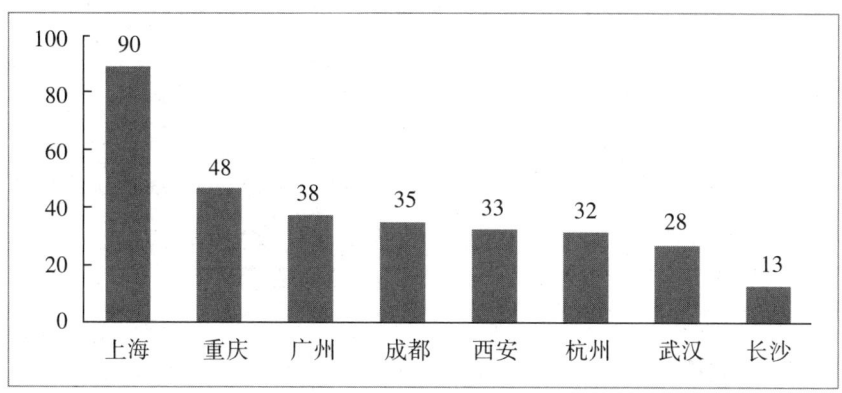

图 2-3 国内主要城市国际友好城市数量

(3)经济开放性

2019年,国内主要城市经济运行保持良好形势,上海市进出口总额与生产总值均位居第一位,广州市与重庆市国民生产总值依次位居第二、三位,就GDP而言,两者差距不足20亿元,然而在进出口总额上重庆市远远低于广州市,两者相差将近4000亿元。成都与杭州的GDP虽不如重庆市,然而其外贸依存度均超过30%,从其他国际城市的发展经验来看,外贸依存度在30%左右时,说明该城市具备国际化特征。重庆市对外贸易依存度为24.54%,略少于30%,已经初步具有国际化特征,远远高于武汉(14.22%)(见表2-2)。近年来武汉已在国际社区打造方面加大力度,努力提升城市国际层级,增强城市国际化氛围。重庆作为具有一定国际化基础的国家中心城市、内陆开放高地,国际社区的建设却还没有提上议事日程,因此,对标其他城市的做法和自身发展的需要,国际社区建设已刻不容缓。

表2-2　2019年主要城市对外贸易依存度

指标	上海	广州	杭州	成都	重庆	武汉
进出口总额/亿元	34046.82	9995.81	5597.0	5822.7	5792.8	2440.2
生产总值/亿元	38155.32	23628.60	15373.0	17012.65	23605.7	17157.0
外贸依存度/%	89.23%	42.30%	36.41%	34.23%	24.54%	14.22%

(数据来源:各城市2019年统计年鉴)

截至2018年底,共有来自美国、英国、法国、德国、日本等19个国家和地区的287家世界500强企业在重庆开拓了业务,主要布局于汽车、电子、金融等行业[49],使重庆相关产业得到了进一步的发展,助力重庆经济转型,推动重庆全方位对位开放。根据相关新闻报道,截至2018年底,285家世界500强企业入驻成都[50],203家世界500强企业入驻西安[51],266家世界500强企业入驻武汉[52],210家世界500强企业入驻南京[53](如图2-4)。

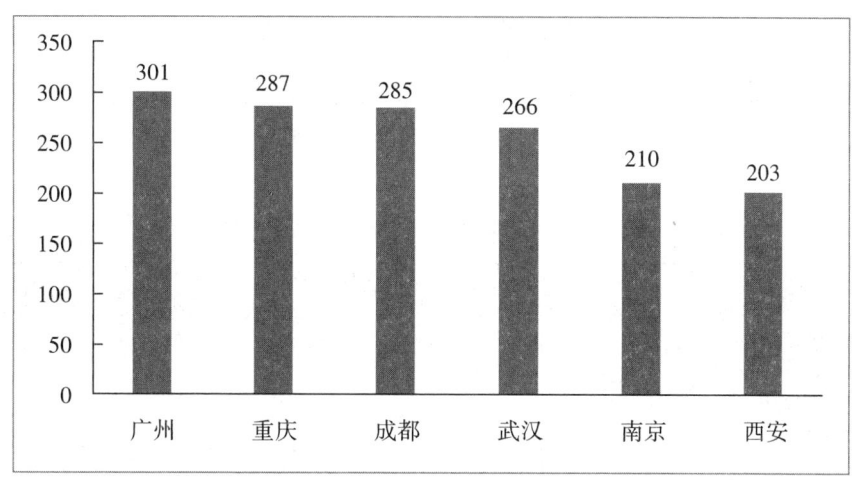

图2-4 主要城市世界500强企业入驻数量

惠普、华硕、宏碁、富士康等企业入驻重庆,带动重庆成为全球领先的电脑、打印机生产基地之一;苏伊士环境、胜科等参与我市供电、供水、污水处理、能源管理等公用事业建设;万豪、喜达屋等集团旗下酒店进驻重庆,提升了重庆酒店的档次,助力重庆进一步与国际接轨;花旗银行、三井住友银行、大都会人寿等外资银行和保险企业入驻重庆,利宝互助保险公司将其中国总部设在重庆,进一步促进了重庆市金融业开放和创新。[48]

(4)交通便利性

2018年出入境吞吐量超百万人次的机场有25个,涉及24个城市,重庆江北机场位列第12。截至2019年2月,重庆江北国际机场已累计开通国际航线84条,通航5大洲27个国家63个城市[47],客货运航线主要目的地是亚洲,其占比达50%以上,欧洲、北美洲、大洋洲、非洲的航线则明显较少,航线目的地分布呈明显不均状态。从国际航点地区分布观察(见表2-3),重庆江北机场较上海浦东、广州白云、成都双流均存在一定的劣势。整体来看,重庆国际交通便利性良好,交通通达程度较高,已具备国际化城市的基础。

表2-3 主要城市机场2018年航点分布

机场	通航点	中国港澳台	亚洲	欧洲	北美洲	大洋洲	非洲
上海浦东	111	4	60	21	16	5	5
深圳宝安	56	3	33	10	3	6	1
成都双流	64	3	38	11	5	4	3
西安咸阳	38	3	24	8	1	2	0
南京禄口	34	5	20	6	2	1	0
杭州萧山	41	5	27	4	2	3	0
重庆江北	43	3	27	5	6	2	0

当前重庆市已初步具备开放城市的基础。国际化社区作为城市外籍人士聚居之地,为城市外籍人士提供了"类海外"生活环境与良好的社区服务,是多样化城市居民生活的保障,是良好基础设施与生活环境的体现,为城市的对外开放提供设施与服务的支撑。因此,国际社区是城市开放的必要手段,是城市国际化的基本载体,需要建设国际化社区来支撑与推动重庆国际化发展。

(二)带头开放服务国家战略

国际社区能体现城市开放的"高地"目标,提升城市综合服务功能。重庆迫切需要打造国际社区,在西部地区"带头开放、带动开放",营造高品质国际营商、消费环境。

(1)提升城市综合服务功能

各个城市的共识:国际化社区的建设,一定不是只针对辖区外籍人士。一方面是为提升国际人才吸引集聚能力,让国际人才愿意来、留得住、融得进;另一方面以此为契机,促进城市公共设施配套、生活场景营造、环境优化、服务能力提升,补短板、促发展、求突破,发展成果最终惠及全市居民,实现以社区的国际化促进城市的现代化,融合国际生活理念,助推高品质和谐宜居生活社区建设,进一步提升城市国际化发展水平。

外籍常住居民数量不仅反映了一个城市的开放度,也反映了一个城市社会、经济发展的数量和质量,我国北京、上海、深圳、广州外籍常住居民数量远高于其他城市,处于第二梯队的重庆、成都、杭州、南京,近年来,为吸引外籍常住居民,提升城市与国际交流合作的紧密度,增强国际影响力,更加注重国际社区的建设,提出建设国际社区的目标、规划,以吸引更多的外籍常住居民。

为此,国际社区建设,包括北上广深都是由政府规划主导,国有企业为主进行国际社区开发、运营。南京、杭州、成都、武汉分别于2012年、2015年、2018年、2018年,从市政府层面提出国际社区的建设。为了全面提升国际社区建设,2017年,杭州出

建设重庆国际消费中心城市研究

台《杭州市国际化社区评价指标体系》《国际化社区评价规范》；2018年,南京出台《南京市国际社区建设规划(2018—2025年)》；2019年,成都出台《成都市国际化社区建设规划(2018—2022年)》。

(2)营造国际化氛围

城市的开放与国际化发展相辅相成,城市舒适度、国际交往活动的参与度是衡量城市国际化的又一重要指标。应打造国际社区,创新人文交流新亮点,为全面融入共建"一带一路"建设和长江经济带发展国家战略,培育内陆开放新优势做出新贡献。

国际社区为外籍人士创造了国际化的生活环境,同时,"类海外"生活环境为国际消费、国际交往、吸引国际人才打造接轨世界潮流,符合国际标准的社区环境,进而营造城市的国际化氛围,实现国际消费、国际交往和国际人才的聚集。

2019年12月,重庆市人民政府办公厅发布《重庆市人民政府办公厅关于加快建设国际消费中心城市的实施意见》文件,提出要加快将重庆建设成为国际消费中心城市。2020年3月,市委外事委员会召开会议,审议了我市建设中西部国际交往中心行动计划(2020—2022年),中西部国际交往中心将进一步推进重庆对外开放。国际交往中心一个重要特征就是接待入境人口规模庞大、常住外国人数量较多。国际化社区作为国际化城市的服务支撑,将在重庆市对外开放中扮演重要角色。同时,国际化社区亦是一个城市国际化的具体体现,打造国际化社区反映了这种内在的需求。

重庆外籍人士数量、构成与成都、杭州、南京处于同一层次。

而在国际社区建设方面,截至2019年,成都完成4个示范性国际化社区打造,最大的桐梓林国际社区常住外籍人士4300多人;杭州建设了30个国际化社区示范点。南京建设了6个国际化社区,最大的仙鹤国际社区常住外籍人士3100多人。

(3)形成包容的城市特质

城市的发展已经开始摒弃单纯追求大规模、高速度的发展理念,更加注重城市经济、基础设施、产业发展的品质,更加注重城市的开放、文化、魅力的建设,实现有品质的可持续发展。城市发展要以"包容、魅力、共享"为本,使城市成为人与人、人与自然和谐共处的美丽家园。

国际社区肩负重庆以国际化的标准进行生态调整和生活文化居住配套完善的重任,是城市更新、城市国际化发展方式的创新。依托重庆的资源禀赋、区位特征和国际化属性,将拓展重庆物理空间、提升重庆国际化配套服务、深化国际文化交流和融合,多方位提升重庆整体形象,打造具有鲜明城市特征又兼容多元文化的内陆开放高地城市,提升城市综合服务功能。

国际化社区求同存异、促进共生、追求和谐,着力形成多种文化背景的人才共存交融的宽松氛围,是一个城市包容性的具体表现。但凡国际化大城市,都有一个兼顾历史和未来,促进多元文化和谐共存的文化战略——这是城市可持续发展中的重要一环,也是城市国际化重要的一步。北京的三里屯、上海的碧云、深圳的沿山,不仅成为成熟的国际社区,更成为城市的名片,打造了具有区域竞争力和国际影响力的营商环境,提升了城市国际交往活动的参与度,形成城市包容的特质,有利于培养高端

建设重庆国际消费中心城市研究

消费市场,增加国际优质消费品和高端产品的供给。

(三)培养成渝地区双城经济圈的新亮点

习近平总书记强调,要尊重客观规律,发挥比较优势,推进成渝地区统筹发展,促进产业、人口及各类生产要素合理流动和高效集聚,强化重庆和成都的中心城市带动作用,使成渝地区成为具有全国影响力的重要经济中心、科技创新中心、改革开放新高地、高品质宜居地,助推西部乃至全国高质量发展。这段话,实际上是习近平总书记对包括重庆在内的成渝地区战略定位的清晰概括。

(1)通过国际社区提升对外开放水平

成渝地区双城经济圈建设上升为国家战略,前所未有地强化了重庆引领西部乃至全国高质量发展的使命担当。作为成渝地区双城经济圈主角之一,重庆要紧扣建设全面体现新发展理念的城市主题主线,推动成渝地区双城经济圈建设整体成势行稳致远,努力在世界先进城市体系中争先进位,以更大的作为服务民族复兴和西部大开发大开放。

建设成渝地区双城经济圈是形成高质量发展重要增长极、优化国家区域经济布局的战略决策,是打造内陆开放战略高地、优化国家对外开放格局的重大行动。开放战略高地的建设意味着成渝城市群,特别是成都和重庆两城与国际经济贸易频繁交流与交往,更多国际话语权与国际影响力。肩负建设具有国际竞争力的国家级城市群的重任的成都与重庆,面临着城市建设新的机遇与挑战。成渝城市群的建设也对重庆城市的建设与发展提出了更高的要求。重庆需要更完善的基础设施与更贴心、优质的服务,提升重庆国际竞争的实力。为来重庆居家创业的中外人才提供优质营商环境,广聚全球贤才,提升重庆城市外向度和对外开放水平。

重庆与成都500强企业数量仅相差2家,可以说是不相上下。较中部城市武汉,有突出优势。世界500强企业来重庆发展不仅为重庆的产业发展注入了新的活力,提高了相关产业的发展水平,更为重庆的经济发展提供了新的机遇。国际社区为社区居民提供优良的居住环境及高标准的社区服务,为世界500强企业高级员工提供优异舒适的居住环境,解决世界500强企业高级员工的住宿问题,起到了吸引世界500强企业来重庆发展的作用,助推重庆经济向更高质量发展。

(2)通过国际社区彰显对外开放效果

城市群的建设伴随着人口、经济等多种要素的流动与聚集,在此过程中,重庆则要做好磁铁的角色,既要吸引要素聚集,又要将这些要素留在重庆。依托国际化社区的建设创造"类海外"生活环境,为重庆现居外籍人士提供良好的生活环境,以点带面,提升重庆城市服务与治理水平,改善重庆国际化形象,进而吸引更多的高质量的国际人才来重庆发展。

国际化社区将作为向世界展现重庆的窗口,一方面为成渝城市群建设提供优质的服务;另一方面则是重庆最接地气的对外形象,成渝城市群国际化建设过程中,必然离不开国际化社区的建设。近年,成都市已开始有计划地建设国际化社区,逐渐完善外籍人士配套设施与服务。相比较而言,重庆国际社区的建设已非常必要,外籍人士居住社区建设、配套服务也更应尽早提上日程,以助重庆在与成都的竞争协作中,获得更好的发展。

成都市于2019年1月建成5个示范性国际化社区,提出在2020年底,完成"四片五园四区多点"国际化社区建设布局,打造形成不同类别的国际化社区45个。2019年,成都市出台《成都市国际化社区建设规划(2018—2022年)》和《成都市国际化社区建设政策措施》,提出,到2022年底,全市22个区(市)县实现国际化社区"全覆盖"。包括建成国际学校6个,涉外医疗机构达到20家,出入境服务站达10个,外籍人士之家达22个。全国其他地区尚无城市将国际化社区建设上升到城市战略的层面进行系统的规划和谋篇布局,成都成为全国首个以市级层面系统编制国际化社区建设规划的城市。

(3)成渝两城既有合作又有竞争

成渝城市群的建设将成渝两城的协同发展推上了新的高度,但由于重庆与成都地理位置相近,两城必然是既有合作又有竞争的关系,必然会出现对外协作对内竞争的态势。重庆的开放条件、水平、质量与成都相比,决定了重庆在成渝城市群的地位。重庆作为中西部地区唯一的直辖市、国家重要的中心城市,在推动成渝地区双城经济圈建设中必须有大担当、新作为。

2019年,成都共有常住外国人17014人,其中:学习7001人;工作5150人;团聚2395人;私人事务2468人。根据统计,长居成都前五的国家分别是美国2501人,韩国1595人,英国850人,印度828人,加拿大754人。[48]成都市常住外籍人士的数量与重庆处于相同的水平。

2013年，驻重庆的总领事馆的数量有10家，驻成都的总领事馆的数量有9家。2019年12月，驻重庆的总领事馆的数量有11家，仅新增乌拉圭驻重庆总领事馆1家。而六年内，驻成都总领事馆数量增加了8家，共有18家，成都反而后来居上。

无论是经济、政治，还是交通、人口，成都与重庆水平基本相当。政治影响上，成都市领事馆数量高于重庆，重庆在友好城市数量上表现更好。经济上，2019年，重庆外贸进出口总值5792.8亿元，成都外贸进出口总值5822.7亿元，重庆进出口总值稍低；成都市外贸依存度34.23%，重庆市外贸依存度24.54%，较成都少了近10个百分点。交通上，重庆与成都联系密切，但在国际航线上，成都比重庆更有优势。外籍人口数量上，重庆市常住外籍人口19555人，较成都略有优势。

以北京为例，如今麦子店街道常住人口近6万人，其中包括来自93个国家和地区的常住"外宾"近万名。[8]2004年后，随着北京第三使馆区正式落地，美国、法国、日本等15个大使馆相继迁入，随之而来的众多国际组织和知名跨国企业在此安家，让麦子店街道成为全国知名的国际化社区。正是使馆区的建设为麦子店街道带来了大量的外籍人士，也正是麦子店街道贴心、优质的社区环境、社区服务与社区治理使得大量外籍人士在此落地开花。

(四)促进产业创新发展

城市转型发展的核心是功能能级的提升,这不仅要有城市空间形态的整体提升,更要关注城市发展的质量,城市生活的品质,并以此带动产业创新发展。国际化社区以国际标准进行社区建设,提供社区服务,是多元社区文化的新型功能社区,具有多元性、开放性的现代化特征。国际社区已成为城市产业创新发展的大后方,为产业发展提供支撑,服务于城市居民,服务于产业发展,服务于城市发展。

(1)促进城市更新创新发展

城市更新的转型发展,已经由过去的大拆大建式的快速发展向内涵式发展的模式转变。城市更新是提升城市功能能级的重要手段,但已经不是传统的修修补补,其关注重点已经从"外观于形"向"内化于心"的阶段发展,与过去二三十年的城市建设相比,城市更新的手段更加多样化,更新的内容更加丰富,在更新过程中,为城市更多地引入国际化元素,是城市更新的重要方向,也是我国特大城市从国内走向国际舞台,参与国际合作、竞争的必由之路。

国际社区建设是城市更新的一个创新手段,在促进社区公共设施配套、生活场景营造、环境优化、服务提升的同时,以精准服务惠及广大中外居民,让城市有变化、市民有感受、社会有认同。能有效解决过去城市建设标准不高的问题,能有效促进城市更新产业发展,提升城市更新产业的创新水平,进而提高城市国际化水平。

上海碧云国际社区设置境外人员服务站,为社区居民提供政务服务、健康服务、党群服务、互助服务、生活服务、法律服务、社区管理服务、文化服务等,提升社区服务水平,提高了中外居民的生活品质。因此,国际社区的建设提高了社区硬件配套标准及社区服务治理水平,创新了城市更新的内容和方式,提高了城市生活水平,实现了城市的高质量发展,增强了城市国际化建设的成效。

(2)促进房地产业创新发展

由于城市增量扩张到存量发展的转变,房地产业增长也正在从开发建设向服务运营转型,房地产商不再是仅提供简单的住房建设服务,而是越来越重视提供房屋的全寿命周期服务,国际社区的建设提供了这样一个实践的契机。国际社区建设注重配套设施规划,通过国际政务服务提高社区生活的便捷性,通过国际商务服务延伸社区生活的内容,通过打造社区新消费场景,引入国际时尚品牌等业态,植入国际化教育、医疗、运动健身、酒吧餐吧等元素,打造国际范消费新场景的社区,这些都与重庆打造国际消费中心、中西部国际交往中心息息相关,又对重庆房地产发展提出了新的标准。

国际化社区高标准的社区建设,"类海外"的生活环境,高水平的社区服务,是房地产业及城市建设与服务的标杆。以上海碧云为例,本课题调研得到:社区现有12000多名居民,有30%左右的外籍人士,公寓和别墅共4000多套,其中有99套别墅,共19个居住小区,配套建设商业、医疗、学校,占地面积1.4平方千米。上海碧云国际社区,由上海市政府在20世纪90年代规划,国有上市企业建设、拥有、运营,现已成为优良的国有资产。碧云国际社区租金及物管费见表2-4。

本课题对重庆市外籍人士的调研发现,有74.16%的受访者期望拥有贴心、优质、高效的物业管理服务,倾向于管家式物业。66.67%的受访者倾向于以长租的方式获得住宅,16.67%倾向于以短租的方式获得住宅,两者之和为83.34%。这说明外籍人士对房地产的后期服务比较重视,对房地产业的发展提出新的要求。

表2-4 上海碧云国际社区租金及物管费

户型	一室一厅	二室一厅	三室两厅	别墅
建筑面积/m²	95/113	130	255	—
月租金/元	21000	25000	55000	80000
物管费(元/m²)	15—20			—

(3)带动土地价值倍增

城市的发展已经由增量扩张转变到了存量发展的阶段,在有限的空间资源下,国际化社区的建设要充分考虑城市土地增量与存量的问题。国际化社区建设可以通过增量扩张加存量发展共存的方式,根据城市建设需求,合理利用土地。无论是增量扩张还是存量发展的方式,均可通过国有企业盘活土地,以高质量的国际化社区带动社区及区域土地价值倍增。上海碧云国际社区,由上海金桥(集团)有限公司、上海金桥出口加工区开发股份有限公司和上海金桥出口加工区联合发展有限公司全面负责规划和开发建设,是上海市优质国际社区。

从表2-5可以看出,碧云国际社区的租金远高于周边社区,同样的情况也出现在上海的古北,北京的麦子店、望京,成都的桐梓林。国际化社区能明显提升住房的价格,进而带动周边土地价值倍增。本课题对重庆市外籍人士的调研发现,有25%的人希望住别墅,而受访者中实际住别墅的居民仅有6.67%;有44.83%的受访者能承受10000元以上的月租金,这远远高出目前重庆四室两厅不足4000元月租金的均价。对国际社区高标准的需求,将推动高端房地产的发展。

表2-5 国内主要国际化社区及周边社区房价

单位:元/m²

序号	业态	社区类型	社区名称	一室一厅/一室两厅	二室一厅/两室两厅	三室一厅/三室两厅
1	租	国际社区	上海碧云	21000	25000	55000
		周边社区	碧云东方公寓	8500	10000	15000
2	售	国际社区	上海古北	80000	97000	90000
		周边社区	仙逸小区	52000	52000	55000
3	售	国际社区	北京麦子店	—	71000	71000
		周边社区	枣营北里小区	65000	66000	71000
4	售	国际社区	成都桐梓林	22000	20000	25000
		周边社区	玉林九巷小区	11000	13000	15000
5	售	国际社区	北京望京街道	75000	90000	90000
		周边社区	西里社区	65000	70000	66000

(数据来源:安居客、房天下)

(五)扩大教育文化开放的成效

国际化社区的建设既满足人才创新创业事业发展的需要,也提供便利的生活条件和完善的服务保障,为国际人才聚集、交流、融合、发展营造良好环境,是重庆教育、文化开放的物质需要。

(1)扩大重庆教育开放的成果

文化影响力是一个国家或一个城市最重要的竞争力指标。随着我国国力的增强,教育、科学技术的发展,我国接收留学生的数量逐年提高。2019年,重庆外国留学生有9220人,这一数字与成都、杭州、武汉、南京处于同一水平。留学生招进来,还要想办法让他们留下来,重庆的国际化需要来自世界各地的国际人才。如何让外国留学生更好地融入重庆,将世界"最强大脑"为我所用,也是一道时代新命题。这些留学生应成为连接重庆与"一带一路"沿线国家经济、贸易、文化的重要桥梁,成为重庆企业"走出去"的重要资源,成为提升重庆企业科技创新实力的重要力量。为了让有志于来重庆发展的具有国际视野的青年人才来得了、待得住、用得好、流得动,重庆应探索形成具有区域特色的国际人才社区建设政策服务支持体系。

北京市海淀区高度重视外国留学生,认为外国留学生是具有可挖掘潜力的重要人才资源。通过组织"外国留学生走进海淀",海淀政府邀请北京高校的外国留学生到海淀的园区、企业及创新载体参观访问,引导他们对海淀创新创业环境进行深入了解和直观体验,对于吸引和留住各国人才在中国创新创业,为北京市和海淀区的建设发展贡献力量具有重要意义。为吸引更多的国际创新创业人才落地，海淀正在积极推进职住一体的中关村大街国际人才社区建设，搭建国际人才创新创业聚集空间，建设与国际接轨的学校、医院、商务和生活服务环境，并为国际人才提供出入境、创业、生活等方面的便利和支持政策，进一步提升对国际人才的友好度和事业支持度。希望各国留学生在海淀多学、多看、多实践，把我国首都蓬勃发展的实际情况和海淀向国际人才发出的友好声音传递到不同国家、传往世界各地。

（2）促进国际教育医疗向更高水平发展

本课题所指的国际化教育是指外籍及中国港澳台人员子女学校，具体指按照《教育部关于做好外籍人员子女学校有关工作的意见》（教外办学〔2015〕2号）、《中华人民共和国国家教育委员会关于开办外籍人员子女学校的暂行管理办法》（教外综〔1995〕130号）经省级教育行政部门审批通过的外籍人员子女学校。国际医疗机构，是根据《医疗机构管理条例》《医疗机构管理条例实施细则》经国家卫生和计划生育委员会审批通过的外资医疗机构。目前重庆市外籍人员子女学校仅重庆耀中国际学校1所，位于渝北区；外资医疗机构仅重庆莱佛士国际医院1家，位于渝中区。重庆市国际教育医疗产业存在明显的短板，国际教育医疗资源尚不能满足外籍人士需求，与其他城市相比，存在明显不足（见表2-6）。国际教育医疗资源是国际社区的配套设施，重庆可以以国际社区建设为契机，引进国际教育及医疗资源，推动重庆国际教育及医疗产业发展。

表2-6 主要城市国际医疗教育情况

城市	医疗	教育
上海	拥有20余家涉外医疗机构	截至2017年,共设立21所外籍人员子女学校
广州	万达匹兹堡大学医学中心(UPMC)国际医院	截至2017年底,教育部公布经批准设立的外籍人员子女学校共7家
武汉	武汉多家医院开展涉外医疗服务。例如:武汉百佳妇产医院	截至2017年底,教育部公布经批准设立的外籍人员子女学校共2所
杭州	在全市设立8所重点的国际化医疗中心和国际化医院	截至2017年底,教育部公布经批准设立的外籍人员子女学校共2所
成都	截至2019年底,成都市有国际化医疗服务能力的医疗机构达19家	截至2017年底,教育部公布经批准设立的外籍人员子女学校共2所
重庆	仅1家:重庆莱佛士国际医院	仅1所:重庆耀中国际学校

(3)吸引海内外精英

应按照国际标准打造国际社区,提供高品质的居住环境,探索超大城市治理结构性难题,促进城市治理能力和治理体系现代化,引领城市国际化的发展。国际社区能促进国际科技创新资源聚集,健全完善生活配套设施,搭建国际创新创业服务平台,营造国际人才创新创业氛围。丰富的配套设施,相互赋能的多维业态,将不断助力重庆"类海外"环境建设,推动城市高质量发展,共筑美好未来。

国际社区显示了城市对来自不同地域、不同语言、不同文化背景、不同价值观的人群的接纳程度,是城市可持续发展的源源不断的动力。国际化社区的建设是以国际人才需求为导向,是有"类海外"环境、有多元文化、有创新事业、有宜居生活、有服务保障的特色区域,是为国际人才创新创业搭建良好的承载平台、提供职住一体的生活配套,确保人才引得进、留得住、用得好的特色区域,是国际人才聚集的载体。国际社区优质的居住环境,对国际人才具有很强的吸引力。本课题所指的国际性人才,不仅是国外的高端人才,也包括具有国际化意识和胸怀以及国际一流的知识结构、事业和能力的国际标准人才。这些人才都是重庆在国际化过程中不可或缺的,国际社区建设为此能提供强大支撑。

近年来,海淀一直在加快推进"类海外"环境建设,在创建创新型城区的过程中,海淀通过核心人才引进、团队引进和高新技术项目开发引进相结合的方式,以入选国家"千人计划""海聚工程""高聚工程"等的高端领军人才为重点,吸引大批优秀高层次人才在中国创业,在这个过程中,国际社区的建设功不可没。

三、重庆国际社区需求调研

本章将结合《打造国际社区问题研究》问卷调查情况,对问卷设计思路进行阐述,对问卷结果加以分析。

(一)问卷设计

为全面深入地了解外籍及中国港澳台人士在重庆的居住现

状,满足各国人士以及多元素文化对国际社区的需求,做好国际社区建设的前期研究,实现外籍及中国港澳台人士与本地居民、国际社区与本地社区更好地衔接恰合,打造有针对性的、高品质的、高质量的重庆国际社区,进一步塑造重庆的城市西部开放高地精神,本次研究将对在重庆外籍及中国港澳台人士进行针对性调查。本节将从调查目的及问卷设计思路两个方面进行阐述。

（1）调查目的

了解外籍及中国港澳台人士在重庆居住基本现状。对重庆市外籍及中国港澳台人士居住现状的把握是本课题的基础。了解常住外籍及中国港澳台人士在重庆主要居住区域、居住方式、住宅类型、付费方式、交通出行方式、教育及医疗等基本情况。

分析外籍及中国港澳台人士在重庆居住满意情况。通过问卷的相关问题设置,分析外籍及中国港澳台人士在重庆居住满意情况,了解重庆市对外籍及中国港澳台人士的服务效果,以便为政府服务提出相应的建议,为外籍及中国港澳台人士提供更具有针对性的服务。

了解外籍及中国港澳台人士在重庆居住基本需求。了解重庆市常住外籍及中国港澳台人士在重庆的基本居住需求,包括居住区域倾向、物业管理倾向、建筑类型倾向、购买方式倾向以及社区治理及相关活动的需求。

为国际社区建设决策提供依据。通过对外籍及中国港澳台人士居住现状及居住需求的调查,以及对外籍及中国港澳台人士在重庆居住满意情况的分析,为重庆国际社区建设的可行性以及国际社区的建设、规划以及治理提供依据。

(2)问卷设计

本课题在问卷设计时,首先参考了北京、上海、杭州、沈阳国际社区调查问卷的主要内容,结合重庆现状,基于上述的四项调查目的,将问卷分成了四个部分:受访者基本信息、受访者在重庆的居住现状、关于国际社区建设、社区设施及服务需求(如图3-1)。

考虑到本次问卷调查对象为在重庆外籍及中国港澳台人士,问卷语言设置为中英双语,以使外籍及中国港澳台人士能更好地阅读。

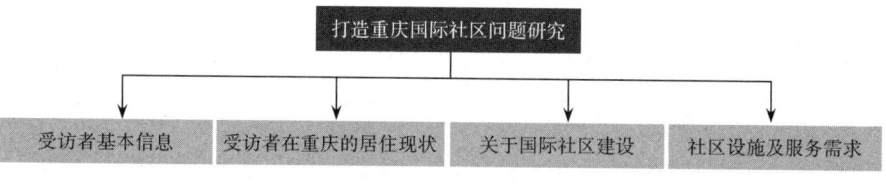

图3-1　问卷结构

受访者基本信息。为了解受访者的社会属性,服务于问卷具体内容的分析,本问卷设置了受访者基本信息部分。该部分包括了四个基本问题:性别、国籍、年龄及来重庆的目的。

受访者在重庆的居住现状。为系统了解受访者在重庆的居住现状,包括外籍及中国港澳台人士在重庆的居住时间、区域及方式、住房情况以及生活现状,问卷的第二部分设置为受访者居住现状调查。这部分主要包括在重庆居住方式、住房情况以及生活情况三个部分(如图3-2)。

在重庆居住方式部分共包含第1-3项三个问题,分别是在重庆居住的区域、在重庆的居住时间及在重庆的居住方式。

住房情况部分共包含第 5-7 项三个问题,分别是住宅类型、居住场所来源及付费方式。

生活情况部分包含第 4、8-11 项五个问题,分别是教育现状、娱乐现状、交通现状、餐饮现状及医疗现状。

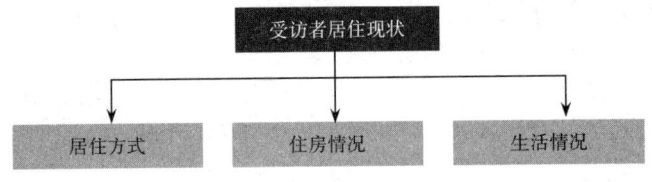

图 3-2　受访者居住现状

关于国际社区建设。为了解重庆常住外籍及中国港澳台人士对国际社区建设的具体需求,设计了本问卷的第三个版块:关于国际社区建设。本版块内容主要调查重庆常住外籍及中国港澳台人士对国际社区选址、规划、物业需求以及承受能力等内容,问卷问题设置如图 3-3 所示。

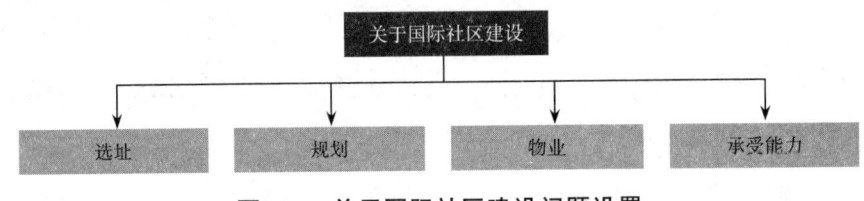

图 3-3　关于国际社区建设问题设置

选址部分对应问卷的第 12 项问题,以调查受访者对居住区域的需求。

规划部分对应问卷的第 13、14、17、19、20 项五个问题,包括住宅类型、建筑风格、居住面积、餐饮以及交通等多方面的需求。

物业部分对应问卷的第 18 项问题,以了解受访者对于物业管理的倾向。

承受能力部分对应问卷的第15、16项两个问题,分别是购买方式及租金承受能力。

社区设施及服务需求。第4部分旨在具体了解外籍及中国港澳台人士对社区设施和相关服务的需求,从对社区的具体需求出发,以李克特五级评分量表的方式,让受访者为相关内容打分。社区设施及服务需求主要包括四个部分:社区支持设施、社区内部生活设施、社区环境及社区活动和城市信息,如图3-4。

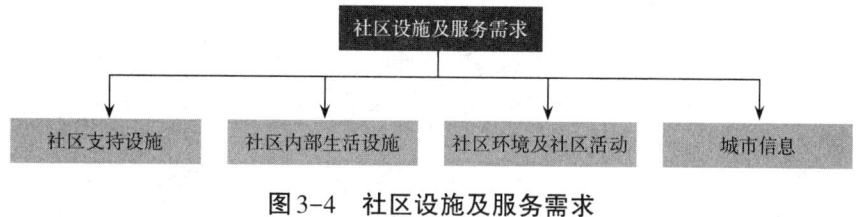

图3-4 社区设施及服务需求

社区支持设施部分对应问卷的第22项问题,包含生活配套、教育配套及娱乐配套三个方面。

社区内部生活设施部分对应问卷的第23项问题,包含社区公园、体育锻炼设施、便民服务设施和社区活动中心四个方面。

社区环境及社区活动对应问卷的第24、25、26和27项四个问题,包含社区内、外部环境需求,社区语言环境及社区活动四个方面。

城市信息对应问卷的第28项问题,包括图书馆、工作机会、教育、医院、饭店、相关手续办理处六个方面的内容。

其他建议。考虑到问卷的局限性,在问卷的最后添加第29项问题,以征询受访者对于重庆国际社区建设的其他建议。

（3）问卷整体结构

问卷结构如图3-5所示。

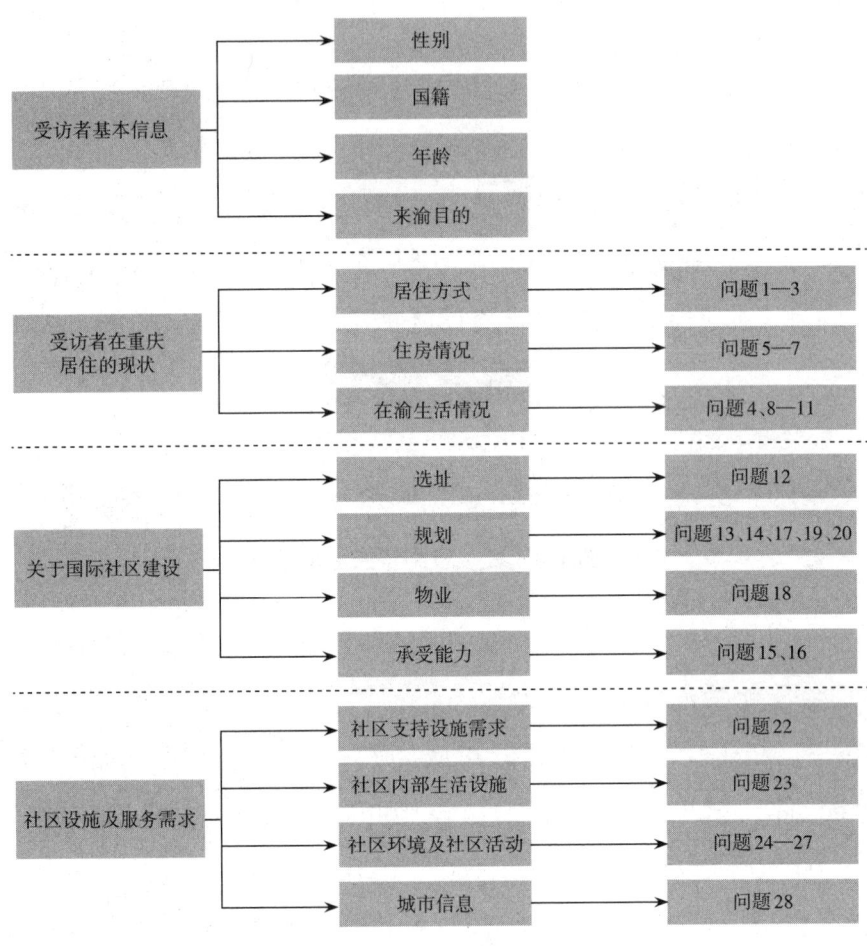

图3-5 问卷整体结构

（4）问卷的发放与回收

由于问卷的调查人群为重庆市常住外籍及中国港澳台人士，其针对性较强，本课题联合重庆市人民政府外事侨务办公室、重庆经济和信息化委员会向重庆市常住外籍及中国港澳台人士发放问卷,并由重庆市人民政府外事侨务办公室、重庆经济和信息化委员会对问卷进行回收。于2020年10月下旬,回收90份问卷。

(二)问卷分析

本节将结合重庆市国际社区现状,对问卷调查结果加以分析。

(1)受访者基本信息

本次问卷调查共回收问卷90份,其中男性受访者68人,约占75.56%,女性受访者22人,约占24.44%。

地区分布:除部分不愿意透露国籍的受访者以外,分别来自5大洲15个不同的国家以及中国台湾地区。其中,亚洲占比最大,为50.59%;欧洲占比30.59%;北美洲受访者约占12.94%;大洋洲占比4.71%;非洲最少,仅1.18%(如图3-6)。

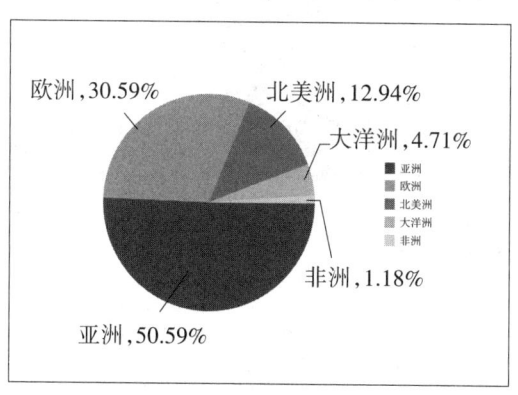

图3-6 地区分布

年龄分布:40—50岁受访者最多,占35.56%;其次,30—40

岁受访者占 27.78%；50 岁以上受访者，占 26.67%；低于 30 岁受访者最少，仅占 10.00%。（如图 3-7）

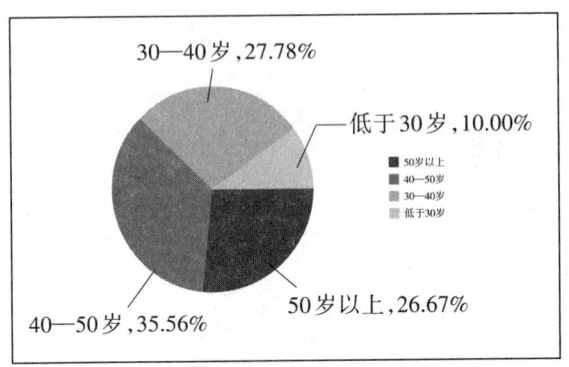

图 3-7 年龄分布

职业分布：86.67% 的受访者来重庆的目的为公司工作，7.78% 的受访者来重庆的目的为留学；自由职业居第三，占 3.33%；其他目的占 2.22%。（如图 3-8）。

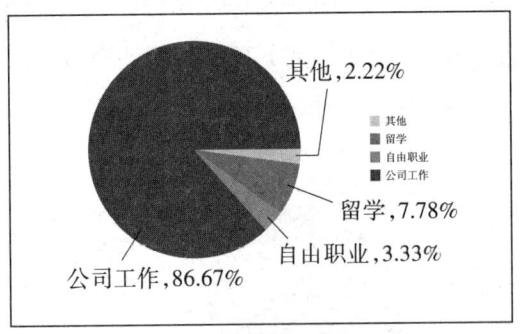

图 3-8 职业分布

（2）受访者在重庆的居住现状

本部分从在重庆居住方式、住房情况和生活情况三个方面对受访者居住现状进行了调查，包括了问卷的第 1—11 项 11 个问题。

①在重庆居住方式

本部分从居住时间、居住区域、居住方式三个方面对受访者的居住方式进行了调查,包括问卷中的第1、2、3项问题。

在重庆居住时间:受访者在重庆居住以常住为主。73.33%的受访者在重庆居住时间长达1年以上;23.33%的受访者在重庆居住时间为6个月至1年;仅有约3.33%的受访者在重庆居住时间少于6个月。(如图3-9)由于受访者在重庆居住时间较长,对重庆有一定的了解,有长住重庆的需求,是重庆国际社区建设主要的受益人群。

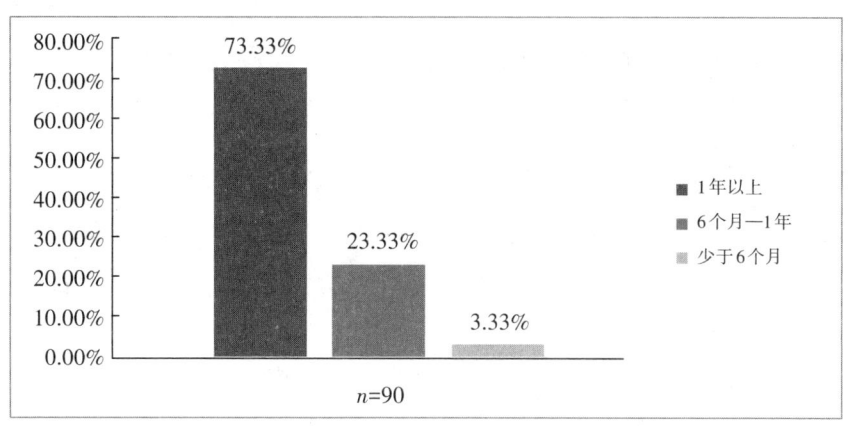

图3-9 受访者在重庆的居住时间

在重庆居住区域:受访者在重庆居住区域以渝北区最多,占51.14%;其次为渝中区,占样本总量的21.59%;江北区受访者占样本总量的18.18%;南岸区与北碚区均占样本总量的3.41%;沙坪坝区约占样本总量的2.27%。(如图3-10)受访者的居住地存在一定的地域特征。渝中区以欧洲和北美洲受访者为主,江北区以欧洲和亚洲的受访者为主,渝北区呈现混居状态。

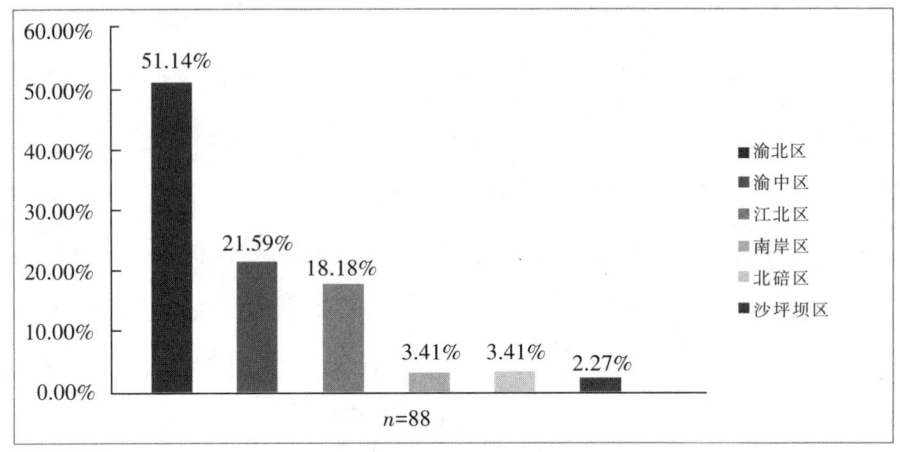

图 3-10　受访者在重庆的居住地

在重庆居住方式：受访样本中，与家人同住的受访者最多，约占 53.33%；其次为独居受访者，约占 34.44%；6.67% 的受访者与朋友居住；合租的受访者最少，约占 5.56%。(如图 3-11)居住方式存在一定的地域分布特征。北美洲受访者更倾向于与家人同住，大洋洲受访者倾向于合租或与朋友同住，欧洲、亚洲受访者倾向于独居或与家人同住。

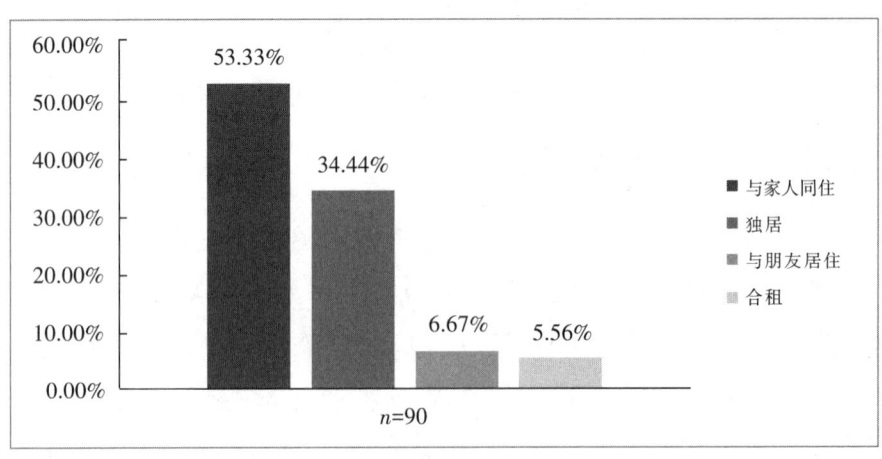

图 3-11　受访者在重庆的居住方式

②在重庆住房情况

本部分从住宅类型、居住场所来源和付费方式三个方面对受访者的住房情况进行了调查,包含问卷的第5、6、7项问题。

在重庆的居住住宅类型:77.78%的受访者在重庆的住宅形式为公寓,15.56%的受访者在重庆的住宅形式为宾馆,6.67%的受访者的住宅形式为别墅。(如图3-12)这与本课题调研了解到的国内典型的国际社区如上海碧云社区、古北社区等的住宅类型构成基本一致,以公寓为主,别墅为辅。

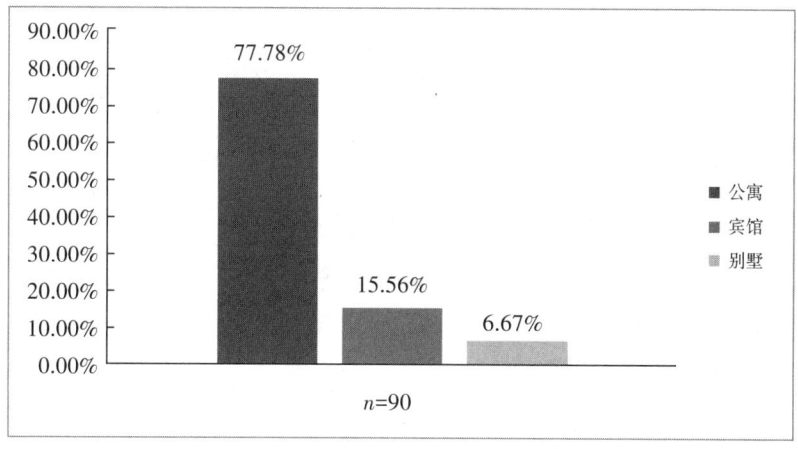

图3-12 受访者在重庆居住的住宅类型

在重庆的居住场所来源:受访者在重庆的居住场所来源最多的为房产中介,约占全体受访者的41.11%;公司安排次之,约占全体受访者的40.00%;朋友介绍约占全体受访者的18.89%。(如图3-13)由此可见,外籍及港澳台人士来重庆多为工作,与前述受访者来重庆的目的相契合。

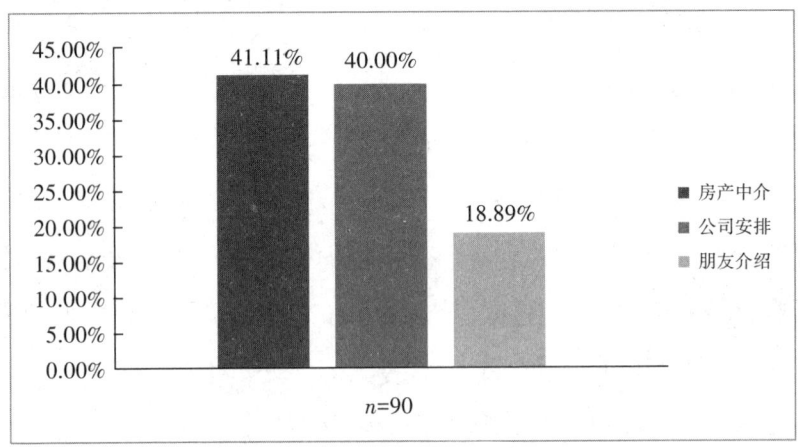

图3-13 受访者在重庆居住场所的来源

付费方式:受访者在重庆住宅付费方式多为其他(公司付费等),约占49.45%;其次为租住方式,约占43.96%;购买最少,占6.59%。(如图3-14)这与本课题调研了解到的国内上海、北京、深圳等地以租住为主的国际社区营运形式相符,与受访者多为来重庆工作相符。

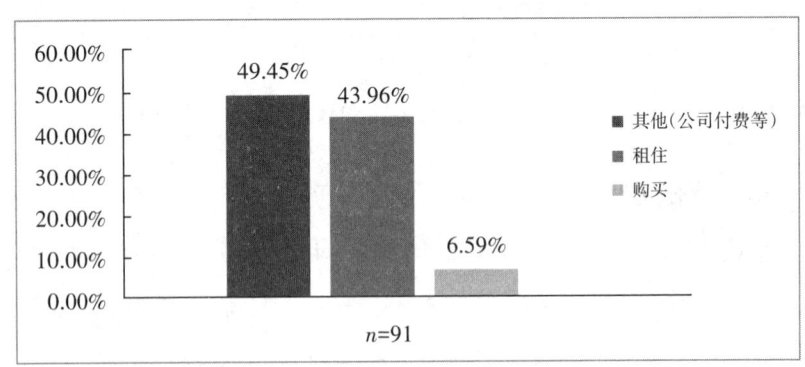

图3-14 受访者在重庆居住的付费方式

③受访者在重庆的生活情况

本部分从教育现状、医疗现状、交通现状三个方面对受访者

的生活情况进行了调查,包含问卷的第4、8、9、10、11项问题,分析如下:

教育现状:全部受访者中,有约45.45%的受访者未和小孩同住或者没有小孩;约42.05%的受访者表示其子女在重庆上学;约12.50%的受访者表示其子女在中国其他城市上学。(如图3-15)通过调查访谈,目前在重庆外籍及中国港澳台人士部分未与子女同住,其子女在中国其他城市上学,比如成都,此类现象在未与子女同住受访者中较为普遍,说明重庆市国际教育未能满足在重庆外籍及中国港澳台人士需求,国际教育发展严重欠缺。重庆市目前仅耀中国际学校一所外籍人士子女学校,国际教育资源严重缺乏,与调查情况相符。这说明在国际化社区建设中,需要完善国际教育配套。

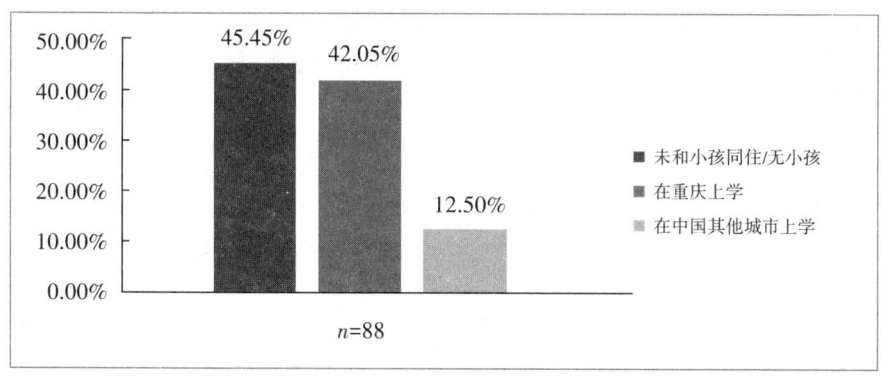

图3-15 受访者子女教育现状

医疗现状:受访者在重庆就医数量约占样本总量的62.22%;其次为使用第三方医疗服务,约占样本总量的27.78%;使用本国医疗服务的受访者最少,约占10.00%。(如图3-16)

调查发现有约37.78%的受访者未选择在重庆(常住地)就

医,一则说明重庆国际医疗暂不能满足大量外籍及中国港澳台人士就医需求,二则说明重庆国际医疗水平仍有不少提升空间。重庆市目前外商独资的综合性国际医院仅重庆莱佛士国际医院(试运行中)一家,国际医疗资源严重不足,与调查情况相契合。在国际化社区建设中,需要完善国际医疗配套。

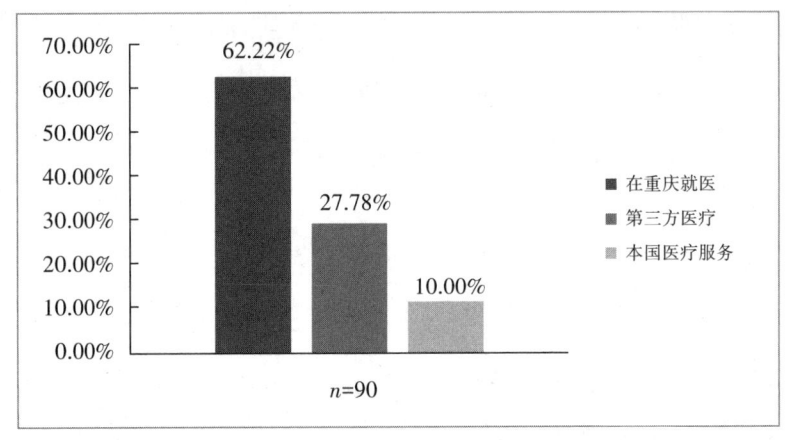

图3-16　受访者得到的医疗服务现状

交通现状:约51.61%的受访者选择自驾出行;约36.56%的受访者选择公交出行;选择步行的受访者最少,约占11.83%。(如图3-17)大部分受访者选择自驾出行或公共交通出行,存在一定的交通通行时间。这说明无论是新建国际社区还是试点改造型国际社区,均需考虑社区的交通便利程度,需要社区周边区域拥有完善的立体交通网络,以满足国际社区居民不同的交通出行需求。

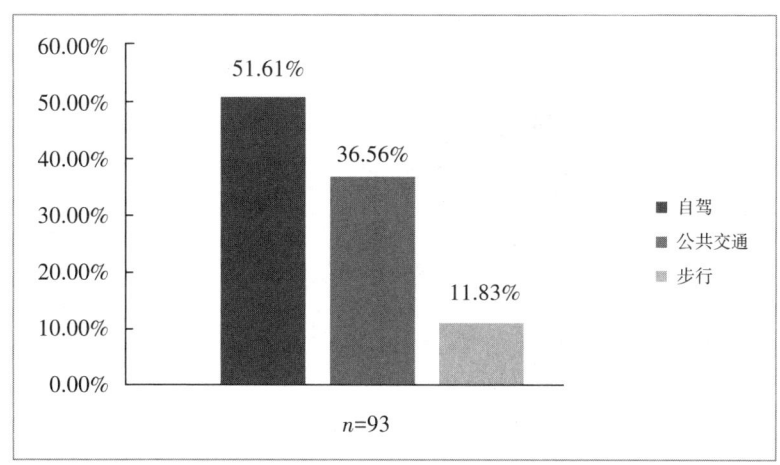

图3-17 受访者的交通出行方式

娱乐现状：在工作之余常去场所的调查中，有约37.37%的受访者常去以KTV、电影院为代表的文化娱乐场所；约34.34%的受访者常去以公园为代表的公共场所；约28.28%的受访者表示工作之余常去的地方是以健身房为代表的运动场所。(如图3-18)整体上，受访者工作之余常去的地点分布较为平均，未有明显倾向，这恰好说明受访者对公共场所、娱乐场所与运动场所均有一定的需求，国际社区的配套应充分考虑受访者对此三类场所的需求。

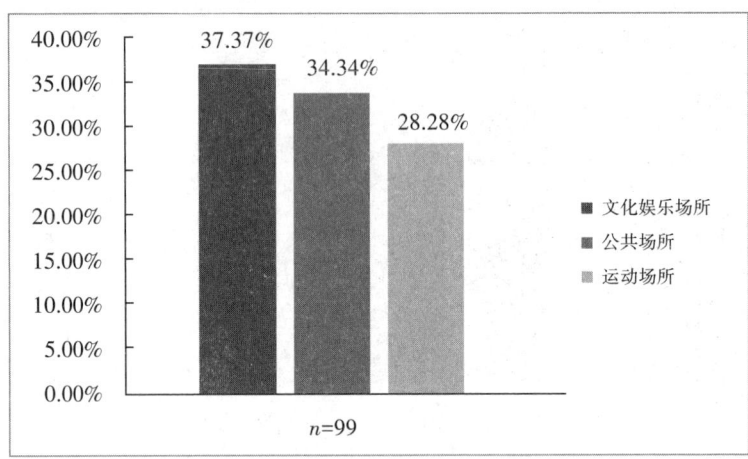

图3-18 受访者工作之余常去的地方

餐饮现状:在受访者餐饮现状的调查中,在家就餐的受访者居多,约占42.61%;其次为在餐厅就餐,约占30.43%;公司食堂就餐的受访者最少,约占26.96%。(如图3-19)受访者在餐饮方面有一定的需求,国际社区建设需要一定的餐饮配套及生活超市配套。

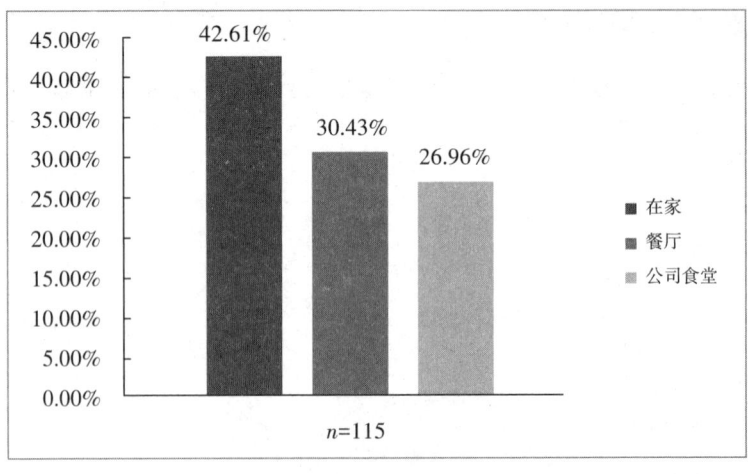

图3-19 用餐地点

(3)关于国际社区建设

本部分从选址、规划、物业需求和承受能力对国际社区的建设进行了调查,包括问卷的第12—18项问题。

①选址

受访者期望居住区域以渝北区最多,约占样本总量的49.46%,其次为渝中区,约占样本总量的24.73%,江北区约占样本总量的13.98%,沙坪坝区约占样本总量的4.30%,南岸区和九龙坡区均约占样本总量的2.15%,大渡口、北碚、巴南区最少,均约占样本总量的1.08%(如图3-20)。问卷调查结果显示,有超过88%的受访者表示希望居住在渝中、渝北、江北三大行政区,这与受访者目前主要居住区域情况相符。

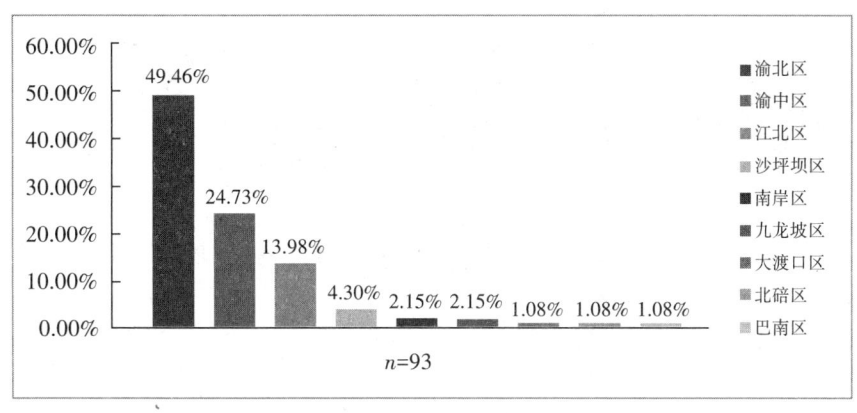

图3-20 受访者希望居住地

值得注意的是,从受访者目前居住的区域与希望居住的区域对比情况来看,有38.89%的受访者目前未居住在满意的区域,说明受访者居住住房的供应存在很大的不足。

②规划

本部分包含问卷第13、14、17个问题,分析如下:

住宅类型:约65.63%的受访者倾向于公寓式住宅,约有25.00%的受访者倾向于别墅式住宅,约9.38%的受访者倾向于宾馆居住(如图3-21)。问卷调查显示受访者对住宅类型的需求比例,与国内成熟国际社区中公寓住宅与别墅住宅的比例是一致的,也为重庆建设国际社区提供了可以参考的数据。

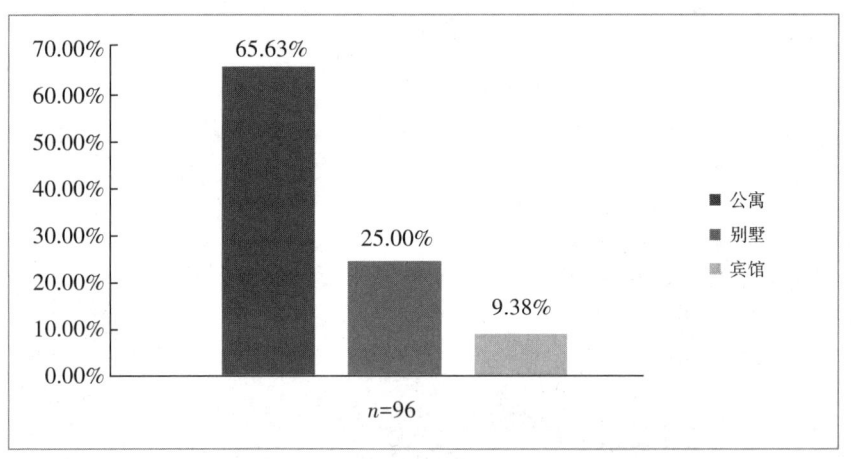

图3-21　受访者期望的住宅类型

住宅类型倾向呈现出一定的地域特征。北美洲中美籍人士有75%表示更倾向于别墅,加拿大受访者均倾向于别墅;大洋洲澳大利亚受访者均倾向于宾馆及公寓居住;大部分欧洲受访者倾向于公寓居住,其中丹麦、英国、德国、匈牙利、比利时受访者均倾向于公寓居住,意大利受访者均倾向于别墅居住;亚洲受访者中,大部分韩国受访者和中国台湾受访者倾向于公寓居住,大部分柬埔寨受访者倾向于别墅居住。

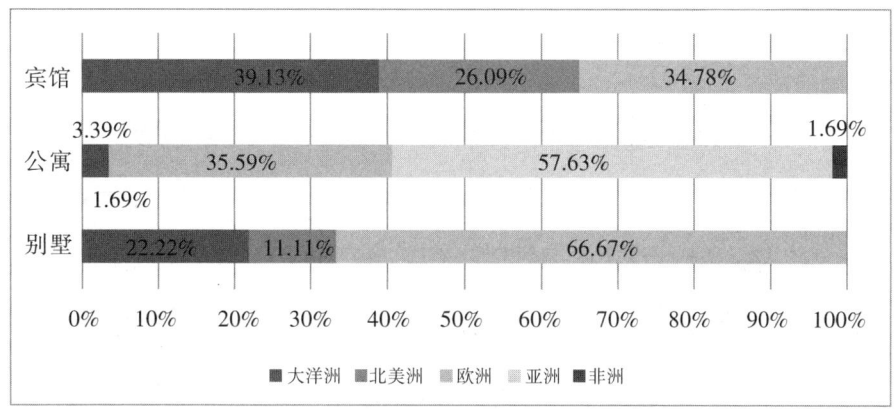

图 3-22 受访者期望住宅类型地区分布

建筑风格：约 54.44% 的受访者倾向于现代风格，北美风格占 14.44%，欧式风格占 13.33%，日本风格和中式风格占比分别为 10.00% 和 7.78%（如图 3-23）。

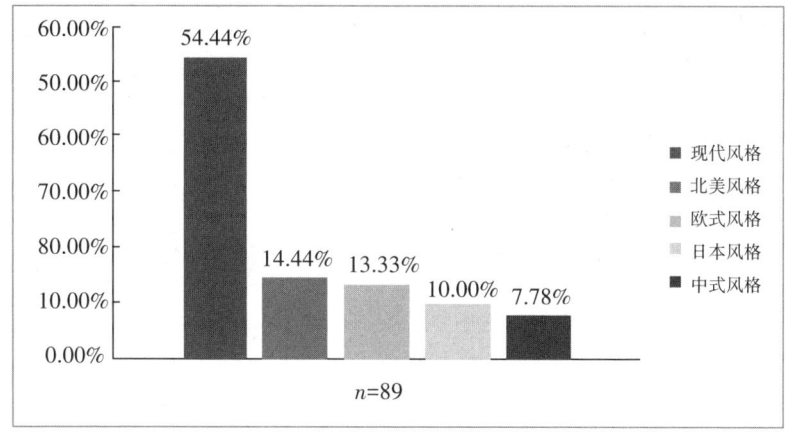

图 3-23 受访者期望的住宅建筑风格

受访者对建筑风格的倾向有一定的地域特征（如图 3-24）。欧洲受访者更倾向于欧式风格和现代风格，亚洲受访者更倾向于欧式风格和日本风格，而北美洲受访者更倾向于中式、日本和北美风格,大洋洲受访者更倾向于中式、欧式以及现代风格。

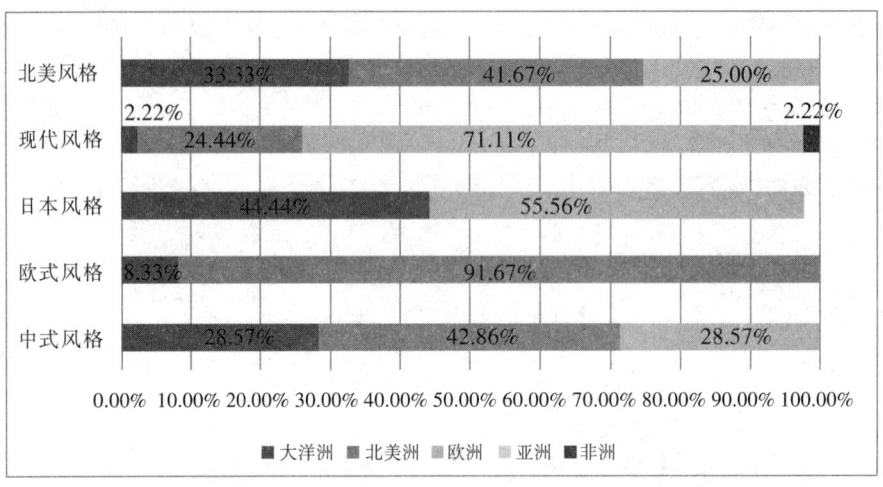

图3-24 受访者建筑风格倾向按地区分布

建筑面积:约56.18%的受访者期望建筑面积大于120 m^2,约28.09%的受访者期望建筑面积为70-120 m^2,约有12.36%的受访者期望建筑面积为50-70 m^2,仅约3.37%的受访者期望建筑面积低于50 m^2(如图3-25)。

有80%以上的受访者选择了70 m^2以上的住房面积,这意味着国际社区的主力户型应至少是两室。这可能有两方面的原因:一方面,宽阔的居住面积能提高受访者的居住体验;另一方面,有近半数的受访者与家人同住,提高了住房面积的需求。

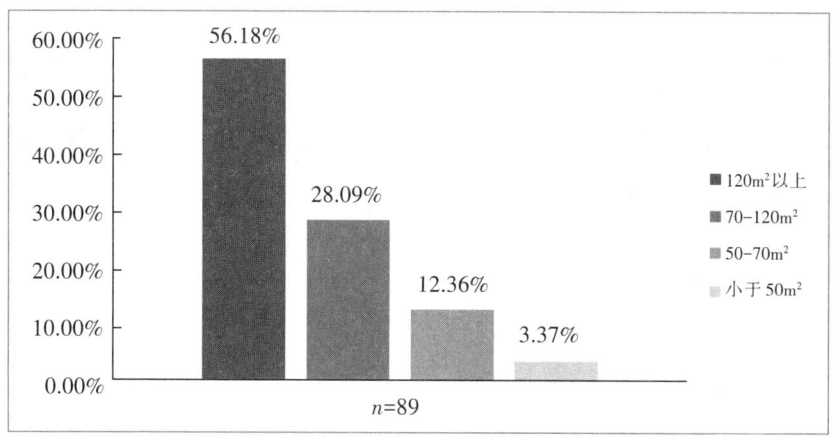

图 3-25 受访者希望的建筑面积

交通：在交通通行方式需求上，有约 47.00% 的受访者选择公共交通，约 38.00% 的受访者选择自驾出行，约 15.00% 的受访者更倾向于步行。其中，少数受访者表示三者均可接受，其数据合并进单项进行分析（如图 3-26）。

与受访者交通出行现状相对比，有超过一半的受访者目前交通出行方式与期望交通出行方式不相符，说明交通通行情况未能满足这一部分受访者需求。

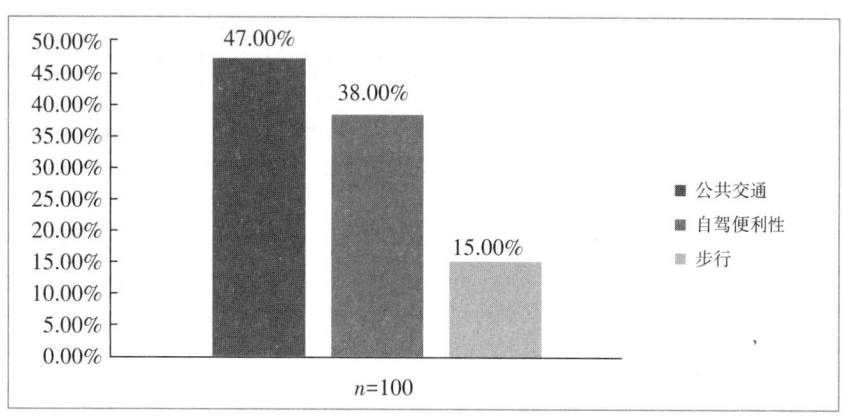

图 3-26 受访者对居住区的交通要求

在交通通行时间的调查上,有约 **66.67%** 受访者期望交通通行时间少于 30 分钟(如图 3-27),约 **33.33%** 的受访者可接受交通通行时间为 30 分钟至 1 个小时,对重庆的交通网络提出了进一步的要求。

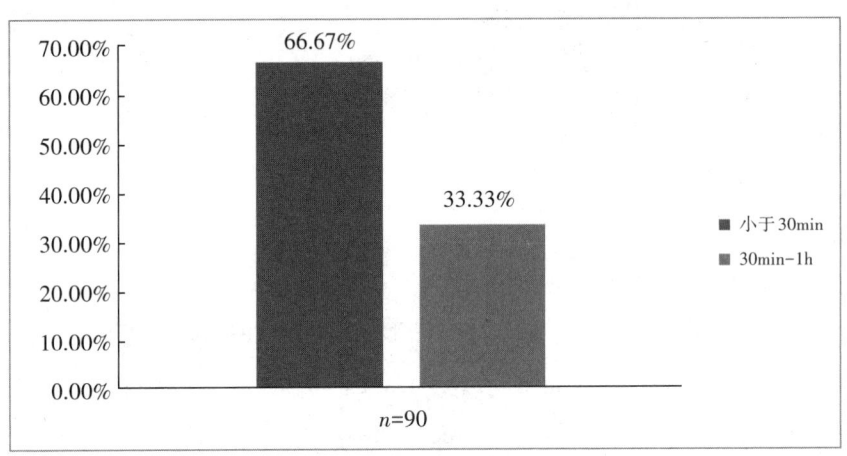

图 3-27　受访者能接受的交通通行时间

餐饮:约 **55.77%** 的受访者希望在家就餐,约 **25.96%** 的受访者希望在当地餐厅就餐,约 **18.27%** 受访者期望在西餐厅就餐(如图 3-28)。说明受访者对重庆本地饮食有一定的接受能力,同时对西餐厅亦有一定需求。

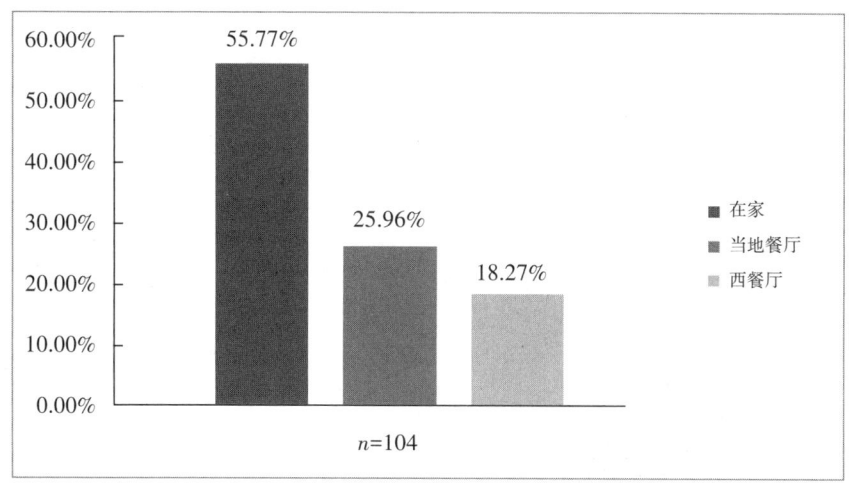

图 3-28 受访者希望的就餐地

③物业需求

约74.16%的受访者期望拥有贴心、优质、高效的物业管理服务,倾向于管家式物业,仅25.84%的受访者选择普通物业(如图3-29),这对国际社区的物业管理提出了较高的要求。

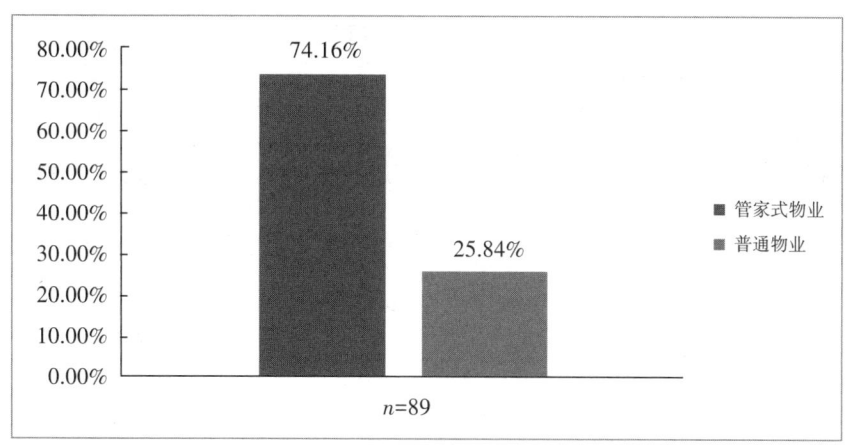

图 3-29 受访者对物业管理的需求

④承受能力

本部分从购买方式和可承受的最高月租金水平对受访者的承受能力进行了调查,包含问卷的第15、16个问题,分析如下:

购买方式:66.67%的受访者倾向于以长租的方式获得住宅,其余两种获得方式——购买和短租,均约占全体受访者的16.67%(如图3-30),可见受访者在重庆定居的意愿不强。

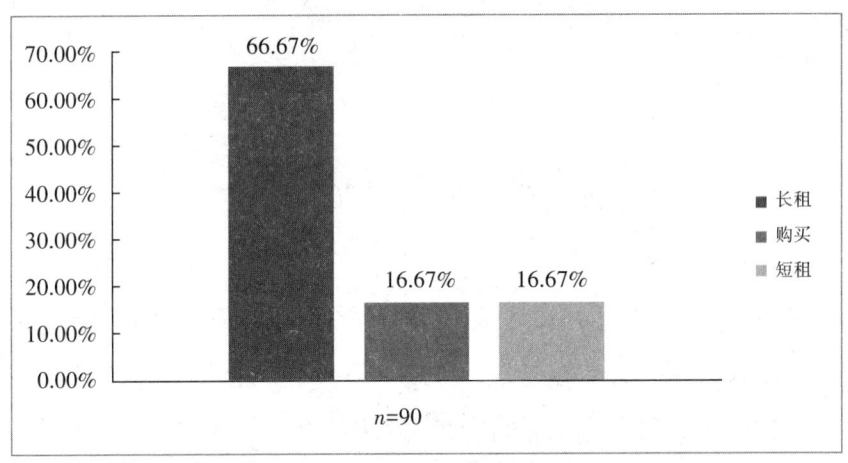

图3-30　受访者希望获得住宅的方式

可承受的最高月租金水平:约44.83%的受访者能承受的最高月租金水平在10000元以上,约有29.89%的受访者能承受的最高月租金水平在2000—5000元之间,约17.24%的受访者能承受的月租金水平在5000—10000元之间,约8.05%的受访者能承受的最高月租金水平在2000元以下(如图3-31)。

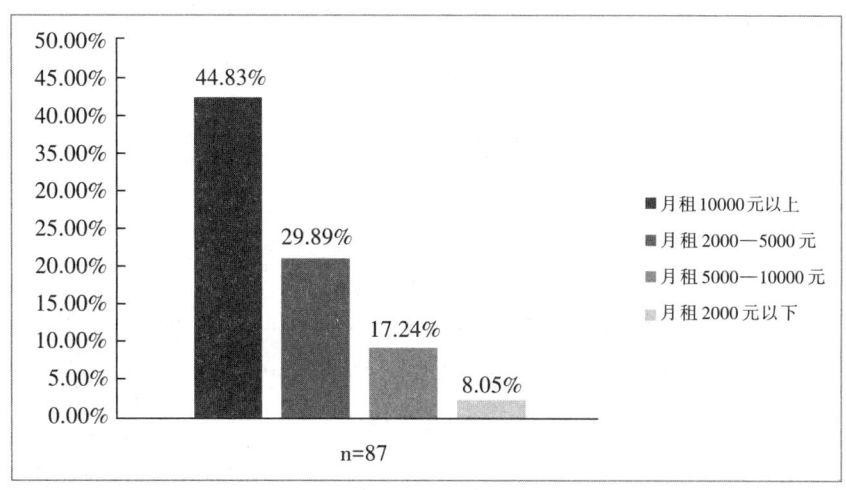

图 3-31 受访者能承受的最高月租金水平

受访者可接受的租金水平普遍较高,绝大多数受访者能承受的最高月租金水平高于重庆市房屋月租金平均水平(见表 3-1),这说明受访者普遍拥有提供较高物质生活水平的能力以及较高的物质生活水平,而这与受访者所表现出来的对高端公寓的需求是相契合的。

表 3-1 2019 年 12 月—2020 年 5 月重庆房价租金水平　　　　单位:元

户型	2019 年 12 月	2020 年 1 月	2020 年 2 月	2020 年 3 月	2020 年 4 月	2020 年 5 月
一室	1200	1223	1235	1295	1213	1200
二室	1616	1629	1667	1654	1600	1600
三室	2300	2300	2316	2312	2223	2194
四室	3912	3961	4000	3993	3841	3800

数据来源:安居客,链接:https://cq.zu.anjuke.com/zujin/

（4）社区设施及服务需求

本部分从社区支持设施、社区内部生活设施、社区环境及社区活动和城市信息四个方面进行了调查,包括问卷的第22—28项问题。

①整体情况

总体上,受访者更为关注生活设施、社区环境以及服务便利。从社区设施及服务需求的42个指标的统计信息(见表3-2)来看,受访者更为关注生活设施(超市、便利店)、社区内外部环境(卫生环境、空气质量、噪声问题)以及相关服务的便利性(包括出入境问题、社会保险、房产手续等)。一方面,说明重庆相关服务的便利性有待提高;另一方面,在后续国际社区的建设中,也要重点关注这些指标。

表3-2 社区设施及服务需求部分主要指标统计信息

序号	指标	类别	样本均值	样本方差
1	超市	社区支持设施	4.60	0.67
2	卫生环境	社区内部环境	4.57	0.77
3	相关手续办理处	城市信息	4.44	0.95
4	空气质量	社区内部环境	4.42	0.89
5	医院	社区支持设施	4.41	0.84
6	周边噪声问题	社区外部环境	4.40	0.88
7	便利店	社区支持设施	4.34	0.84
8	小区绿化	社区内部环境	4.34	0.98
9	噪声污染	社区内部环境	4.31	1.03

续表

序号	指标	类别	样本均值	样本方差
10	周边停车便利	社区外部环境	4.28	0.97
11	邻里治安	社区外部环境	4.27	1.09
12	诊所	社区支持设施	4.23	0.88
13	小区停车位	社区内部环境	4.22	1.12
14	路牌	多语言环境	4.09	1.02
15	便民服务设施	社区内部生活设施	4.06	0.85
16	商店标牌	多语言环境	4.05	0.92
17	社区公园	社区内部生活设施	4.00	1.06
18	建筑标牌	多语言环境	3.99	0.95
19	体育锻炼设施	社区内部生活设施	3.97	0.97
20	医院	城市信息	3.97	1.02

②社区支持设施

从图3-32可知,认为超市是"重要"的社区支持设施的人数占比最高,约70%;其次是医院设施,约60%;再者是便利店设施,约56%;接下来是诊所,约49%。受访者对这些社区支持设施都表现出了一定的关注度。

本课题注意到教育设施中,受访者觉得幼儿园、小学、中学和高中"比较重要"和"重要"的基本为55%,考虑到约有54%的受访者有子女在重庆或是国内其他城市上学,因此可得出有教育需求的受访者对教育的关注度为100%,具有极高的关注度。

建设重庆国际消费中心城市研究

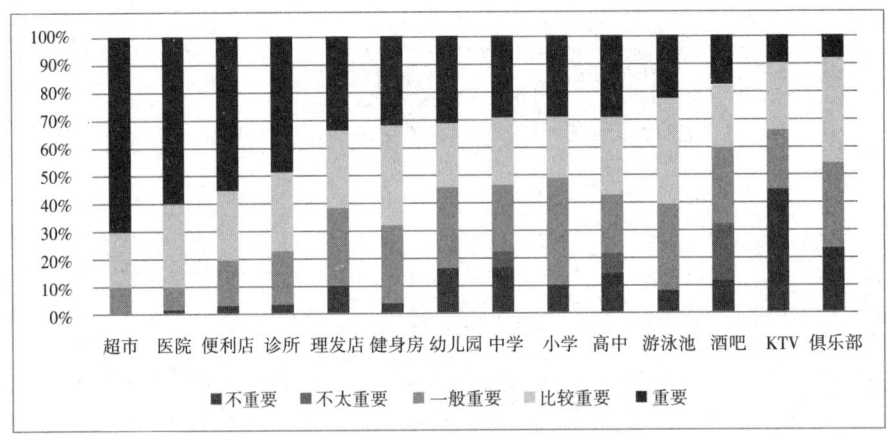

图3-32 社区支持设施结果分布

③社区内部生活设施

在社区内部生活设施中(如图3-33),认为"社区公园""重要"的人数占比最多,约占39%,认为体育锻炼设施、便民服务设施、社区活动中心"重要"的分别占34%、33%、24%。

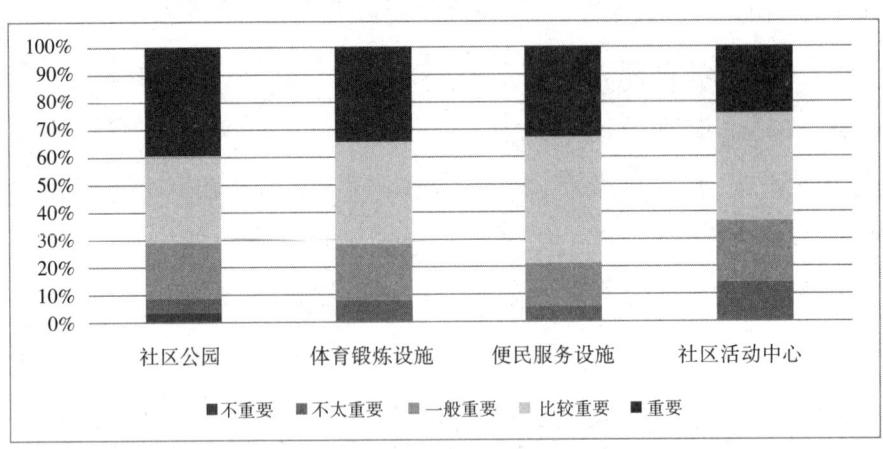

图3-33 社区内部生活设施结果分布

从整体来看,认为四类社区内部生活设施"重要"及"比较重要"的人数均超过70%,仅有极少数人认为"社区公园"、"体育锻炼设施"以及"社区活动中心""不重要"甚至"极不重要"。因此,可以看出受访者对社区内部生活设施的需求较高。

④社区环境及社区活动

本部分从社区内部环境、社区外部环境、多语言环境和社区活动四个部分进行了调查,包含问卷的第24、25、26、27项四个问题,分析如下:

社区内部环境:在社区内部环境中(如图3-34),认为卫生环境"重要"的受访者最多,约70%,其次是空气质量(64%)、小区停车位(60%)、小区绿化(60%)和噪声污染(57%),均超过50%。因此在后期规划国际社区时,要考虑到这些内部环境的因素,为受访者提供良好和适宜的居住环境。

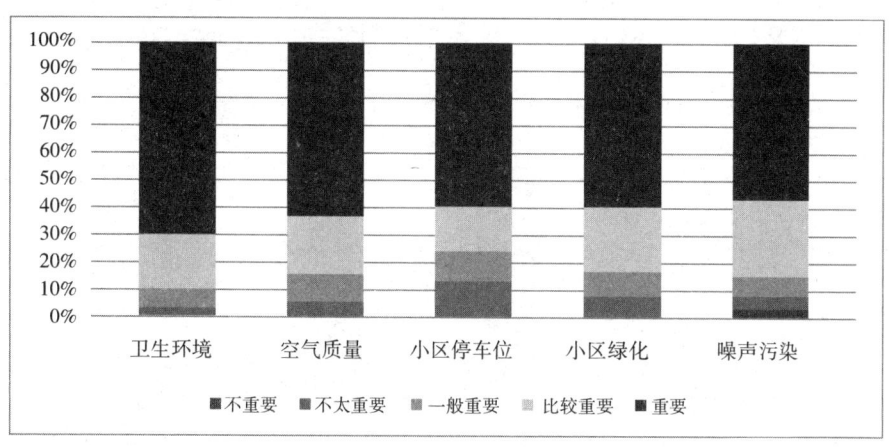

图3-34 社区内部环境要求结果分布

社区外部环境:在社区外部环境(如图3-35)中,约61%的受访者认为"邻里治安"重要,约58%的受访者认为"周边噪声问题"重要,约57%的受访者认为"周边停车便利"重要,仅有少部分人认为"周边噪声问题""邻里治安"不重要,在国际社区的建设中,要尤其注意外部环境的营造。

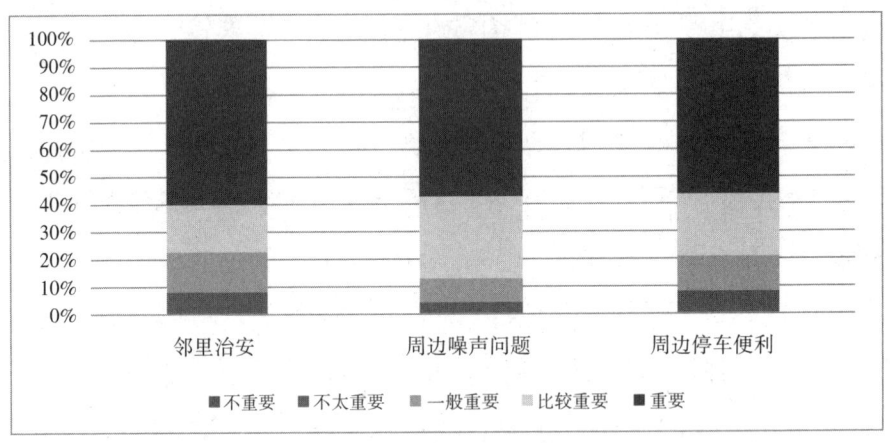

图 3-35　社区外部环境要求结果分布

多语言环境:在多语言环境中(如图 3-36),40%的受访者认为路牌"重要",36%的受访者认为商店标牌"重要",35%的受访者认为社区通告"重要",34%的受访者认为建筑标牌"重要"。

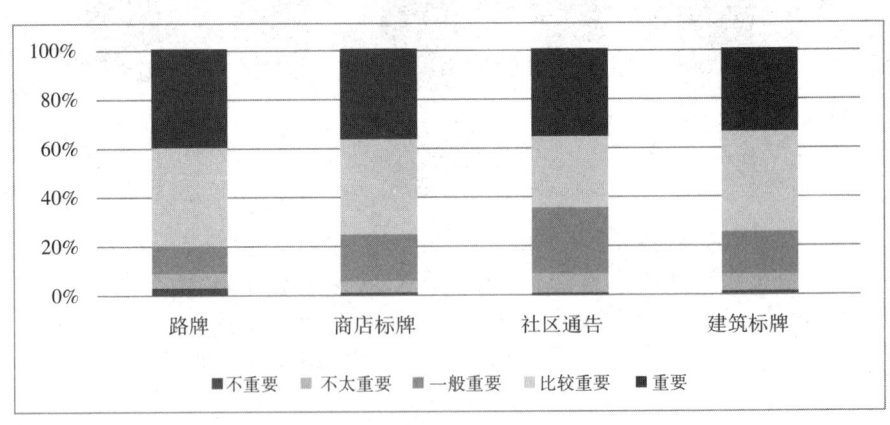

图 3-36　多语言环境结果分布

标识类(路牌、建筑标牌、商店标牌)的需求与社区通告更大

("重要"+"比较重要"),且表示此四类多语言环境"不重要"及"不太重要"的受访者均低于10%,表明受访者对多语言环境存在一定的需求性,国际社区的建设需要为他们打造较为便利的语言环境。

社区活动:在社区活动(如图3-37)中,17%的受访者认为中国传统节日"重要",17%的受访者认为中国传统文化"重要",16%的受访者认为慈善活动"重要",15%的受访者认为邻里活动"重要",10%的受访者分别认为志愿活动和社区品牌活动"重要"。

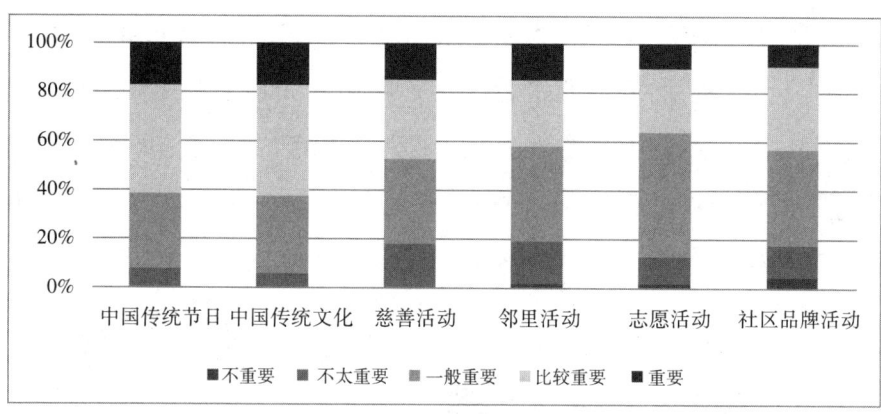

图3-37 社区活动结果分布

受访者认为六类活动"不太重要",甚至"不重要"的均不足20%,大部分受访者认为六类活动具有一定的重要性,说明受访者对社区活动存在需求。其中有更多的受访者认为中国传统文化和中国传统节日"比较重要"和"重要",这体现了受访者对中国文化的喜爱和向往,也从侧面反映受访者想要融入中国社会的期望。虽然国际社区中本地居民与外国居民的价值观念差异明显,文化联系尚不紧密,但彼此均希望实现社区多元文化的高度融合。因此要注重国际社区的文化活动建设。

⑤城市信息

在城市信息(如图3-38)中,有约69%的受访者认为相关手续办理处"重要",约41%的受访者认为医院信息"重要",约39%的受访者认为图书馆信息"重要",26%的受访者认为教育"重要",25%的受访者认为工作机会"重要",19%的受访者认为饭店"重要"。相关手续办理处可以为外籍人士提供政务服务,包括解决出入境问题、社会保险、房产手续等,可以看到相关手续办理处的信息需求远远大于其他信息,因此国际社区的建设要注重打造相关手续处理平台,切实解决受访者在手续方面的困扰。除相关手续办理处外,受访者对"医院""教育"也有一定的需求,这不仅说明我市在相关服务上还存在一定的欠缺,还说明医疗、教育服务方面有待提升。

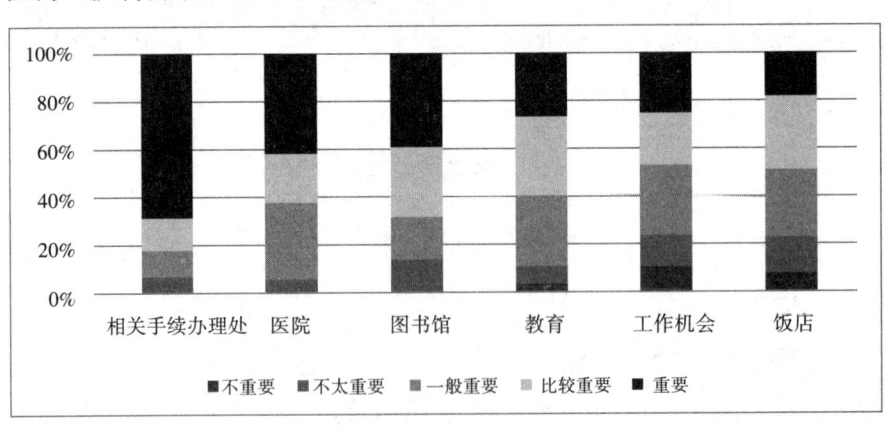

图3-38 城市信息结果分布

（5）其他需求及建议

在第五部分,本课题设置了开放问题,来更深入地了解受访者在问卷设置之外的需求。在这个部分,本课题总共得到了12个开放式的建议,其中有4个建议都提到了语言问题,希望得到一定的翻译服务或者语言培训;有2个建议提到了教育问题,希望能够为孩子提供国际化学校;另外,也有提到其他的配套设施,包括医院、交通等。

四、主要城市国际社区建设经验

为扩大开放,加快国际化进程,国际社区的建设刻不容缓,本部分以北京、上海、广州、深圳一线城市及武汉、杭州、成都、南京等主要二线城市为研究对象,分析这些主要城市在国际社区建设方面的经验,为重庆国际社区建设提供建议。

(一)国际社区战略行动

本节梳理了主要城市在国际化行动及国际社区建设方面发展历程,并罗列了相关的政策文件内容,旨在通过总结主要城市的建设经验,为重庆国际社区建设提供借鉴。

（1）国际社区行动提出

为积极应对经济全球化城市竞争,深化改革开放,我国各大

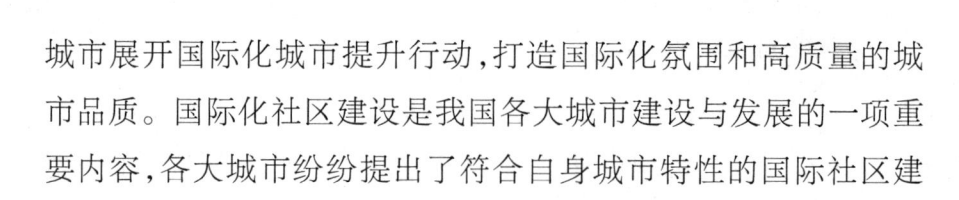

城市展开国际化城市提升行动,打造国际化氛围和高质量的城市品质。国际化社区建设是我国各大城市建设与发展的一项重要内容,各大城市纷纷提出了符合自身城市特性的国际社区建设措施。

①北京

在国际社区的建设方面,北京一直走在全国前列。从20世纪90年代中期开始,"国际化社区"的概念就已在丽都商圈、建国门商务区等涉外区域悄然出现,但只局限于外籍人士居住率高的几个小型社区。进入21世纪后,随着外籍人口数量的迅速增加,"国际化社区"建设步伐进一步加快。2004年北京市朝阳区率先在麦子店、望京等街道试点国际化社区建设工作。麦子店社区成为北京首个"国际化社区"试点社区,因为辖区靠近使馆和北京CBD,国际化程度很高,来自全球90多个国家和地区的7000多名外籍居民约占当地常住人口的25%[8],辖区内拥有北京加拿大国际学校、北京德国使馆学校等国际学校。望京社区以其无法复制的区域商务优势,吸引了多家世界500强企业总部落户,为望京输入了大量的外籍大企业驻员和海外留学生,常住人口达30万,其中日韩籍人士占有很大比例[39]。

为了更好满足城市更新的人才驱动需求,北京市把国际人才社区建设提到空前的战略高度,纳入《北京城市总体规划(2016—2035年)》和市委常委会工作要点。2017年7月,北京市颁布了《关于推进首都国际人才社区建设的指导意见》,旨在进一步优化首都引才聚才用才地方品质、提高北京吸引集聚国际人才的能力,朝阳望京、海淀中关村大街、昌平未来科学城、新首钢等首批四个试点建设正式启动。海淀中关村大街国际社区建设以吸引聚集一批国际顶尖创新创业人才,打造国内一流、国际知名的国际人才聚集区为目标,打造外籍人才创新创业聚集空间,多措并举吸引聚集国际创新创业人才。

为了辐射带动更大范围的国际人才社区,2020年1月,顺义区第五届人民代表大会第六次会议上提出,顺义区将打造三条特色示范街区,从完善发展规划、优化配套设施、提高人才承载能力等方面来推进国际人才社区建设。顺义在拥有和睦家等国际医疗机构的基础上,正在加快建设北京空港国际医院、友谊医院国际部,整体提升国际化高端医疗服务能力水平,全面推进国际医疗、国际教育、国际人才公寓建设,为国际人才更快融入顺义工作活动创造便利条件。

②上海

上海作为追求卓越的全球城市,一直以国际化的标准打造国际社区。伴随着城市国际化发展进程,上海国际化社区发展大致经历了五个阶段:

20世纪90年代形成以虹桥古北为代表的第一代国际社区。得益于虹桥得天独厚的条件,上海超一半的领事馆、外交官、外商齐集此地,古北国际社区作为上海首个涉外商务区——虹桥经济开发区的配套设施而建,吸引了欧美日韩等三十几个国家及中国港澳台地区的人才。

在浦东开发背景下形成以联洋、碧云为代表的第二代国际社区。碧云国际社区是适宜外籍人士居住的高品质国际社区,居住在碧云国际社区的外籍人士约6000人。碧云国际社区采用"租售并举"的经营策略,主要为欧美风格的涉外高档住宅小区。

在上海全球城市建设背景下形成以新江湾为代表的第三代国际社区,新江湾具有浓厚的高校氛围,包括复旦、同济、上财及各重点高级中学。同时配套上海中心知名湿地公园,具有良好的生态环境。

第四代国际社区包括作为外高桥自贸区的配套住宅应运而生的森兰国际社区和引入先进的"生态、节能、环保、宜居"国际社区建设理念的唐镇国际社区。外高桥森兰引进了上海哈罗国际学校、明珠森兰小学等国际化教育配套机构,同时区域内规划约4.2平方公里绿地湖泊,总体量超过2个世纪公园。

第五代国际社区的典型代表为定位环境宜人的国际化中高端住宅区的大宁国际社区。

纵观上海国际社区的发展历程,国际化社区的居住理念正逐步形成,社区居住人群不再局限于外籍及中国港澳台人士,慢慢地演变为与国际接轨、追求生活品质的高端人士的住宅区。截至2018年年底,在沪工作的外国人数量为21.5万人,占全国的23.7%,居全国首位[42]。

③深圳

2014年5月,《深圳市国际化城市建设重点工作计划(2014—2015年)》正式出台,"国际化典型社区"这一概念正式提出并付诸实践。首批试点8个"国际化典型社区",福田东海、水围、罗湖百仕达、南山沿山、水湾、龙华观澜湖、盐田梅沙、龙岗华,并将国际化社区建设与管理理念进行推广。

为了带动深圳国际化水平的全面提升,2019年7月出台了《关于推进国际化街区建设提升城市国际化水平的实施意见》(下简称《实施意见》),《实施意见》从全市国际化街区网络规划、教育医疗等公共服务配套、人才服务体系、智慧化建设、国际化软环境、国际化街区理念传播推广六大领域对深圳国际化街区建设进行布局。同时《实施意见》引导申报街区结合自身特点,因地制宜地将"国际化街区"建设与片区未来规划和生活质量提升紧密结合。比如,南山的四个街区结合外国人大量聚居的特点,在国际化各要素相对齐备的基础上,在涉外管理服务、中外文化交流方面着力,努力调动外国志愿者的参与度和积极性,建立国际专家库和智囊团,在全面优化国际医疗、国际教育方面做出更多先行探索。宝安的福海、沙井将携手紧扣片区规划,打造"国际会展+"生态圈,打通会展产业的上下游全链,完善国际化的教育、医疗、应急、商业等服务。

未来,深圳将尝试以生产、生活、生态三者融合发展的理念,通过探索"国际化街区"的新路径带动各城区国际化水平的整体提升,引领国际化城市建设工作的创新。

④武汉

为提升外籍及中国港澳台高层管理人员、技术专家、外国留学生对择居城市的认同度、归属感,2012年,武汉市便开始启动"家在武汉"工程,工程涉及外籍及中国港澳台人士子女就学、涉外司法援助、涉外医疗服务、涉外餐饮服务等16项重点工作。2013年8月,市政府常务会部署下阶段武汉市国际化水平提升计划,指出建设国际社区,实现国际化管理与服务,到2016年规划建设8个国际社区,提高对外交往活跃度,打造武汉特色的国际会议、国际活动品牌。2018年10月,武汉市政府正式印发了《武汉市国际化水平提升计划(2018—2020年)》,对武汉城市国际化水平提升提出了明确的目标。

⑤杭州

随着国际电子商务、互联网创新的发展以及国际重大赛事的召开,杭州城市国际化程度快速提升。从2014年开始,围绕打造高品质国际化生活社区的目标,杭州市积极探索具有杭州市特色的国际社区的建设新路子。2015年5月,杭州市正式出台《杭州市加快推进城市国际化行动纲要(2015—2017年)》,行动中明确提出营造国际宜居环境,高标准建设国际化社区。2016年11月在全国率先出台《关于全面提升社区建设国际化水平的实施意见》,要求围绕杭州城市国际化的战略目标,立足于构建惠及杭州全市居民的国际化社区发展体系,把国际化社区建设作为城市国际化的基础工程加以推进。

截至2018年底,杭州具有30个国际化示范社区,包括春江社区、钱塘社区、城星社区、文鼎苑社区、东信社区、水景社区和朗琴社区等。

⑥成都

至2019年初,成都市实际管辖人口已超过2000万,外籍及中国港澳台商旅人士已达69万人,常住外国人1.74万人,往来外籍及中国港澳台人员数量已位居中西部城市之首[54]。为了加强基层社会的组织领导,破解超大城市治理的结构性难题,促进城市治理能力和治理体系现代化,2018年成都市启动国际社区建设规划,发布了《成都市国际化社区建设规划(2018—2022年)》(下简称《建设规划》)和《成都市国际化社区建设政策措施》。根据计划,到2020年底,成都将打造形成不同类别的国际化社区,将建成6个国际学校,20家涉外医疗机构,10个出入境服务站和22个外籍及中国港澳台人士之家。同时,《建设规划》明确打造四种特色类型的国际社区,包括产业服务型国际化社区、商旅生态型国际化社区、文化教育型国际化社区和居住生活型国际化社区。

作为全国首个以市级层面系统编制国际化社区建设规划的城市,成都国际社区的覆盖,将帮助成都打造出一批具有全国知名度的品牌社区,构建完成惠及全市居民的国际化社区发展体系。

截至2019年年底,成都已打造形成17个国际化示范社区,包括武侯区桐梓林社区、锦江区青石桥社区、高新区盛华社区、郫都区双柏社区等。

⑦南京

随着来宁工作、生活和学习的外籍及中国港澳台人士越来越多,外国人居住区也不断增加。根据相关部门的统计,目前居住在南京市的外籍及中国港澳台人士超过20000人,其中53.8%是高校的留学生,这部分外籍及中国港澳台人士居住较为集中。非留学生群体中企业人才专家占到52%,居住基本上比较分散。其中,建邺区非留学生外籍及中国港澳台人士最多,有1000多人[55]。

南京2018年市委1号文件《关于建设具有全球影响力创新

名城的若干政策措施》提出十大政策措施,其中第十条就明确指出,营造开放包容的优良环境,打造国际化氛围最佳的城市。2018年2月,《南京市国际社区建设规划(2018—2025年)》公布,南京将打造具有南京特色、国际视野、开放包容、幸福美丽的国际社区。

截至2019年年底,南京国际社区试点已有13个,涉及建邺、鼓楼、雨花台、江北新区、玄武、秦淮、江宁、栖霞等8个区。

(2)国际社区战略任务

表4-1梳理了主要城市的国际化行动相关文件,包括国际城市的建设目标和与国际社区建设相关内容。各个城市在政府的主导下,采用国际标准来建设城市,促进城市国际化水平的提高。同时,针对城市国际化提升提出了阶段性的战略目标,如上海提出于2020年,基本建成社会主义现代化国际大都市,到2035年,基本建成卓越的全球城市,然后到2050年,全面建成卓越的全球城市;成都决定到2020年初步建成国际性区域中心城市,到2025年国际化城市核心功能不断强化。

同时可以看到各个城市在提出国际化提升行动时,都对国际社区建设提出了一定的要求。如上海提出构建15分钟社区服务圈,提供国际化社区等多元化住房类型;杭州要求建设国际化社区,完善社区周边医疗、教育、生活、宗教等配套设施建设;成都在文件中指出规划建设一批国际化生活社区。

表4-1 主要城市国际化行动相关政策文件

城市	时间	文件	建设目标	国际社区相关任务
北京	2016	《顺义区"十三五"时期国际交往功能提升规划》	高端要素、国际交往服务环境、国际交往服务能力、开放型经济新体制	打造一批具有示范效应的国际化社区
上海	2017	《上海市城市总体规划(2017—2035年)》	2020年,基本建成社会主义现代化国际大都市;2035年,基本建成卓越的全球城市;2050年,全面建成卓越的全球城市	构建15分钟社区服务圈,提供国际化社区等多元化住房类型
深圳	2011	《深圳市推进国际化城市建设行动纲要》	2020年,成为亚太地区有重要影响力的区域性国际化城市;2050年,成为有超群的综合实力和国际竞争力的国际化城市	完善社区管理和服务机制
深圳	2014	《深圳市国际化城市建设重点工作计划(2014—2015年)》	实施国际化城市建设重点工作计划,提升软硬件的国际化水平,进一步加快深圳的国际化进程	提升社区生活等公共服务和管理的国际化水平,推进国际化城(社)区建设
南京	2012	《南京市加快推进城市国际化行动纲要(2012—2015年)》	2015年,加快国际化进程,初步形成城市国际化发展要求的功能框架	建设国际化的生活社区
杭州	2015	《杭州市加快推进城市国际化行动纲要(2015—2017年)》	中远期,初步建成具有浓郁东方特色的现代化、国际化大都市	建设国际化社区,完善社区周边医疗、教育、生活、宗教等配套设施建设

续表

城市	时间	文件	建设目标	国际社区相关任务
	2018	《杭州市城市国际化促进条例》	—	完善社区周边教育、医疗、休闲、文化等配套设施,建设具有本市特色的国际化街区和社区
成都	2016	《成都市国际化城市建设2025规划》	2020年,初步建成国际性区域中心城市;2025年,国际化城市核心功能不断强化	规划建设一批国际化生活社区
武汉	2018	《武汉市国际化水平提升计划(2018—2020年)》	在新时代和新起点上努力提升武汉的城市国际化水平	提出加强国际社区、医院、学校建设

表4-2罗列了主要城市在国际化社区建设方面的政策文件,包括各个城市在推进国际社区建设工作时采用的机制和建设目标。可以看到各个城市在国际社区建设时,主要以"因地制宜"的方式推进,以便最大限度地利用区域自身的特征,打造具有区域特色和国际标准的国际社区。

各个城市都结合自身城市发展需要,提出了国际社区战略目标。基本以"试点探索—扩大试点—资源进一步集聚"的节奏,有条不紊地促成国际社区的全面建设。比如杭州计划于2018年底建立30个国际化社区示范点,于2020年底进一步扩大国际社区覆盖面,到2030年形成具有国际水准的现代社区建设体系。深圳计划到2022年,建成首批15个国际化街区;到2025年,形成深圳市国际化街区网络;到2030年,国际化街区成为深圳新时期国际化城市建设的重要基础。

从完成时间来看,南京、成都、杭州和深圳节点之间的时间较短,规划详细,目标内容更为细致。这便于指导国际社区行动在短时间内做出成果,同时也能检验建设的执行力。

总体来看,各个城市都是由政府主导,采用国际标准来开展城市国际化提升,并在国际化行动提出之后,具体推出国际社区建设的相关政策措施,比如成都为建成国际性区域中心城市于2016年提出《成都市国际化城市建设2025规划》,其中便提到规划建设一批国际化生活社区。又在2019年针对具体的国际社区建设出台了《成都市国际化社区建设规划(2018—2022年)》和《成都市国际化社区建设政策措施》;南京为加快国际化进程,于2012年提出《南京市加快推进城市国际化行动纲要(2012—2015年)》,之后在2018年针对国际社区建设推出《南京市国际社区建设规划(2018—2025年)》。

表4-2 主要城市国际化社区建设相关政策文件

城市	时间	文件	推进机制	建设目标
北京	2017	《关于推进首都国际人才社区建设的指导意见》	市区联动,属地为主;试点示范,有序推进;彰显特色,差异发展;市场主导,政府引导	到2020年,基本建成首批国际人才社区试点区域;到2030年,逐步扩大社区试点范围
南京	2018	《南京市国际社区建设规划(2018—2025年)》	—	到2018年,开展国际社区建设试点探索;到2020年,形成一批国际社区建设示范点;到2025年,形成具备国际水准的现代社区建设体系

续表

城市	时间	文件	推进机制	建设目标
深圳	2019	《关于推进国际化街区建设提升城市国际化水平的实施意见》	因地制宜地将"国际化街区"建设与片区未来规划和生活质量提升紧密结合	到2022年,建成首批15个国际化街区;到2025年,形成深圳市国际化街区网络;到2030年,国际化街区成为深圳新时期国际化城市建设的重要基础
杭州	2016	《关于全面提升社区建设国际化水平的实施意见》	—	到2018年底,建立起科学的社区国际化评价指标体系和服务标准指标体系,建立30个国际化社区示范点;到2020年底,国际化社区覆盖面进一步扩大;到2030年,国际化社区建设向纵深发展,社区建设国际化水平进一步提升,形成具备国际水准、全国示范引领的现代社区建设体系
成都	2019	《成都市国际化社区建设规划(2018—2022年)》和《成都市国际化社区建设政策措施》	因地制宜、分类分层推进国际社区建设	到2018年,完成4个示范性国际化社区打造;到2020年底,打造形成不同类别的国际化社区45个;到2022年底,拥有6个国际学校,20家涉外医疗机构,10个出入境服务站,22个外籍及中国港澳台人士之家
武汉	2013	《引导支持国际化社区建设工作方案》	—	建设具有领先型、多元性、包容性的国际社区

(二)国际社区总体规划

本部分通过总结主要城市在打造国际社区时的建设方式、主要任务以及建设类型,以便结合重庆自身实际情况,为下文具体建设提供理论和实践基础。

(1)建设方式

从表4-3可知,各大城市除了北京、上海、深圳部分国际社区为规划新建外,其余在既有社区的基础上进行试点改造建设,如上海碧云国际社区、上海古北社区、深圳蛇口国际社区等。上海古北社区由规划部门同法国城市开发公司合作,完成了《关于古北新区规划调整深化方案的审核意见》。整个古北国际社区分成三期开发打造,是上海首个规模化、集约化开发建设的高标准国际社区。

试点改造可以节省地方财政开支,同时原有社区已有一定的治理基础,方便统筹管理,如南京青奥社区、杭州春江社区、成都桐梓林社区等。南京双闸街道青奥社区是南京首批国际社区建设试点社区之一,基于其区位优势,双闸街道优化提升辖区内公共服务设施,将辖区内的新加坡伊顿国际学校、河西儿童医院、奥林匹克博物馆、盛捷国际公寓等资源均加入国际化的品质生活菜单。同时双闸街道还推进国际社区制度探索,发挥网格化治理作用,推动中外文化融合,青奥国际社区试点建设成效显著。

对比规划新建,试点改造的风险相对较低。规划新建的方式便于更好地进行统筹规划,以高品质国际社区的建设为中心,

建设重庆国际消费中心城市研究

提升整个区域内的配套设施和生活品质,如上海碧云社区。

对于外籍及中国港澳台人士数量占比不高、缺少国际社区建设经验的地区来说,试点改造可作为国际社区推广的建设方式。具有一定产业基础、资源集聚的新兴地区,可采用规划新建的方式,全方位营造适合外籍人士创新发展、和谐宜居的"类海外"环境。

(2)主要任务

对于成都、杭州和南京等这类初步进行试点探索且城市国际化水平仍待提升的城市来说(见表4-3),国际社区治理、国际社区居住环境、国际社区文化氛围等社区软硬环境是国际社区建设的主要方面。比如杭州国际社区打造的主要任务在于优化国际化的居住环境、国际化的社区治理、国际化的文化氛围。南京国际社区建设的主要任务为构建国际社区服务机制、国际社区治理机制、国际社区交流平台。

而像北京、上海、深圳这些在国际社区建设上已有一定基础的国际化大城市,可在社区软硬环境增强的基础上,完善国际人才的引进制度和创新产业的发展机制,进一步提升城市的国际化水平。比如北京国际社区打造的主要任务为形成人才制度优势、创新创业生态系统、宜居生活环境;深圳国际社区的打造主要在国际化街区网络规划、教育医疗等公共服务配套、人才服务体系、智慧化建设、国际化软环境、国际化街区理念推广、社会治理新模式等七大领域。

表4-3 主要城市国际社区总体规划表

城市	建设方式	代表社区或建设数量	主要任务范围
北京	试点推进/规划新建	顺义区、朝阳区、海淀区	人才制度优势、创新创业生态系统、宜居生活环境
上海	试点推进/规划新建	黄浦江东岸国际化板块、古北国际化板块	优雅的环境、便捷的交通、完善的商业配套和优质的物业管理服务
深圳	试点推进/规划新建	沿山社区、观澜湖社区、东海岸社区、蛇口国际社区等	国际化街区网络规划、教育医疗等公共服务配套、人才服务体系、智慧化建设、国际化软环境、国际化街区理念推广、社会治理新模式等七大领域
武汉	试点改造	天地社区、金色港湾国际社区	现代化的城市形态、国际化建设和管理标准、公共服务设施齐全、融合亲和的区域文化、良好人居环境
成都	试点改造	完成首批4个示范性国际化社区，还"超额"建成1个	城市治理能力和治理体系、社区公共设施配套、环境和服务、优质营商环境、成都城市外向度和对外开放水平
杭州	试点改造	首批7个杭州市国际化示范社区取得成效	国际化的居住环境、国际化的社区治理、国际化的文化氛围
南京	试点改造	顺利完成7个首批南京市国际化示范社区	国际社区服务机制、国际社区治理机制、国际社区交流平台

(3)建设类型

国际社区的打造需要把握不同区域外籍或中国港澳台人士集聚特征和资源优势禀赋，突出特色，推动国际社区差异化建设。目前，全世界的国际化社区建设都没有统一的模式，如何更好地建设国际社区，彰显城市特色呢？成都、深圳、南京、武汉等城市在国际社区建设因地制宜、彰显特色方面做出努力并取得了显著的成效。

成都在《成都市国际化社区建设规划(2018—2022年)》中指出国际化社区建设重点打造4种特色类型。其中,产业服务型国际化社区,依托产业园区规划布局,打造聚合高端要素的国际化创新创业社区空间体系,探索园区与社区联动治理机制。商旅生态型国际化社区,依托已有的高端商务楼宇、品牌人气商圈、知名景区景点等,探索商区与社区融合治理机制。文化教育型国际化社区,依托丰富的高校和文化教育资源,探索校区与社区互动治理机制。居住生活型国际化社区,依托具有相对成熟和便捷生活化服务功能的区域,探索住区与社区的共治共享治理机制。

深圳《关于推进国际化街区建设提升城市国际化水平的实施意见》提出了不同领域可供借鉴的具体对策,引导申报街区结合自身特点,因地制宜地将国际化街区建设与片区未来规划和生活质量提升紧密结合。比如,四十年的快速发展使罗湖形成了浓厚的商业氛围和产业基础。据悉,翠竹将深入挖掘产业优势,打造国际化、品牌化的"国际化黄金珠宝创意街区";东门将依托繁华的东门商贸圈基础,将推进国际化街区建设与旧城改造、零售升级相结合,打造国际化的商旅消费中心;桂园将建设一批可以代表深圳城市面貌的地标型建筑群,重点发展高端商业金融和总部经济,打造"国际化商务交流示范街区"。

南京国际社区根据社区资源禀赋和群体需求特点,下足因"居"制宜的功夫,不搞千人一面。如慈悲社社区重点从"友善舒适的空间氛围、和谐包容的文化氛围、高效优质的营商环境、回应多元的治理需求、沟通中外的交流平台"等五大板块入手打造国际社区;花神庙社区以满足社区本土居民和外籍友人两方面人群需求为导向,从设计、宣传、发展三方面,全力推进花神庙社区国际化社区建设;中城社区邀请外籍居民担任"社区观察员"和"社区议事员",成立"国际居民志愿服务队",充分尊重外籍居民的知情权和参与权,探索国际化视野下的基层协商民主。

(三)国际社区建设内容

本部分以各大城市典型国际社区为研究对象,通过梳理这些国际社区在生活配套、教育资源、医疗资源、交通设施和社区活动五大方面的建设内容(见下表4-4),为重庆国际社区建设的具体内容提供参考样板。

(1)生活配套

国际社区都具备满足居民基本生活、娱乐需求的生活配套。如上海古北社区周边有大型商场,包括北鑫茂购物中心、古北一期的家乐福、六月汇广场、776商城以及日本百货业巨头高岛屋等;深圳蛇口国际社区周边具有海上世界广场、高尔夫俱乐部、碧涛灯光球场、风华大剧院、世界环船商业广场、国际风情美食街、国际品牌店、招商局博物馆、文化艺术博物馆、鲸山图书馆、希尔顿酒店、女娲滨海公园、文化艺术中心、蛇口体育中心及小区各类会所等,为外籍人士提供了丰富多样的休闲娱乐和旅游项目。

社区的定位决定了它周边的生活配套水平。但从表4-4

中,可以发现对比成都、杭州、南京的试点社区来讲,北京的麦子店社区、望京社区,上海的碧云社区、古北社区以及深圳的蛇口社区等周边具有更为完备的生活配套,包括且不限于大型购物中心、综合超市、娱乐休闲中心等,可以说这些社区就位于商圈或区域中心之内,当然这些国际社区在城市国际化水平建设中具有重要意义。

成都、杭州、南京的试点国际社区周边虽然没有完备、丰富多样的配套设施,但也可以满足外籍人士的基本娱乐生活需要,配备有商业街、超市、商场等。

(2)教育医疗交通资源

北京、上海和深圳的国际社区具有充足的教育资源,拥有国际学校或是重点学校资源,对国内外家长有很强的吸引力。比如北京麦子店社区拥有北京加拿大国际学校、北京德国使馆学校等国际学校;上海碧云国际社区辖区范围内拥有德威英国国际学校小学部、上海市实验学校东校、德威英国国际学校和协和国际学校等国际学校;深圳蛇口国际社区拥有5所国际学校,是深圳国际教育资源最密集的区域。

成都、杭州和南京的国际社区周边有一定的教育资源,但并不高质,对那些希望获取高端教育的国内外家长来说,缺乏吸引力。

北京、上海、深圳和成都的国际社区配备优异的医疗资源,可以很好地满足国内外居民的就医需求。杭州春江社区和南京青奥社区周边具有一定的医疗基础,但在数量和质量上远不如北上深成。

从交通资源来说,各国际社区都满足交通便利,位置优越的条件。

(3)社区活动

结合表4-4和相关国际社区活动新闻,将社区活动总结为三类:一是社区治理类活动,二是志愿服务类活动,三是文化交流类活动。

社区治理。社区治理类活动主要有模拟联合国、国际议事会等形式,其目的是让社区居民参与社区治理。比如北京望京街道开展社区论坛活动,杭州柠檬社区开展国际议事会活动,深圳沿山社区开展儿童议事厅活动,均服务于社区治理。

志愿服务。志愿服务类活动主要是为社区居民提供投身公益的平台。比如深圳观澜湖社区组建外语志愿服务队,沿山社区组建未成年人义工队。上海古北社区动员外籍及中国港澳台居民积极参加公益活动,通过微信公众号发布公益项目倡议,通过公益活动加强彼此间的情感交流。

文化交流。文化交流主要有三类活动:一是传统文化与节日类活动,这类活动旨在传播中外传统文化。比如杭州柠檬社区开展元宵节、腊八节、母亲节、国学课堂、非遗版画、书法课等活动,以传播中国传统文化;深圳蛇口社区开展"中外居民喜迎春·深圳蛇口过大年"活动,不仅让中外居民提前欢度春节,同时也将团团圆圆、红红火火的新春祝福从蛇口传递给了全世界。二是语言交流类活动。比如南京青岛路社区推出"鹦鹉学舌"项目,招募外教志愿者,针对辖区居民开办"Talking Bar"、开心果英语班、老年英语班和社区英语沙龙,形成青岛路社区中外居民

建设重庆国际消费中心城市研究

互动交流平台。三是体育运动类活动。比如深圳沿山社区举办首届中外趣味运动会;北京麦子店街道举办迷你马拉松活动,促进社区中外居民互动与交流;上海碧云国际社区开展"金桥8公里"长跑比赛,让中外长跑爱好者和家人朋友同事一起,在奔跑中增进感情增进交流。

表4-4 典型国际社区建设内容表

城市	典型社区	特点	生活配套	教育	医疗	交通	社区活动
北京	麦子店社区	全国首个国际社区	燕莎商圈、农展馆	北京加拿大国际学校、北京德国使馆学校等	北京国际医疗中心、292军区医院等	辖区靠近使馆区和北京CBD	文化类活动、体育类活动
北京	望京社区	在建的规模最大的社区	大型商业娱乐中心、综合超市、生鲜市场	中央美术学院、北京八十中、花家地实验小学	望京医院、北京市第一中西医结合医院	临近机场高速、道路交通便捷	社区艺术活动、文化科普类活动
上海	古北社区	首个高标准国际社区	古北鑫茂购物中心、日本百货业高岛屋等	上海耀中国际学校、建青实验学校	周边多家医疗机构	公共交通线路、轨道交通便捷	社区摄影比赛、定向公益活动
上海	碧云国际社区	规模最大、社区配套功能最完善	家乐福、红枫商业街、体育休闲中心	德威英国国际学校小学部、上海市实验学校东校、德威英国国际学校和协和国际学校	复旦大学附属华山医院浦东分院、浦东新区妇幼保健院	临近虹桥国际机场、浦东国际机场	Family Day、长跑比赛、碧云音乐季

346

续表

城市	典型社区	特点	生活配套	教育	医疗	交通	社区活动
深圳	蛇口国际社区	最早外籍及中国港澳台人士集中居住街区	国际风情美食街、国际品牌店、博物馆、酒店、公园等	拥有5所国际学校,国际教育资源最密集的区域	集中了深圳80%的国际医疗资源	临近地铁2号线,交通便捷	文化交流活动
成都	桐梓林社区	较早的国际社区	好莱坞商业广场、成都来福士广场	附近小学、大学均有,但国际学校缺乏	四川中西医结合医院、四川大学华西医院	临近地铁1号线、成都南站	传统艺术展演、非遗文化活动
杭州	春江社区	首批杭州市国际化示范社区	社区大型会所、超市、休闲吧	杨凌子小学、清河中学等	有医疗基础设施,医疗机构较少	临近地铁4号线,交通便利	中国传统文化活动、体育活动
南京	青奥社区	首批国际社区建设试点	商业街	新加坡伊顿国际学校	南京儿童医院河西园区	公共交通便捷	国际文化交流活动

(四)国际社区运营治理

借鉴各大城市在国际社区治理方面的经验,主要分为社区治理制度保障、外籍及中国港澳台人士参与社区治理两个方面:

(1)社区治理制度保障

社区治理制度保障是社区治理的有力根据,在国际社区建设的实践中,主要是以社区为单位完善社区自治制度,包括社区公约、议事机制等。比如杭州滨和社区以居民需求为导向,制定居民公约、社区公约、自治制度,完善自治机制;成都的桐梓林社区有四项保障机制:国际化社区议事机制、培育发展涉外服务专业社会组织机制、重点项目推进机制、国际社区应急处置机制。

上海古北社区创新采取市民议事厅运作模式,该模式可概括为"自主提事、按需议事、约请参事、民主评事、跟踪监事",辖区居民自主"点单",议事厅集中议事"审单",党组织把关,有关部门则根据具体情况买单,市民议事厅成为小区居民建言献策、共建文明社区的舞台。目前,古北市民议事厅的核心议事人员包括3名"洋议事员",6名中国议事员,核心议事员下面是区块议事员,他们一同为古北地区的事情出谋划策。

北京空港街道第二社区的居委会通过与物业机构建立联系,在服务好外籍及中国港澳台居民的同时,采集居住情况信息,建立外籍及中国港澳台人员数据库并根据外籍及中国港澳台人士居住地点、时间长短、置业不同进行统计登记,全面掌握当地外籍及中国港澳台人员情况,实现动态化治理。

(2)外籍及中国港澳台人士参与社区治理

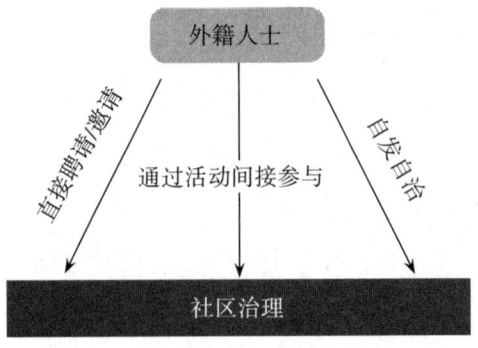

图4-1　外籍及中国港澳台人士参与社区治理图

在国际社区的实践中,外籍及中国港澳台人士参与社区治理主要有三种方式:一是直接聘请/邀请外籍及中国港澳台人士参与社区治理。比如南京青岛路社区在外籍及中国港澳台志愿者中选聘8名热心公益、中文表达能力强的外籍及中国港澳台人士担任社区网格员,并由网格长为他们颁发聘书,邀请他们参与社区网格化工作,动员志愿者特别是外籍及中国港澳台留学生参加社区平安巡逻、文明劝导、环境美化、社区公益等共建活动,使外籍及中国港澳台人士直接参与到社区治理中,融入社区生活。

北京麦子店社区为建立与外籍及中国港澳台居民直接沟通的渠道,街道相继聘请了辖区内三位有旅居世界各国经历的外籍及中国港澳台人士担任麦子店地区国际化社区建设顾问,优化双语环境,促进外籍及中国港澳台居民融入当地社区。南京创新社区参与机制,在社区居委会换届选举中,邀请外籍及中国港澳台南京新市民担任选举志愿者、观察员等。

二是通过活动使外籍及中国港澳台人士间接参与社区治理。比如杭州柠檬社区通过开展模拟联合国、国际议事会、社区金点子、法律知识培训、国际公约协商、社区平安巡防等活动,让外籍及中国港澳台人士为社区建设、社区治理建言献策。如深圳水湾社区通过水湾社区文化节(趣味运动会)、水湾社区培训项目(传统手工艺术)、亲子运动会,让外籍及中国港澳台人士产生社区归属感、主动参与社区治理。

三是外籍及中国港澳台人士自发自治。如深圳蛇口国际社区"蛇口国际妇女会"、"蛇口运动社交俱乐部"、蛇口基督教会

建设重庆国际消费中心城市研究

等均为外国居民自发组织,它们为外籍及中国港澳台人士提供了一个集社交、文化活动、子女成长、社区融入等内容于一体的公共平台,对社区多元文化交流和建设做出了突出贡献。

五、重庆国际社区建设方案

社区是城市最基本的生活单元,也是展示城市形象的重要窗口。国际社区是指以一定地域为基础,包容各类文化和生活方式,不同国家、种族、民族背景的人能够和谐共处的社会生活共同体。根据习近平总书记对重庆提出的"两点"定位、"两地""两高"目标,内陆开放高地等要求,营造国际化氛围,建设国际社区,全面提升我市社区建设的国际化和现代化水平,故提出本国际社区建设方案。

(一)建设原则

通过梳理一二线城市对国际社区的建设经验,结合重庆自身情况,我们提出打造重庆国际社区的四大建设原则:

(1)服务国家战略

重庆作为国家中心城市、国际大都市,为贯彻落实"两点"定位、"两地""两高"目标要求,需要全面融入共建"一带一路"和长江经济带发展,培育内陆开放新优势,打造内陆开放城市样板。这要求重庆以国际领先的水平和国际一流的标准进行国际化城市建设。但是目前，重庆市缺乏体现国际建设水平的国际社区，亟须打造具有国际化前瞻性的国际社区，全面提升经济品质、人文品质、生态品质、生活品质，增强市民获得感、幸福感、安全感，努力实现"城市，让生活更美好"。

（2）深化对外开放

从城市发展历程看，当今具有全球影响力的城市，无不经历传统社区向国际化社区转变的发展历程。要实现重庆围绕成渝地区双城经济圈建设打造具有全国影响力的重要经济中心、科技创新中心、改革开放新高地、高品质生活宜居地，一条重要路径就是推进国际化社区建设。当前，重庆正加快建设国际消费中心城市和中西部国际交往中心，迫切需要与国际接轨，以更开放、包容的姿态，更优惠、宽松的政策，搭建外籍人士服务平台，吸引不同国家、不同种族的人才来渝居家创业，增强重庆的国际竞争力和影响力，从而提升重庆城市外向度和对外开放水平。

（3）提升城市品质

提升城市品质、建设品质城市，既是城市转型的目标方向，也是不断提高城市竞争力、彰显城市特色的有效途径。生产和生活是城市的主要形态，打造高品质城市更是得极大保障生产和生活这两方面。国际社区的实践与城市形态紧密相连，通过试点打造以国际社区为核心的国际生产生活圈，为城市提供国际标准的社区标杆，从而全方位提升城市发展品质，不断放大城市的知名度和美誉度。

（4）推动创新产业发展

近年来，重庆为加快创新性产业集群发展，围绕重点链布局

建设重庆国际消费中心城市研究

创新链,通过大力推进产学研合作,培育引进新型高端研发机构,打造股权投资、债权融资、众筹募资等创投体系,搭建产业技术创新平台,加快实施高端人才引进等措施,形成了多层次、多维度产业扶持政策。然而重庆现在还缺乏与高端人才相匹配的居住氛围,国际社区的建设能极大弥补现有高端产业人才对品质社区、甚至是"类海外"环境的需求空缺,亦能吸引更多的高端人才来渝创业建设,推动创新性产业发展。

(二)产城融合模式

产城融合作为一种更高层级的产业与城市协同发展新模式,以政府为核心,城市规划与产业发展相互匹配,引导高新产业发展,吸引高端人才聚集,从而打造新兴产业生态,为城市发展增添无穷动力。因此采用产城融合模式打造国际社区,使其兼有产业与工作、休闲与生活,既满足人才创新创业事业发展的需要,也提供便利的生活条件和完善的服务保障,为国际人才聚集、交流、融合、发展营造良好环境。

(1)区域介绍

渝北区中央公园。根据问卷调查结果,有超过88%的受访者希望居住在渝北、渝中、江北三大行政区,其中渝北区作为受访者第一偏好居住区域,占比49.46%。

渝北区战略性新兴产业蓬勃发展,是国家首批临空经济示范区,是重庆最大的汽车制造业基地、重要的智能终端生产基地和进出口基地,拥有江北国际机场、保税港区、悦来国际博览中心等市级开放平台,是重庆自贸试验区、中新(重庆)战略性互联互通示范项目的重要承载地。渝北区委十四届五次全会提出,要打造智能终端、软件和信息服务、两江国际商务中心、现代消费走廊和航空物流园等五个千亿级产业集群,推动高质量发展之路越走越宽广。由此可见,渝北区拥有系统的产业集群规划,产业要素丰富,为打造产业服务型国际社区提供了良好的基础。

渝北区中央公园(图5-1)是国内最大的开放式城市中心公园,定位是两江核心区、主城新中心、国家中心城市风貌展示区,是重庆新一轮发展规划中重点打造的临空都市区的核心区,将成为重庆高端改善型住宅集群区域。中央公园位于渝北悦来商务中心区,处于江北机场和悦来会展中心之间。而目前迁移入驻中央公园的政府及事业单位有30余家,包括重庆检察院、重庆档案馆、重庆人社局、渝北行政服务中心等。规划中有7条轨道覆盖,目前开通6、10号线轨道,9号线也将于2021年建成通车;中央公园形成"六横七纵两环"的密集道路线网,内外通达。渝北区将依托龙湖天街、中粮大悦城、新城吾悦广场、合景泰富悠方等商业综合体和航空金融总部、OPPO西南总部、临空金融总部等总部基地,建设两江国际商务中心,在中央公园区域打造千亿级商圈。

图 5-1　渝北区中央公园

中国西部(重庆)科学城。2020年4月5日,市委书记陈敏尔在实地调研重庆科学城规划建设时强调,加快集聚创新要素,持续优化创新生态,高起点高标准建设重庆科学城,全力打造高水平科技创新中心。

中国西部(重庆)科学城(图5-2)主要是由"一核两区"构成,其中最关键的"一核",指的是以中国西部(重庆)科学城所在区域为"智核"。同时构建"一圈三园",即大学知识经济圈、高端制造园、高新研发园、科创服务园。在"智核"区,共有14所高校,55个重点实验室,科创资源极其丰富。大学城经过多年建设,迸发出强大科研能量,吸引了中国西部(重庆)科学城把"智核"设在该区域。中国西部(重庆)科学城的建设,将推动重庆向西发展的趋势,沙坪坝区域将再次迎来发展先机,成为重庆向西发展的先头堡。

根据《重庆市城市提升行动计划》,依托大学城规划建设科学城,并以科学城为智核,以发展智能产业为主导,联动九龙坡、北碚、江津和璧山,形成西部"智能谷",联动两江新区、国家自主创新示范区构建重庆创新版图,打造创新资源集聚地。科学城在产业规划和发展上,将围绕大数据智能化、新一代信息技术、先进制造、高技术服务等主导产业,瞄准5G应用、集成电路、精准医疗、新材料、检验检测等细分领域,推进百亿级高新技术产业项目。

图5-2　中国西部(重庆)科学城

因此,可推进渝北区中央公园和中国西部(重庆)科学城的国际化社区建设,将其作为产业生态圈建设的重要抓手,坚持以人为本,聚焦人才需求,围绕文化交流和服务产业发展,推动产业服务型国际化建设。

(2)建设内容

第一,以渝北区成熟的产业集群为对象,选择新建国际社区。建议选择正在建设开发的渝北区中央公园区域及中国西部（重庆）科学城区域进行国际社区规划新建。政府加大统筹力度，在建设用地、配套设施、投资融资以及税收等方面进行全方位的政策扶持，联合地方国企开发，鼓励社会资本投资，参与到中央公园区域的国际社区建设中来。比如上海碧云国际社区由三家地方国企全面规划和开发建设，包括上海金桥（集团）有限公司、上海金桥出口加工区开发股份有限公司和上海金桥出口加工区联合发展有限公司。

第二，配置国际社区周边交通资源。根据问卷调查结果，在交通通行方式需求上，有约47%的受访者选择公共交通，约38%的受访者选择自驾出行。可以看到约85%的外籍人士需要依靠城市交通网络出行，这对国际社区周边的交通资源提出了一定的要求。在国际社区建设时，需要将交通设施也考虑在内。

第三，建设"公寓+别墅"的高品质国际社区。根据问卷调查结果，约66%的受访者倾向于公寓式住宅，约有25%的受访者倾向于别墅居住，所以国际社区建筑类型可采用"公寓+别墅"的形式，以3∶1的比例开发建设，如上海碧云国际社区。

第四，坚持以租赁为主的运营方式。调查结果显示67%的受访者倾向于以长租的方式获得住宅，愿意购买住宅的受访者仅占16.7%，这说明目前受访者在重庆定居的意愿不强，流动性较大。因此，国际社区的运营方式可以租赁为主，出售为辅，但在实际执行时要结合具体人才特点和引才方向确定入住标准。

第五，以欧美风和简约风设计国际社区。根据问卷调查结果，受访者对建筑风格的倾向呈现地域特征。约54%的受访者倾向于现代风格,欧式风格和北美风格约占14%。因此别墅的建筑风格可偏向欧式和北美风,如上海古北社区主要为欧陆风格,充满浪漫情调;公寓的建筑风格可偏向现代简约风,如西安中海国际社区以新中式、简约法式为主要风格。

第六,根据具体租赁面积和建筑类型设置月租金。关于建筑面积和月租金的问卷调查结果显示,约56%的受访者期望建筑面积大于120 m²,约28%的受访者期望建筑面积为70—120 m²,考虑到受访者中有53%与家人同住,所以在国际社区户型设计时,建议建筑面积大于120 m²为主,合理设置70—120 m²的户型;月租金方面,约44.83%的受访者能承受的最高租金水平在10000元以上,约有29.89%的受访者能承受的最高月租金水平在2000—5000元之间,约17.24%的受访者能承受的月租金水平在5000—10000元之间,可知常住外籍人士能承受的月租金水平普遍高于重庆市房屋租金,建议公寓月租金根据具体租赁面积和建筑类别浮动,别墅月租金可高于10000元,公寓月租金在2000—5000元内浮动。比如上海碧云国际社区别墅一套月租金8万元(包括物管),其他户型主要有一室一厅(建筑面积为90 m²或113 m²),两室一厅(建筑面积为130 m²)和三室两厅(建筑面积为225 m²),每月的租金分别为2.1万元、2.5万元和5.5万元。

第七,为国际社区提供管家式物业。关于物业管理方面的问卷调查结果显示,约74%的受访者期望拥有贴心的、优质的、高效的物业管理服务,倾向于管家式物业。因此,建议优先考虑涉外服务经验丰富的物业公司入驻,逐步形成制度化、规范化、特色化的管理模式和运营机制,为国际人才提供优质的物业管理服务。至于物业管理费,可让物业公司根据实际服务情况合理制定,比如上海碧云社区的物管费为15—20元每平方米每月。

第八,完善国际社区配套设施。充分挖掘区域资源禀赋,以国际社区为核心区域,整合资源、提升环境、完善配套、优化服务,彰显重庆国际化元素,突出重庆国际化亮点,营造国际人才宜居宜业的"类海外"环境。引入提供国际商品和国际服务的商业机构,打造体现国际水平的购物娱乐休闲生活圈,如北京三里屯。

第九,打造高品质社区环境。在社区及周边建设大尺度绿色开放空间,建立绿色生态廊道、景观公园等,提升社区及周边整体生态环境质量和景观水平;按照国际人才生活习惯开辟休闲健身等公共区域,布置一批具有国际品位的街区景观,创造和谐舒适的人居环境;打造满足国际人才慢跑、步行需要的城市慢行系统和步行空间。

第十,设置多语言环境。根据问卷调查结果,受访者对多语言环境存在一定的需求,因此需在国际人才社区全面打造双语环境,完善楼宇、交通系统、社区中心等公共服务设施双语标志标识,营造国际语言环境。

第十一,搭建国际社区服务中心。为国际社区配置服务中心提升服务水平,提供出入境证照办理、法律咨询等涉外服务事项办理等政务服务,保障外籍人士在重庆市的社会保险,提供旅游、租住、购房等咨询类便民生活服务。如成都桐梓林社区搭建社区公共平台,包括国际邻里中心、收集社情民意、指导居民议事会开展工作的社区党群服务中心,以及开展跨文化交流,提供旅游、租住等咨询类便民服务的境外人民服务中心。

总体而言,通过中央公园和中国西部(重庆)科学城区域的国际社区新建规划,逐步完善国际社区的建设模式和运营机制,成为国际社区创新创业与宜居宜业协调发展的典型示范区,由点及面,辐射带动重庆成为更大范围的人才聚集区、创新创业区,建成国际化高端人才集聚高地。

(三)更新改造模式

从表4-3中可以发现,更新改造模式被大多数城市所采用来试点打造国际社区,通过一系列的规划、技术改造手段对现有社区的使用功能、内外环境、生活氛围和周边配套等进行大幅度的改善,以国际标准提升住房品质,从而满足外籍人士对"类海外"居住环境的需求。

(1)区域介绍

根据问卷调查结果,有超过88%的受访者希望居住在渝北、渝中、江北三大行政区,其中渝中区作为受访者第二偏好区域,占比24.73%。

渝中区(图5-3)作为重庆"母城"、主城核心,外事资源富集,跨国企业、国际机构、国际人才集聚,一直以来是重庆对外开放的"窗口"。近年来,渝中区的开放之门越来越大、开放之路越来越广,渝中半岛叠加了自贸试验区、中新(重庆)战略性互联互通示范项目等开放平台,汇聚了大量世界500强及中国100强企业,齐聚了全市11家驻渝领事机构,集聚了法国领事馆旧址、美国大使馆旧址、韩国临时政府旧址等开放历史文化资源,是中西部国际交往中心核心区。另外渝中区拥有解放碑和大坪商圈,根据渝中区2019人民政府工作报告,2018年,两大商圈社会消费品零售总额分别达到570亿元、160亿元,全区商品销售总额达3500亿元,增长10%,商贸业增加值占地区生产总值的24%。其中,解放碑商圈荣获"全市最具人气商圈"称号。

图5-3　渝中区夜景

(2)建设内容

第一,以渝中区成熟的商圈为对象,选择试点国际社区。由政府牵头,联合地方国企,在商圈辐射范围内选择合适的社区进行试点,更新改造成高标准、高品质的国际社区。

第二,优化国际社区周边交通资源。根据问卷调查结果,在交通通行方式需求上,有约47%的受访者选择公共交通,约38%的受访者选择自驾出行,超过85%的外籍人士需要依靠城市交通网络出行,这对国际社区周边的交通资源提出了一定的要求。

因此,在国际社区试点建设时,需要优化周边交通设施,极大满足受访者的交通出行需求。

第三,以公寓为主要物业类型,对外出租为主要运营方式。月租金根据具体租赁面积在2000—5000元内浮动,与上文类似。建筑风格以现代简约风为主,满足大多数受访者的风格偏好。

第四,引入国际知名物业公司管理国际社区。委托具有国际知名度的服务管理企业运营国际社区,逐步形成制度化、规范化、特色化的管理模式和运营机制,为国际人才提供优质的物业管理服务。关于物业管理费的制定可参考上文。

第五,优化国际社区配套设施。整合区域现有商业资源,建设具有国际品质的商业购物、休闲娱乐场所,引进国际餐饮、进口食品商店、外资银行保险机构等具备国际化特点的服务设施,为国际人才提供全方位、多层次的区域性综合配套服务。

第六,设置休闲健身公共区域。根据问卷调查结果,受访者对社区公园、体育锻炼设施有一定的需求,因此可以按照国际人才生活习惯在社区内设置或改造休闲健身等公共区域,创造和谐舒适的人居环境。

第七,设置多语言环境。可在国际人才社区全面打造双语环境,完善楼宇、交通系统、社区中心等公共服务设施双语标志标识,营造国际语言环境。

第八,改造国际社区服务中心。根据问卷调查结果,受访者对便民服务设施和社区活动中心有一定的需求。因此可升级改造原有物业中心或社区活动中心,提升国际社区服务中心服务水平,提供出入境证照办理、法律咨询等涉外服务事项办理等政务服务,保障外籍人士在重庆市的社会保险,提供旅游、租住、购房等咨询类便民生活服务。

总体来说,渝中区可依托成熟的商圈基础,在商圈范围选择合适的社区进行试点,推进试点社区的国际化建设与城市更新、零售升级相结合,打造商旅消费型国际化社区,并以该国际社区为中心,全方面建设一个集居住、生活、工作、社交等为一体的系统化、综合型、开放性的类海外空间,类似上海碧云国际社区、北京的望京社区、深圳的蛇口国际社区等,扩大渝中区中西部国际交往中心核心区的影响力,助力重庆建设国际消费中心城市。

(四)国际社区配套与管理提升

(1)优化道路交通及服务

根据交通通行方式需求的调查,有约47%的受访者选择公共交通,约38%的受访者选择自驾出行,约15%的受访者更倾向于步行。但与受访者交通出行现状相对比,有超过一半的受访者目前交通出行方式与期望交通出行方式不相符,说明交通通行情况未能满足这一部分受访者需求。

国际社区规划需要良好的道路交通设施,周边配备或规划地铁线路,道路交通便利。比如上海古北国际社区居民的交通方式虽以自驾为主,但其周边现有公共交通配套也很完善,包括上海地铁10号线,可满足社区居民的出行需求,为出行提供更多的路径选择;北京朝阳区望京街道周边路网密布,公共交通设施配套成熟,地铁系统发达。

因此,本课题建议优化道路交通及相关服务。国际社区交通设备设施建设支持在社区先行先试智能探头、智能交通灯等各类新型智能交通管理设备设施,打造现代化、智能化的交通路网;结合城市公交系统规划,合理设置公交站点;结合城市轨道交通系统规划,合理增设地铁站点,在地铁站点内及地铁上设置双语标识;组织出租车运营公司提供外语预约服务,为国际人才提供多样化的交通服务。

(2)完善国际医疗健康体系

关于医疗现状的问卷调查结果显示,约62%的受访者在渝就医,而使用第三方医疗服务和本国医疗服务的受访者占38%。超过三分之一的受访者未在渝就医,这个数字充分说明重庆的医疗服务远不能满足受访者的医疗需求,从侧面也反映了重庆的医疗服务水平远未达国际标准。

目前重庆市外资医疗机构仅1家——重庆莱佛士国际医院,位于渝中区,国际医疗资源远远少于北上广深一线城市。杭州、成都等城市国际医疗机构数量虽不及北京、上海等城市,却十分注重国际化医疗水平建设。杭州市出台《杭州市推进医疗卫生国际化行动计划》文件,明确指出在医疗方面的行动措施,以加快杭州市医疗卫生行业的发展,提升医疗卫生的综合服务水平,进而更好地为城市国际化服务。成都市编制《成都市卫生健康国际化营商环境建设行动方案》,努力为国际人才提供更加便利的就医环境。

因此,本课题建议重庆尽快完善国际医疗健康体系,提高国际医疗水平。鼓励引进国内外社会资本和先进技术、管理、人才资源,建立高水平、有特色、国际化的医疗机构;支持市属三级医院等公立医疗机构在社区内设立分院和提供特需医疗服务,在社区内适当提高分院特需医疗比例,提升服务国际人才的能力;支持社区内医疗机构开展国际标准认证,与国际医疗保险机构、国内商业健康保险机构开展合作与衔接,方便国际人才就医需要;提升窗口工作人员外语服务能力,在社区内各医疗机构设立多语言服务中心;鼓励外国医师按照有关规定到社区内医疗机构执业。

(3)完善国际教育服务体系

关于教育现状的问卷调查结果显示,有约45%的受访者未和小孩同住或者没有小孩,约42%的受访者表示其子女在重庆上学,约12%的受访者表示其子女在中国其他城市上学。结合生活配套设施的调查结果,受访者认为不同教育资源(幼儿园、小学、中学、高中)重要的占比均达到55%,可认为目前有教育需求的受访者对教育的关注度为100%,有很强的教育意向。但在有子女的家庭,有近1/4的家庭其子女在外地上学,父母与子女两地分居情况较为严重,也从侧面说明,重庆的国际教育并不能满足在渝常住受访者的需求,国际教育水平亟须提升空间。

目前重庆市登记备案的外籍及中国港澳台人员子女学校仅1所——重庆耀中国际学校,位于渝北区,国际教育资源远远少于北上广深一线城市。杭州、成都等城市国际教育机构数量虽不及北京、上海等城市,却十分注重国际化教育水平建设。杭州市出台《杭州市推进教育国际化三年行动计划(2019—2021

年)》文件,明确指出在教育方面的行动措施,以加快杭州市教育行业的发展,提升教育的综合服务水平,进而更好地为城市国际化服务;成都市编制《成都教育国际化发展专项规划(2012—2020年)》,旨在努力为国际人才提供更加便利的教育环境。

因此,本课题建议重庆尽快完善国际教育服务体系,提高国际教育水平。不断完善国际教育服务供给体系,优化外籍人员子女学校建设布局,支持在国际人才社区设立外籍人员子女学校,给予审批便利,加强区域统筹,探索海外高端人才子女就读外籍人员子女学校入学绿色通道;按照有关规定引进优质教育资源,开展中外合作办学活动,扩大具备招收外国学生资质的中小学校范围,满足国际人才不同的子女教育需求。整合区域内和周边现有国际教育资源,建立与国际人才社区需求相适应的国际化教育服务体系。

(4)加强多元文化建设

从问卷调查的结果来看,受访者对中国传统文化和中国传统节日有很强的兴趣和向往,17%的受访者认为中国传统文化和中国传统节日"重要"。因此,在国际社区活动的设置上,可立足中国传统,通过营造传统节日氛围、展示优秀传统技艺、开展语言文化互动、举行睦邻守望活动等多样化的方式展开社区活动,把社区打造成多元文化共存、交融、发展的精神家园,夯实社区共同体的文化融合基础。如北京麦子店街道增设了麦子店汉语学堂、外籍及中国港澳台居民国画班、太极拳班等涉外社区服务。

结合其他城市国际社区文化建设内容,本课题对加强多元文化建设提出以下四点建议：

一是整合政府、学校、社会等多方资源，建立重庆市对外文化交流项目资源库，利用"重庆大学国际文化节""国际火锅美食节""国际文化旅游节"等品牌优势和影响力，多渠道、多层次、宽领域培育对外文化交流品牌；二是充分利用国际文化艺术周、中外邻居节等平台载体，广泛开展中外传统文化教育、交流等活动，丰富社区文化内涵，促进国际人才融入重庆国际社区；三是推动中华文化、山城文化、火锅文化"走出去"，推广具有国际水准的文化精品项目、剧目赴境外展示、演出；四是围绕"一带一路"和国际文化需求，整合中国元素，通过建设"一带一路"文化主题邮局、开展"一带一路"国家主题邮票展等措施，促进文化交流、传播，增进山城重庆与国际人才文化联系。

总体而言，需厚植国际社区的文化生命力，搭建文化交流平台，促进中外文化交流、文明互鉴，打造展现"山城重庆"、具有国际水准的文化品牌，推动多元文化和谐共处。

（5）提升社区治理能力

各大城市国际社区治理，主要分为社区治理制度保障、外籍及中国港澳台人士参与社区治理两个方面：

第一，社区治理制度保障。社区治理制度保障是社区治理的有力根据，在国际社区建设的实践中，主要是以社区为单位完善社区自治制度，包括社区公约、议事机制等。比如上海古北社区创新采取市民议事厅运作模式，该模式可概括为"自主提事、按需议事、约请参事、民主评事、跟踪监事"；杭州滨和社区以居民需求为导向，制定居民公约、社区公约、自治制度，完善自治机制等。

第二,外籍及中国港澳台人士参与社区治理。

在国际社区的实践中,外籍及中国港澳台人士参与社区治理主要有三种方式:一是直接聘请/邀请外籍及中国港澳台人士参与社区治理。二是通过活动使外籍及中国港澳台人士间接参与社区治理。三是外籍及中国港澳台人士自发自治。相关案例见前述。

借鉴各大城市在国际社区治理方面的经验,本课题对提升社区治理能力提出以下五点建议:

一是设立涉外服务中心,培育一支服务国际高端人才的专业化社工队伍和志愿者队伍,引进和培育符合国际化需求的社区服务性、公益性、互助性社会组织。二是充分借助使馆资源优势,加强与各国使馆的联谊互动、沟通交流,拓宽涉外服务渠道。三是深入推进"互联网+"行动计划,深化智慧社区建设,为居民提供智能化、便利化高品质服务。四是深化党政群共商共治工程,进一步扩大社会参与程度,发挥多元主体作用,解决社会治理难题,推进共建共治共享,推动地区社会治理方式变革。五是充分整合区域内政务信息和社会信息资源,搭建智慧物业综合服务信息平台,引进国际先进物业管理经验和模式,通过云计算和大数据等技术手段,提升国际人才社区物业管理水平。

(五)政府主导下的国际社区开发

重庆市国际社区开发是以政府为主导,联合规、建、管等部门共同推进,以市场化运作为推进机制,同时加强人才、市场、资金等要素的保障,全方面打造符合国际标准的重庆国际社区,向全国甚至全世界宣传重庆国际社区品牌。

(1)政府主导

国际社区的建设开发是一个复杂的系统工程,涉及城市规划、拆迁安置、施工建设、土地储备、土地整理、财政支撑、人才安置等各方面内容,需要政府部门包括区政府、规划局、建设委员会、房管局和街道办事处等的协调。

重庆国际社区的开发由政府主导,成立重庆市国际社区领导小组,规划局、建设委员会、房管局等相关部门协调配合;同时出台相应的政策文件来推进国际社区建设及提升配套服务,明确重庆市国际社区领导小组及规划局、建设委员会、房管局和街道办事处的职责权限,为打造国际社区提供强有力的政策支持。

①出台文件

为了全面提升重庆国际化水平,建设具有全球影响力的国际交往中心和国际消费中心,营造开放包容的优良环境,更好地指导和规范国际社区建设的国际化和现代化水平,本课题建议出台以下行动文件:

政府首先应出台关于重庆推进城市国际化行动的文件,明确建设目标和主要任务。比如深圳在2011年出台《深圳市推进国际化城市建设行动纲要》、杭州在2015年出台《杭州市加快推进城市国际化行动纲要(2015—2017年)》、成都在2016年出台《成都市国际化城市建设2025规划》、武汉在2018年出台《武汉市国际化水平提升计划(2018—2020年)》等。

政府推出重庆市国际社区建设规划,重点提出国际社区建设的规划、项目、服务、统筹协调工作要求,推动重庆成为国际社区建设的标杆城市。例如南京2018年推出《南京市国际社区建设规划(2018—2025年)》、成都2019年推出《成都市国际化社区建设规划(2018—2022年)》和《成都市国际化社区建设政策措施》等。

针对国际医疗和国际教育,政府应出台相关行动计划。例如杭州市先后出台《杭州市推进医疗卫生国际化行动计划》《杭州市推进教育国际化三年行动计划(2019—2021年)》文件,明确指出在教育、医疗方面的行动措施;成都市针对医疗、教育环境,也先后编制《成都市卫生健康国际化营商环境建设行动方案》《成都教育国际化发展专项规划(2012—2020年)》,努力为国际人才提供更加便利的就医教育环境。

②组织实施

加强组织领导:建立完善市区联合推动国际社区建设的领导机制。市政府成立国际社区工作领导小组,进行统一领导和统筹协调,各试点区域在市国际社区工作领导小组指导下,成立工作协调小组,具体负责推进社区建设。市级层面定期召开协调会,及时研究解决国际社区的规划建设、综合配套、政策突破、管理服务等重大问题,引导各类优质社会资源为国际人才创新创业提供综合服务。

严格细化落实:城市规、建、管相关部门形成合力推进本行政区国际社区建设工作,负责组织、协调、督促和管理国际社区建设工作。各试点区域要结合国际社区建设实施方案,明确各部门职责,并分解到年度工作计划去细化落实。市国际社区工作领导小组办公室每年对国际社区的建设情况进行督导和评

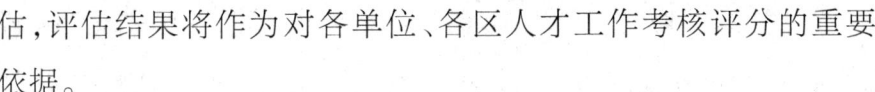

估,评估结果将作为对各单位、各区人才工作考核评分的重要依据。

③明确各部门职责

政府及相关部门的具体职责(表5-1)如下:

市政府负责出台文件、宏观规划、统筹协调等工作,针对国际社区建设开发成立国际社区工作领导小组,可市长或副市长牵头。确立重庆市国际社区开发建设的规划原则,负责领导国际社区工作,对国际社区工作涉及的重大事项进行决策;依法制定重庆市国际社区实施细则,编制相关技术和管理规范;制定相关专业标准和配套政策,履行相应的指导、管理和监督职责。

区政府负责指导、监督、组织协调和评估工作。由国际社区所在区域政府成立国际社区工作协调小组,可区长或者分管副区长牵头。确立本区域国际社区的规划原则,负责领导本区域的国际社区工作,对国际社区工作涉及的重大事项进行决策;负责协调区域国际社区建设开发的日常管理工作;履行相应的指导、管理和评估反馈工作。

国际社区开发是一个涉及多方利益、多方主体的复杂系统工程。在推进国际社区工作时需要"横向整合,纵向推进":"横向"一方面可引入社会资本力量和具备商业价值的企业,通过公开公平公正的招标方式吸引社会资本参与到国际社区工作中来,提供利益资源共享平台;另一方面也可通过重庆国有开发公司推进国际社区建设工作,比如重庆市城市建设投资(集团)有限公司、重庆市地产集团主导。促进国际社区开发工作的市场化运作,提高项目运行的效率,同时也能弥补目前政府资金短缺问题。"纵向"即对接区政府、区相关政府部门和街道办事处等。

表5-1 政府及相关部门工作职责

政府及相关部门	工作职责
市政府	出台文件、宏观规划、统筹协调
区政府	指导、监督、组织协调、评估
规划局	用地综合规划;城市空间布局
建设委员会	城市用地控制性详规;建设工程审批
房管局	土地储备计划;土地供应计划
街道办事处	负责具体落实工作,调动多方资源共同参与工作

街道办作为国际社区工作组织结构的一环,负责具体落实工作,调动多方资源共同参与工作。包括为外籍人士提供邻里服务、举办公共活动等,对营造国际化生活氛围起到关键作用。

(2)市场运作

重庆国际社区开发以市场化运作为推进机制,由重庆国资委下的国有企业承担具体开发任务,推动土地获取、规划设计、配套建设、物业服务、联合上市等一系列市场运作工作。

①确立开发主体

上海碧云国际社区的最终控制人,是上海市国有资产监督管理委员会和上海市浦东新区国有资产监督管理委员会。因此,借鉴上海碧云国际社区的做法,政府主导下的国际社区开发应由重庆国资委牵头,由具备市政基础设施建设职能和房地产开发经营资质的重庆市属国有企业或区属国有企业承担具体的建设任务。比如可以选择由重庆市城市建设投资(集团)有限公司、重庆市地产集团主导。

重庆市城市建设投资(集团)有限公司成立于1994年,是经重庆市人民政府批准组建的从事大型市政基础设施建设和重大民生工程建设的国有重点企业,是涵盖市政基础设施建设、金融、能源、房地产等板块的具有金融控股性质、多元化发展的投资集团。多年来,集团以"重庆城市建设筹融资的总渠道、主城区路桥建设的总账户、城建资金筹措所需土地的总储备"为职能定位,努力探索创新具有自身特色的投融资管理体制和运行机制,不断提升大型项目投资建设管理水平,从世纪之初单一的城建管理公司转型集政府投融资主体、重大项目建设主体和市政资产管理运营于一体的大型投资集团。

重庆市地产集团于2003年2月28日成立,系市属国有重点企业,主要承担全市经营性土地整治和社会文化公益设施、公共基础设施、公租房建设等职责。目前,市地产集团正聚焦市级储备土地一级开发和重大基础设施工程建设的主业主责,突出土地整治标准化、工程建设专业化、转型改革市场化、资本运营集约化、企业治理现代化、党的建设规范化,着力抓主业提质效、抓项目稳投资、抓改革促转型、抓管理降成本、抓安全防风险、抓党建强保障,全力以赴推动集团转型成为智慧城市综合运营商,在深化落实重庆"两点"定位、"两地""两高"目标、发挥"三个作用"和推动成渝地区双城经济圈建设中做出更大贡献。

②开展土地获取工作

土地的获取是国际社区开发工作得以进行的前提。一方面可充分利用重庆市地产集团的土地整治储备,筛选土地储备库中符合重庆国际社区建设要求的土地；另一方面，可由重庆市政府直接划拨土地进行国际社区开发建设，或通过"招拍挂"方式竞得土地。

③推进规划设计工作

对于规划新建的国际社区，可通过聘请国际化的规划设计咨询机构，参考国际范围内最有借鉴价值的成功案例，将国际经验与解决社区建设中的实际问题相结合，形成包括国际社区在内的整体区域设计，并以此推动政府对详细规划进行调整。如上海碧云国际社区和南京青奥社区，均采用了国际一流的设计理念。

更新改造的国际社区在推进规划设计工作时，应充分考虑到原有居民的需求和意见，结合社区原有的规划结构，对社区做出满足国际人士和原有居民需求的合理规划更新。

④打造国际社区整体配套

国际社区的打造不仅仅是单纯的社区建设，而且包括社区一系列配套设施、商业服务的整体开发建设。可引入社会资本力量和具备商业价值的企业，通过公开公平公正的招标方式吸引社会资本参与到国际社区工作中来，包括规划建设、运营治理等方面，提供利益资源共享平台。比如上海碧云国际社区后期也引入招商蛇口、中通贵云、爱建、亚东和世茂等知名房产开发商参与到国际社区的整体建设打造中来。考虑到外籍人士的流动性，可采用"只租不售"的运营模式，参照上海碧云国际社区。

⑤提供国际社区物业服务

可成立专门的物业开发公司，通过自主开发、合作开发或开发权转让的方式进行物业开发，物业开发公司的主要职责如表5-2所示。通过物业自持、销售或租赁的方式进行物业经营，得到的物业经营收益可反哺前期的资金投入。

产城融合模式可采用物业自持的方式来为国际社区住户提供方便的生活条件和优质的物业服务，更新改造的国际社区建议优先考虑涉外服务经验丰富的物业公司入驻，逐步形成制度化、规范化、特色化的管理模式和运营机制，为国际人才提供优质的物业管理服务。

表5-2　物业开发公司的主要职责

职责	具体内容
公开招标合作开发商	采取股份项目公司、协议合作、股份+合作、委托代理等方式进行联合开发等
物业开发监理及销售	进行物业开发、资金投入、建设管理；负责物业竣工验收；负责物业营销；等等
物业经营及管理	物业利润分成；经营性物业移交；国际社区物业管理；制定物业服务标准；制定物业考核规范模板
物业后续服务	住宅小区内外公共设施保养维修，组织业主大会，举办业主活动等

⑥推进开发公司独立上市

重庆市城市建设投资（集团）有限公司和重庆市地产集团可将稳定的国际社区、区域周边配套、商业资产和物业开发公司等单独打包独立上市，这有利于公司更专注国际社区的整体开发，进一步提升国际社区的建设品质。同时为公司提供独立的集资平台，增加融资灵活性。成立公司可采用发行房地产信托投资基金（REITs）的方式，扩宽融资渠道。

（3）推进组织实施

①加强组织领导

建立完善市区联合推动国际社区建设的领导机制。见前述。

②严格细化落实

城市规、建、管相关部门形成合力推进本行政区国际社区建设工作，负责组织、协调、督促和管理国际社区建设工作。见前述。

（4）要素保障

①强化国际人才支撑

优化重庆现有人才引进政策，重点引进一批熟悉国际规则、通晓国际惯例、掌握国际标准的人才。构建海外高层次人才创业平台，搭建起与海外人才沟通的桥梁。优化重庆教育资源，加强国际性人才的教育和培训。

②改革要素配置方式

建立公平开放透明的市场规则，完善主要由市场决定价格的机制，清除市场壁垒，建设统一开放、竞争有序的市场体系。加大供给侧调整力度，降低制度性交易成本，增强创新能力，提高供给质量与效率，改善供给结构，提高全要素生产率。

③强化资金支持

创新投入机制和运作方式，多渠道多主体多形式筹集国际社区建设资金，吸引社会资本积极参与投入国际社区建设，为国际社区建设提供坚实的资金保障。加大支持力度，由市财政局牵头研究财政支持政策,保障支持各项任务具体实施。同时,由区财政设立国际社区建设专项经费。进一步加大利用基金等社会资金的力度,实现多渠道落实经费,保障国际社区建设。

④品牌塑造

加强宣传报道。加大对国际社区的报道力度,在重庆市级媒体开设专栏、开办专题节目,深入宣传国际社区建设的理念、重点领域,大力宣传国际社区建设的最新成就。鼓励开展各种形式的研讨会,形成一批高水平研究成果,为国际社区建设提供现实理论支撑。积极协调省级主要媒体、中央主流媒体、境外主流媒体加强对重庆国际社区建设成果的宣传推广。

提高全民参与度。通过各种渠道,引导社会力量、借用民间智慧参与到重庆市国际社区建设中来,激发广大市民参与国际社区建设的积极性、自觉性和创造性。

参考文献

[1] 文嫮,宁奉菊,曾刚.上海国际社区需求特点和规划原则初探[J].现代城市研究,2005(05):17-21.

[2] 王名,杨丽.国际化社区治理研究——以北京市朝阳区为例[J].北京社会科学,2011(04):63-69.

[3] 徐颖.北京麦子店街道的"花式"治理[EB/OL].(2019-08-13)[2021-11-07].http://www.xinhuanet.com//globe/2019-08-13/c_138285430.htm.

[4] 许晓青,杨恺.上海古北的议事厅创新[EB/OL].(2019-08-05)[2021-11-07].http://www.xinhuanet.com/globe/2019-08-13/c_138285429.htm.

[5] 叶含勇.成都桐梓林的国际邻里中心[EB/OL].(2019-08-06)[2021-11-06].http://www.xinhuanet.com/globe/2019-08-06/c_138285425.htm.

[6] 高征阅.上海市国际化社区发展中的文化融合问题研究[D].上海:复旦大学,2010.

[7] 杨丽.国际化社区概念辨析[J].社团管理研究,2011(06):35-38.

[8] 俞海滨.融入本土,汇聚五洲——国际化社区浅探[J].上海房地,2010(07):45-47.

[9] 樊鹏.国际化社区治理:专业化社会治理创新的中国方案[J].新视野,2018(02):57-63.

[10] 陈维.城市对外交往的微触角[EB/OL].(2019-08-06)[2021-11-07].http://www.xinhuanet.com/globe/2019-08-06/c_138285424.htm.

[11] P.霍尔.世界大城市[M].中国科学院地理研究所,译.北京:中国建筑工业出版社,1982.

［12］Friedmann J. The World City Hypothesis［J］. Development and Change,1986,17(1):69－83.

［13］Sassen S.The Global City:New York,London,Tokyo［M］. Princeton:Princeton University Press,1991.

［14］Castells M. Rise of the Network Society［M］. Oxford:Blackwell,1996.

［15］Friedmann J. Where We Stand:A Decade of World City Research［M］// Knox,Taylor .World Cities in a World-system.Cambridge:Cambridge University Press,1995:27-47.

［16］Gottmann J. What Are Cities Becoming Centers Of? Sorting Out the Possibilities［M］. London and Delhi:sage,1989.

［17］The London Planning Advisory Committee. London:World City［M］. London:HMSO,1991.

［18］谢守红,宁越敏.世界城市研究综述［J］.地理科学进展,2004(05):56-66.

［19］徐安.国际化城市政治建设:价值意蕴与实现路径［J］.法制与社会,2017(28):127-128.

［20］易斌,于涛,翟国方.城市国际化水平综合评价体系构建与实证研究［J］.经济地理,2013(09):37-42.

［21］李立勋.城市国际化与国际城市［J］.城市问题,1994(04):39-41.

［22］浦善新.城市化的反思及其再认识［J］.中国方域,2000(01):6-12.

［23］华峰.国际化社区的出现与应对［J］.学海,2013(01):40-45.

［24］何亚平.建国以来上海外国人口变迁与人口国际化研究［J］.社会科学 2009(09):65-71,189.

[25]李纪宏,王建宙,张晓妍.世界城市基础设施发展的经验及启示[C]//中国城市规划.城乡治理与规划改革——中国城市规划年会论文集.北京:中国建筑工业出版社,2014:236-243.

[26]张永谊.打造国际化社区要处理好三个关系[J].杭州(党政刊A),2016(04):16-17.

[27]毛学庆,茅海军,陈微微,等.标准化视角下国际化社区发展对策研究[J].中国标准化,2019(07):48-51.

[28]王珏青.国内外社区治理模式比较研究[D].上海:上海交通大学,2009.

[29]刘娴静.城市社区治理模式的比较及中国的选择[J].社会主义研究,2006(02):59-61.

[30]汤伟.国际社区治理十年探索[EB/OL].(2019-08-13)[2021-11-07].http://www.xinhuanet.com/globe/2019-08/13/c_138285432.htm.

[31]张彤.多元主体参与下的城市社区治理[D].济南:山东师范大学,2018.

[32]易怀炯.深圳社区治理困境及其破解对策研究[D].长沙:湖南大学,2018.

[33]任远.草根的全球化与本土化:我国和西方城市社区发展的比较研究[J].社会科学研究,2005(06):103-108.

[34]刘中起.国际化社区治理进程中的公众参与及其路径选择——一项来自S市B社区的案例研究[J].中共浙江省委党校学报,2010(05):49-54.

[35]陈维.城市对外交往的微触角[EB/OL].(2019-08-06)[2021-11-07].http://www.xinhuanet.com/globe/2019-08/06/c_138285424.htm.

[36]刘中起.国际化社区治理进程中的公众参与及其路径选择——

一项来自S市B社区的案例研究[J].中共浙江省委党校学报,2010,26(05):49-54.

[37]菅强.社会转型视野下国际化社区治理路径探析——以上海市G社区为例[J].河南社会科学,2013,21(05):66-68,107.

[38]牛仲君.从文化角度看北京市的国际化社区建设——以麦子店、望京社区的发展为例[C]// 2011城市国际化论坛——全球化进程中的大都市治理,2011:172-180.

[39]黄玉捷.社区整合:社会整合的重要方面[J].河南社会科学,1997(04):71-74.

[40]李炜.论社区归属感的培育[J].东岳论丛,2002(02):46-48.

[41]韩晓余.上海成为外籍人才眼中最具吸引力城市,逾21万外国人在沪工作[EB/OL].(2019-01-16)[2021-11-07].http://www.cnr.cn/shanghai/tt/20190116/t20190116_524484010.shtml.

[42]杜弘禹.广州在住外国人达8.34万,人数最多竟是这个国家![EB/OL].(2019-07-17)[2021-11-07].http://finance.sina.com.cn/roll/2019-07-17/doc-ihytcitm2648068.shtml.

[43]佚名.南京的"国际社区",你去过几个?[EB/OL].(2019-12-27)[2021-11-07].https://baijiahao.baidu.com/s?id=1654040160567710175.

[44]赖芳杰,邱静静.成都外籍商旅人士达69万 常住外国人1.74万[EB/OL].(2019-01-10)[2021-11-07].https://baijiahao.baidu.com/s?id=1622240559639242596.

[45]张芹."家在武汉"工程实施5年 1.7万外籍人士常住武汉[EB/OL].(2017-06-03)[2021-11-07].http://news.sina.com.cn/o/2017-06-03/doc-ifyfuvpm7291078.shtml.

[46]崔曜.2019年重庆力争新开10条国际航线[EB/OL].(2019-04-

08）[2021-11-07].http://m.xinhuanet.com/cq/2019-04-08/c_1124337411.htm.

[47]佚名.成都常住外国人最多的是美国人 韩国人居第二[EB/OL].（2018-02-02）[2021-11-07].https://cd.qq.com/a/20180202/004290.htm.

[48]杨骏,余大凯.近300家世界500强企业布局重庆[EB/OL].（2019-08-23）[2021-11-07].https://www.cqrb.cn/html/cqrb/2019/08/23/004/content_239906.htm.

[49]张想玲.携手世界500强 成都开启"万亿进击"之路[EB/OL].（2018-12-25）[2021-11-07].https://cd.scol.com.cn/cdyw/201812/56770009.html.

[50]佚名.2017年44家世界五百强落户西安,2018年世界500强企业已达203家[EB/OL].（2018-09-01）[2021-11-07].https://www.ixian.cn/thread-1636992-1-1.html.

[51]佚名.世界500强企业266家入驻武汉[EB/OL].（2019-04-24）[2021-11-07].https://www.sohu.com/a/310015096_313287?referid=001cxzs00020004.

[52]佚名.央视点赞长沙营商环境！156家世界500强落户,人口增速全国第二[EB/OL].（2019-05-30）[2021-11-07].https://www.163.com/dy/article/EGDI6NMM0514DSS0.html.

[53]朱虹.成都国际化社区建设规划政策落地 破解超大城市治理的结构性难题[EB/OL].（2019-01-10）[2021-11-07].https://www.sohu.com/a/288057509_114731.

[54]佚名.南京的"国际社区",你去过几个？[EB/OL].（2019-12-27）[2021-11-07].https://baijiahao.baidu.com/s?id=1654040160567710175.